白云山岳皆文章

大师的37堂写作课

老舍 等◎著

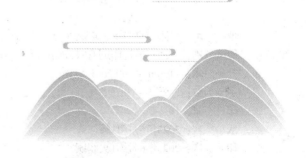

孔學堂書局

图书在版编目（CIP）数据

白云山岳皆文章 ： 大师的 37 堂写作课 ／ 老舍等著．
贵阳 ： 孔学堂书局，2025．6． -- ISBN 978-7-80770
-762-2

Ⅰ．H05

中国国家版本馆 CIP 数据核字第 20254DP565 号

白云山岳皆文章：大师的37堂写作课 老 舍 等◎著

BAIYUNSHANYUE JIE WENZHANG: DASHI DE 37 TANG XIEZUOKE

责任编辑：胡国浚
特约编辑：石胜利
封面设计：出壳设计
版式设计：陈永超

出版发行　贵州日报当代融媒体集团
　　　　　孔学堂书局
地　　址：贵阳市乌当区大坡路26号
印　　刷：三河市航远印刷有限公司
开　　本：710mm×1000mm　1/16
字　　数：239千字
印　　张：16
版　　次：2025年6月第1版
印　　次：2025年6月第1次印刷
书　　号：ISBN 978-7-80770-762-2
定　　价：58.00元

前　言

文化传承，关系到一个民族的生死存亡。

今天，在新的起点上继续推动文化繁荣、建设文化强国、建设中华民族现代文明，是我们在新时代新的文化使命。我们要坚定文化自信，勇于担当历史使命，踔厉奋发，共同努力创造属于我们这个时代的新文化，建设中华民族现代文明。

建设中华民族现代文明，更需要继承中华民族的传统文化精髓。这便是这套"大师系列"丛书编辑出版的宗旨和动力。为此，"大师系列"丛书编委会筛选了梁启超、蔡元培、陶行知、朱自清、胡适等大师关于读书、写作、做人、亲情、国学、美学、哲学、历史、诗歌、中国神话、旅游等方面的经典文章，以及大师对先贤亲友的回忆和评价文章，以飨读者。

关于"大师系列"丛书文章的选择标准。虽然入选的都是大师的代表文章，甚至是大师在某一领域的皇皇巨著，但是"大师系列"丛书编委会还是竭力做到好中选优，不求全面，只萃取精华中的精华。

中国文化源远流长，中华文明博大精深。只有全面深入了解中华文明的历史，才能更有效地推动中华优秀传统文化创造性转化、创新性发展，更有力地推进中国特色社会主义文化建设，建设中华民族现代文明。

欲流之远者，必浚其泉源。这套"大师系列"丛书可以看作大师经典作品的精华萃取，对于我们坚定文化自信，坚持走自己的路，具有重要影响。这也必将成为我们进行文化创新的坚实基础。

本书精选了老舍、朱自清、鲁迅、高语罕、废名、郁达夫几位大师关于写作的精彩论述，内容涵盖了文章写作的要素和戒律、景物和人物的描写、文章的修改、如何使用典故、如何修改文章、如何写小说、怎样写散文等。

几位大师从不同的角度，讲述了写作的精髓，毫无保留地向读者传授了自己的写作心得。但是，由于原版中的外国人名、地名、书名等译法与现行通用译法有别，为存原貌，不作变动。文中"的、地、得"用法，异体字、通假字、纪年等，同上原因，仍用其旧。有些字依据现代汉语的使用习惯修改了用字，有些引文根据最新研究进行了修改。原作者的个别观点、提法虽带有时代局限性，但为保持原著风貌，也尽量不做删改。希望这本书能够给予广大读者写作的方法和启迪。

"大师系列"丛书编委会

白云山岳皆文章：大师的37堂写作课

目　录

I

老舍

老舍（1899—1966），原名舒庆春，字舍予，另有笔名絜青、鸿来、非我等。小说家、作家，新中国第一位获得"人民艺术家"称号的作家。代表作有小说《骆驼祥子》《四世同堂》，话剧《茶馆》《龙须沟》。

别怕动笔

（原载于 1960 年 5 月 1 日《文艺新兵》5 月号）

有不少初学写作的人感到苦恼：写不出来！

我的看法是：加紧学习，先别苦恼。

怎么学习呢？我看哪，第一步顶好是心中有什么就写什么，有多少就写多少。

永远不敢动笔，就永远摸不着门儿。不敢下水，还学得会游泳么？自己动了笔，再去读书，或看刊物上登载的作品，就会明白一些写作的方法了。只有自己动过笔，才会更深入地了解别人的作品，学会一些窍门。好吧，就再写吧，还是有什么写什么，有多少写多少。又写完了一篇或半篇，就再去阅读别人的作品，也就得到更大的好处。

千万别着急，别刚一拿笔就想发表不发表。先想发表，不是实事求是的办法。假若有个人告诉我们：他刚下过两次水，可是决定马上去参加国际游泳比赛，我们会相信他能得胜而归吗？不会！我们必定这么鼓舞他：你的志愿很好，可是要拼命练习，不成功不拉倒。这样，你会有朝一日去参加国际比赛的。我看，写作也是这样。谁肯下功夫学习，谁就会成功，可不能希望初次动笔就名扬天下。我说有什么写什么，有多少写多少，正是为了练习，假若我们忽略了这个练习过程，而想马上去发表，那就不好办了。是呀，只写了半篇，再也写不下去，可怎么去发表呢？先不要为发表不发表着急，这么着急会使我们灰心丧气，不肯再学习。若是由学习观点来看呢，写了半篇就很不错啊，在这以前，不是连半篇也写不上来吗？

不知道我说得对不对，我总以为初学写作不宜先决定要写五十万字的一本小说或一部多幕剧。也许有人那么干过，而且的确一箭成功。但这究竟不是常见的事，我们不便自视过高，看不起基本练习。那个一箭成功的人，想必是文字已经写得很通顺，生活经验也丰富，而且懂得一些小说或剧本的写法。他下过苦功，可是山沟里练把式，我们不知道。我们应当知道自己的底。我们的文字的基础若还不十分好，生活经验也还有限，又不晓得小说或剧本的技巧，我们顶好是有什么写什么，有多少写多少，为的是练习，给创作预备条件。

首先是要把文字写通顺了。我说的有什么写什么，有多少写多少，正是为逐渐充实我们的文字表达能力。还是那句话：不是为发表。想想看，我们若是有了想起什么、看见什么和听见什么就写得下来的能力，那该是多么可喜的事啊！即使我们一辈子不写一篇小说或一部剧本，可是我们的书信、报告、杂感等等，都能写得简练而生动，难道不是值得高兴的事吗？

当然，到了我们的文字能够得心应手的时候，我们就可以试写小说或剧本了。文学的工具是语言文字呀。

这可不是说：文学创作专靠文字，用不着别的东西。不是这样！政治思想、生活经验、文学修养……都是要紧的。我们不应只管文字，不顾其他。我在前面说的有什么写什么，和有多少就写多少，是指文字学习而言。这样能够叫我们敢于拿起笔来，不怕困难。在动笔杆的同时，我们应当努力于政治学习，热情地参加各种活动，丰富生活经验，还要看戏，看电影，看文学作品。这样双管齐下，既常动笔，又关心政治与生活，我们的文字与思想就会得到进步，生活经验也逐渐丰富起来。我们就会既有值得写的资料，又有会写的本事了。

要学习写作，须先摸摸自己的底。自己的文字若还很差，就请按照我的建议去试试——有什么写什么，有多少写多少。同时，连写封家信或记点日记，都郑重其事地去干，当作练习写作的一种日课。文字的学习应当是随时随地的，不专限于写文章的时候。一个会写小说的当然也会写信，而一封出色的信也是文学作品——好的日记也是！

文字有了点根底，可还是写不出文章来，又怎么办呢？应当去看看，自己想写的是什么，是小说，还是剧本？假若是小说或剧本，那就难怪写不出来。首先是：我们往往觉得自己的某些生活经验足够写一篇小说或一部三幕剧的。事实上，那点经验并不够支持这么一篇作品的。我们的那些生活经验在我们心中的时候仿佛是好大一堆，可以用之不竭。及至把它写在纸上的时候就并不是那么一大堆了，因为写在纸上的必是最值得写下来的，无关紧要的都用不上，就好像一个大笋，看起来很粗很长，及至把外边的吃不得的皮子都剥去，就只剩下不大的一块了。我们没法子用这点笋炒出一大盘子菜来！

这样，假若我们一下手就先把那点生活经验记下来，写一千字也好，二千字也好，我们倒能得到好处。一来是，我们会由此体会出来，原来值得写在纸上的并不像我们想象的那么多，我们的生活经验还并不丰富。假若我们要写长篇的东西，就必须去积累更多的经验，以便选择。对了，写下来的事情必是经过选择的；随便把鸡毛蒜皮都写下来，不能成为文学作品。即须经过选择，那么用不着说，我们的生活经验越多，才越便于选择。是呀，手里只有一个苹果，怎么去选择呢？

二来是，用所谓的一大堆生活经验而写成的一千或二千字，可能是很好的一篇文章。这就使我们有了信心，敢再去拿起笔来。反之，我们非用那所谓的一大堆生活经验去写长篇小说或剧本不可，我们就可能始终不能成篇交卷，因而灰心丧气，不敢再写。不要贪大！能把小的写好，才有把大的写好的希望。况且，文章的好坏，不决定于字数的多少。一首千锤百炼的民歌，虽然只有四句或八句，也可以传诵全国。

还有：即使我们的那一段生活经验的确结结实实，只要写下来便是好东西，也还会碰到困难——写得干巴巴的，没有味道。这是怎么一回事呢？我看大概是这样：我们只知道这几个人，这一些事，而不知道更多的人与事，所以没法子运用更多的人与事来丰富那几个人与那一些事。是呀，一本小说或一本戏剧就是一个小世界，只有我们知道的多，我们才能随时地写人、写事、写景、写对话，都活泼生动，写晴天就使读者感到天朗气清，心情舒畅，写一棵花就使人闻到了香味！我们必须深入生活，不断动笔！我们不妨今天描写一棵花，明天又试验描写一个人，今天记述一段事，明天试写一首抒情诗，去充实表达能力。生活越丰富，心里越宽绰；写得越勤，就会有得心应手的那么一天。是的，得下些功夫，把根底打好。别着急，别先考虑发表不发表。谁肯用功，谁就会写文章。

这么说，不就很难做到写作的跃进吗？不是！写作的跃进也和别种工作的跃进一样，必须下功夫，勤学苦练。不能把勤学苦练放在一边，而去空谈跃进。看吧，原本不敢动笔，现在拿起笔来了，这还不是跃进的劲头吗？然后，写不出大的，就写小的；写不好诗，就写散文；这样高高兴兴地，不图名不图利地往下干，一定会有成功那一天。难道这还不是跃进么？好吧，让咱们都兴高采烈地干吧！放开胆子，先有什么写什么，有多少写多少，咱们就会逐渐提高，写出像样子的东西来。不怕动笔，笔就会听咱们的话，不是吗？

从记事练起，天天练，认真练

（1963 年 2 月 17 日在中华函授学校开学典礼上的讲话）

学校领导要我来讲几句话。主观上不想讲，因为自己讲不出什么；客观上身体不好，大夫不让多讲话。

刚才听到叶老说，大家的学习热情很高，这是好事情。我名为"作家"，可没有上过"作家学校"，是在业余时间学习的。这样说来，咱们就是同行。你们在业余时间学语文，我也是这样。我没有上过大学，中学毕业后想写点东西，就开始学着写一点，写到如今，虽说入了"作家协会"，可是许多新人新事还是写不上来。写出来让人家一看，说是思想感情不新。六十多岁了，在语言文字上也还遇到一些困难。我是北京人，说话是标准音，可是一听广播却不是那么回事，有些字我只念了半边，或是念了北京的土音，所以还得学。大家学习热情高，值得钦佩，但是还要继续努力。要问什么时候毕业，我说，人活着，就没有"毕业"的时候。

语文不行，实在痛苦，不要说不会了，会了一点也还不行。有人说我写文章写得快，我可不承认。我写一篇五百字的文章要写三天，我不是写得快，是写得勤。天天写，老写。

语文这个工具我拿了几十年了，这玩意儿可不是好耍的。这个词跟那个词凑到一块，别人凑得对，你就凑得不对。要老写才行。最好的窍门就是"每天必写"，"天天拿笔"，哪怕是写几十个字也好。有人说工作多，事情多，我可也不比别人的少。就拿今天这个星期天来说吧，从早上出来，在外面转到现在还没有回家，可是，我今天就已经写了几十个字了。不要以为学了语文，一写就写出一篇博士论文，或是写出一部比《红楼梦》稍好一些的小说，不要这样想。一般说来，写诗，写剧本，写小说，多少都有一些记录的性质，要打好基础，第一步就要学会"记"，每天记一件事。比如，昨天下了一场小雪，你就把它记下来。诗当然不好写，把下雪记下来也不那么容易，不信，你试试看。现在不写，将来写小说时再想："那天是怎么下雪来的？"那就麻烦了。写人就更难。《红楼梦》写了那么多姑娘，个个都那么好看，你来试试。你看到一个姑娘，把她写下来，寄给那个姑娘自己看看，她要不揍你才怪呢。"记"还记不下，就"创作"，那只能"闯祸"。

　　我希望你们从今天起，用一个小本子每天记一件事，不要想"一鸣惊人"。比如说写信，你写一封信，就要让你的朋友看得清楚、明白，看了满意。有些年轻的朋友给我写信，说他愿意做"作家"，可是连名字也写得别人认不出。有的人在信封背面写上"务请回信"，可是没有个地址。我们写东西，要严肃、认真，不能让印刷厂工人去猜这是中文，还是德文。不能让人家骂我们："这家伙写的是些什么！"叶圣陶、茅盾、巴金这些老作家，他们写东西都是一丝不苟的。

　　大家今天参加了开学典礼，回去就写一点。有了记事的能力，就能逐步提高。写的时候想一想，哪些值得写，哪些不值得写，要选择。要多写值得写的，少写或不写不值得写的，弄清楚这个，慢慢地就写得简练了。所谓"精练"，就是写下了值得写的东西，写下了重要的东西。写人要写出他的精神，写工农，要写出他的英雄气概。懂得选择就懂得写了。

　　第一步学会"记"，第二步学会"选"。无论什么文章都不是什么都写，写一封信也是这样。我常常接到这样的信，前面一大段不知是说些什么。现在大家都忙，最好不要浪费别人的时间。天天写，天天练，养成习惯，就能从需要一百个字才能说清楚的渐渐减少到只用五十个字，就能从不简练渐渐达到简练，这就是进步，而且是很大的进步。

读一篇文章，读完了要仔细想想。会写文章的人他用一个字就能顶几个字，他会找一个顶合适的字来用。读文章的时候，光念一念，不仔细想一想，是体会不到它的妙处的。中国文字非常简练，念的时候要想。想一想：这句话换个别的说法行不行？这个字换个别的字行不行？如果不行，是为什么。学语文就要这样学。

我写几百字的文章要写三天，时间多花在想的上面。语言和思想分不开，想得深，才能说得严密，粗枝大叶是不行的，要细思细想。前面说过，学语文要打好基础。记事就是为写作打基础，能记，而且记得简练，就能够写一篇小说，写一部剧本了，就可能由业余写作而成为作家。当然，大家并不一定都要做作家，不过，做个作家也不算是什么丢人的事。一个人表达不了自己所想表达的东西那是一件最痛苦的事，有了表达能力，就能把自己所见到的所想到的传达给别人了。

希望同志们坚持不懈地学习。

祝大家成功！

景物的描写

（原载于 1936 年 9 月 1 日《宇宙风》第 24 期）

在民间故事里，往往拿"有那么一回"起首，没有特定的景物。这类故事多数是纯朴可爱的，但显然是古代流传下来的，把故事中的人名地点与时间已全磨了去。近代小说就不同了，故事中的人物固然是独立的，它的背景也是特定的。背景的重要不只是写一些风景或东西，使故事更鲜明确定一点，而是它与人物故事都分不开，好似天然长在一处的。背景的范围也很广：社会、家庭、阶级、职业、时间等等都可以算在里边。把这些放在一个主题之下，便形成了特有的色彩。有了这个色彩，故事才能有骨有肉。到今日而仍写些某地某生者，就是没有明白这一点。

这不仅是随手描写一下而已，有时候也是写小说的动机。我没有详明的统计为证，只就读书的经验来说，回忆体的作品可真见到过不少。这种作品里也许是对于一人或一事的回忆，可是地方景况的追念至少也得算写作动机之一。"我们最美好的希望是我们最美好的记忆。"我们幼时所熟习的地方景物，即一木一石，当追想起来，都足以引起热烈的情感。正如莫泊桑在《回忆》中所言：

你们记得那些在巴黎附近一带的浪游日子吗？我们的穷快活吗，我们在各处森林的新绿下面的散步吗，我们在塞因河边的小酒店里的晴光沉醉吗，和我们那些极平凡而极隽美的爱情上的奇遇吗？

许多好小说是由这种追忆而写成的；假若这里似乎缺乏一二实例来证明，

老舍

那正是因为例子太容易找到的缘故。我们所最熟悉的社会与地方，不管是多么平凡，总是最亲切的。亲切，所以能产生好的作品。到一个新的地方，我们很能得一些印象，得到一些能写成很好的旅记的材料。但印象终归是印象，至好不过能表现出我们观察力的精确与敏锐；而不能做到信笔写来，头头是道。至于我们所熟悉的地方，特别是自幼生长在那里的地方，就不止于给我们一些印象了，而是它的一切都深印在我们的生活里，我们对于它能像对于自己那样分析得那么详细，连那里空气中所含的一点特别味道都能一闭眼还想象的闻到。所以，就是那富于想象力的迭更司①与威尔斯②，也时常在作品中写出他们少年时代的经历，因为只有这种追忆是准确的，特定的，亲切的，真能供给一种特别的境界。这个境界使全个故事带出独有的色彩，而不能用别的任何景物来代替。在有这种境界的作品里，换了背景，就几乎没了故事；哈代③与康拉得④都足以证明这个。在这二人的作品中，景物与人物的相关，是一种心理的，生理的，与哲理的解析，在某种地方与社会便非发生某种事实不可；人始终逃不出景物的毒手，正如蝇不能逃出蛛网。这种悲观主义是否合理，暂且不去管；这样写法无疑是可效法的。这就是说，他们对于所要描写的景物是那么熟悉，简直把它当作个有心灵的东西看待，处处是活的，处处是特定的，没有一点是空泛的。读了这样的作品，我们才能明白怎样去利用背景；即使我们不愿以背景辖束人生，至少我们知道了怎样去把景物与人生密切的联成一片。

至于神秘的故事，便更重视地点了，因为背景是神秘之所由来。这

---

① 迭更司，今译狄更斯（1812—1870），英国皇家学会工艺院院士、作家。代表作品有《匹克威克外传》《雾都孤儿》《双城记》等。

② 威尔斯（1866—1946），英国小说家。其科幻小说影响深远。代表作有《时间机器》《莫洛博士岛》《隐身人》《第一次登上月球的人》《星际战争》等。

③ 哈代（1840—1928），英国诗人、小说家。代表作有《德伯家的苔丝》《无名的裘德》《还乡》和《卡斯特桥市长》等。

④ 康拉得，今译康拉德（1857—1924），英国作家，有"海洋小说大师"之称。代表作有《吉姆爷》《黑暗的心》。

种背景也许是真的，也许是假的，但没有此背景便没有此故事。Algernon Blackwood[1] 是离不开山，水，风，火的，坡[2] 便喜欢由想象中创构出像 The House of Usher[3] 那样的景物。在他们的作品中，背景的特质比人物的个性重要得多。这是近代才有的写法，整个的把故事容纳在艺术的布景中。

有了这种写法，就是那不专重背景的作品也会知道在描写人的动作之前，先去写些景物，并不为写景而写景，而是有意的这样布置，使感情加厚。像劳伦司[4] 的《白孔雀》中描写出殡，就是先以鸟啼引起妇人的哭声："小山顶上又起啼声。"而后，一具白棺材，后面随着个高大不像样的妇人，高声的哭叫。小孩扯着她的裙，也哭。人的哭声吓飞了鸟儿。何等的凄凉！

康拉得就更厉害，使我们读了之后，不知是人力大，还是自然的力量更大。正如他说：

青春与海！好而壮的海，苦咸的海，能向你耳语，能向你吼叫，能把你打得不能呼吸。

是的，能耳语，近代描写的功夫能使景物对人耳语。写家不但使我们感觉到他所描写的，而且使我们领会到宇宙的秘密。他不仅是精详的去观察，也仿佛捉住天地间无所不在的一种灵气，从而给我们一点启示与解释。哈代的一阵风可以是："一极大的悲苦的灵魂之叹息，与宇宙同阔，与历史同久。"

这样看来，我们写景不要以景物为静止的；不要前面有人，后面加上一些不相干的田园山水作为装饰，像西洋中古的画像那样。我们在设想一个故事的全局时，便应打算好要什么背景。我们须想好要这背景干什么，否则不用去写。人物如花草的子粒，背景是园地，把这颗子粒种在这个园地里，它

---

① Algernon Blackwood，今译阿尔杰农·布莱克伍德（1869—1951），英国恐怖小说家。代表作有《空屋子与鬼故事》《人首马身怪》《柳树》《琼斯的疯狂》。

② 坡，今译爱伦·坡（1809—1949），美国诗人、小说家。代表作有诗歌《乌鸦》《睡美人》，小说《黑猫》《厄舍府的倒塌》。

③ The House of Usher，爱伦·坡小说《厄舍府的倒塌》中的厄舍府。

④ 劳伦司，今译劳伦斯（1885—1930），英国小说家。代表作有《儿子与情人》《袋鼠》《虹》《恋爱中的女人》《查泰莱夫人的情人》《白孔雀》等。

便长成这个园地里的一棵花。所谓特定的色彩，便是使故事有了园地。

有人说，古希腊与罗马文艺中，表现自然多注意它的实用的价值，而缺乏纯粹的审美。浪漫运动无疑的是在这个缺陷上予以很有力的矫正，把诗歌和自然的崇高与奥旨联结起来，在诗歌的节奏里感到宇宙的脉息。我们当然不便去摹拟古典文艺的只看加了人工的田园之美，可是不妨把"实用价值"换个说法，就是无论我们要写什么样的风景，人工的园林也好，荒山野海也好，我们必须预定好景物对作品的功用如何。真实的地方色彩，必须与人物的性格或地方的事实有关系，以助成故事的完美与真实。反之，主观的，想象的背景，是为引起某种趣味与效果，如温室中的热气，专为培养出某种人与事，人与事只是为做足这背景的力量而设的。Pitkin[1] 说："在司悌芬孙[2]，自然常是那主要的女角；在康拉得，哈代，和多数以景物为主体的写家，自然是书中的恶人；在霍桑，它有时候是主角的黑影。"这是值得玩味的话。

写景在浪漫的作品中足以增加美的分量，真的，差不多没有再比写景能使文字充分表现出美来的了。我们读了这种作品，其中有许多美好的诗意的描写，使我们欣喜，可是谁也有这个经验吧——读完了一本小说，只记得些散碎的事情，对于景物几乎一点也不记得。这个毛病就在于写得太空泛，只是些点缀，而与故事没有顶亲密的关系。天然之美是绝对的，不是比较的。一个风景有一个特别的美，永远独立。假若在作品中随便的写些风景，即使写得很美，也不能给读者以深刻的印象。还有，即使把特定的景物写得很美妙，而与故事没有多少关系，仍然不会有多少艺术的感诉力。我们永忘不了《块肉余生》[3]里 Ham（汉姆）下海救人那段描写，为什么？写得好自然是一个原

---

① Pitkin，今译沃尔特·B.皮特金（1878—1953），美国作家，作品《人生40才开始》被评为《纽约时报》年度畅销书。这段话出自 *The Art and the Business of Story Writing* 这本书。

② 司悌芬孙，今译斯蒂文森（1850—1894）。英国小说家，著有《金银岛》《骑驴漫游记》《化身博士》《绑架》《卡特丽娜》等作品。

③ 《块肉余生》，今译《大卫·科波菲尔》，查尔斯·狄更斯创作的长篇小说。

因，可是主要的还是因为这段描写恰好足以增强故事中的戏剧的力量；时候，事情，全是特异的，再遇上这特异的景物，所以便永不会被人忘记。设若景阳冈上来的不是武二，而是武大，就是有一百条老虎也不会有什么惊人的地方。

为增强故事中的美的效力，当然要设法把景物写得美好了，但写景的目的不完全在审美上。美不美是次要的问题，最要紧的是在写出一个"景"来。我们一提到"景"这个字，仿佛就联想到"美景良辰"。其实写家的本事不完全在能把普通的地点美化了，而在乎他把任何地点都能整理得成一个独立的景。这个也许美，也许丑。假如我们要写下等妓女所居留的窄巷中，除非我们是《恶之花》的颓废人物，大概总不会发疯似的以臭为香。我们必须把这窄巷中的丑恶写出来，才能把它对人生的影响揭显得清楚。我们的责任就在于怎样使这丑恶成为一景。这就是说，我们当把这丑陋的景物扼要的，经济的，净炼的，提出，使它浮现在纸面上，以最有力的图像去感诉。把田园木石写美了是比较容易的，任何一个平凡的文人也会编造些"天朗气清，惠风和畅"这类的句子。把任何景物都能恰当的，简要的，准确的，写成一景，使人读到马上能似身入其境，就不大容易了。这也就是我们所应当注意的地方。

写景不必一定用很生的字眼去雕饰，但须简单的暗示出一种境地。诗的妙处不在它的用字生僻，"只在此山中，云深不知处"，是诗境的暗示，不用生字，更用不着细细的描画。小说中写景也可以取用此法。贪用生字与修辞是想以文字讨好，心中也许一无所有，而要专凭文字去骗人；许多写景的"赋"恐怕就是这种冤人的玩意。真本事是在用几句浅显的话，写成一个景——不是以文字来敷衍，而是心中有物，且找到了最适当的文字。看莫泊桑的《归来》：

　　海水用它那单调和轻短的浪花，拂着海岸。那些被大风推送的白云，飞鸟一般在蔚蓝的天空斜刺里跑也似的经过；那村子在向着大洋的山坡里，负着日光。

老舍

一句话便把村子的位置说明白了，而且是多么雄厚有力："那村子在向着大洋的山坡里，负着日光。"这是一整个的景，山、海、村，连太阳都在里边。我们最怕心中没有一种境地，而硬要配上几句，纵然用上许多漂亮的字眼，也无济于事。心中有了一种境地，而不会扼住要点，枝节的去叙述，也不能讨好。这是写实的作家常爱犯的毛病。因为力求细腻，所以逐一描写，适足以招人厌烦——像巴尔扎克的《乡医》的开首那种描写。我们观察要详尽，不错；但是观察之后而找不出一些意义来，便没有什么用处。一个地方的邮差知道的街道与住户比谁都详细吧，可是他未必明白那个地方。详细的观察，而后精确的写述，只是一种报告而已。文艺中的描绘，须使读者身入其境的去"觉到"。我们不能只拿读者当作旁观者，有时候也应请读者分担故事中人物的感觉；这样，读者才能深受感动，才能领会到人在景物中的动作与感情。

"比拟"是足以给人以鲜明印象的。普通的比拟，若不足以惹人讨厌，还不如简单的直说。要用比拟，便须惊人；不然，就干脆不用。空洞的修辞是最要不得的。在这里，我们应当提出"观察"这个字，加以解释。一般的总以为观察便是要写山就去观山，要写海便去看海。这自然是该有的事，可是这还不够，我们须更进一步，时时刻刻的留心，对什么也感到趣味；然后到写作的时候，才能把不相干的东西联想到一处，而创出顶好的比喻。夜间火山的一明一灭，与吕宋烟的燃烧，毫无关系。可是以烟头的燃烧，比拟夜间火山口的明灭，便非常的出色。吕宋烟头之小，火山之大，都在我们心中，才能到时候发生妙用。所谓观察便是无时无地不在留心，而到描写的时候，随时的有美妙的联想，把一切东西都写得活泼泼的，就好像一个健壮的人，全身的血脉都那么鲜净流畅。小说家的本事就在这里。辛克莱[①]与其他的热心揭发人世黑暗的写家们，都犯了一个毛病：真下功夫去观察所要揭发的事实，可是忘记了怎样去把它们写成文艺作品。他们的叙述是力求正确详细，可是只限于这一点，他们没能随手的表现出人生更大更广的经验。他们

---

① 辛克莱(1878—1968)，美国作家，"社会丑事揭发派"作家。代表作《屠场》《石炭王》。

的好处是对于某一地一事的精确，他们的缺点是局面太小。设若托尔司太①生在现时，也写《屠场》那类的东西，他一定不仅写成怪好的报告，而也能像《战争与和平》那样的真实与广大。《战争与和平》的伟大不在乎人多事多，穿插复杂，而在乎处处亲切活现，使人真想拿托尔司太当个会创造世界的神仙。最伟大的作家都是这样，他们在一个主题下贯串起来全部的人生经验。这并不是说，他们总是乌烟瘴气的把所知道的都写进去，不是！他们是在描写一景一事的时候，随时随地的运用着一切经验，使全部故事没有落空的地方。写小说也是如此，得每个镜头都不空。精确的比拟是最有力的小花样，处处有这种小花样，故事便会不单调，不空洞。写一件事需要一千件事作底子，因为一个人的鼻子可以像一头蒜，林中的小果在叶儿一动光儿一闪之际可以像个猛兽的眼睛，作家得上自绸缎，下至葱蒜，都预备好呀！

可是，有的人根本不会写景，怎么办呢？有一个办法，不写。狄福在《鲁滨逊漂流记》中自然是景物逼真了，可是他的别的作品往往是一直的说下去，并不细说景物，而故事也还很真切。他有个本事，能借人物的活动暗示出环境来，因而可以不大去管景物的描述。这个，说真的，可实在不易学。我们只须记住这个，不善写景就不必勉强，而应当多注意到人物与事实上去；千万别拉扯上一些不相干的柳暗花明，或菊花时节什么的。

时间的利用，也和景物一样，因时间的不同，故事的气味也便不同了。有个确定的时间，故事一开首便有了特异的味道。在短篇小说里，这几乎比写景还重要。

故事中所需用的时间，长短是不拘的，一天也可以，十年也可以；这全依故事中的人物与事实而定。不过，时间越长，越须注意到季节描写的正确。据我个人的经验，想利用一个地点作背景，作者至少须在那里住过一年；我觉得把一地的四时冷暖都领略过，对于此地才能算有了相当的认识。地方的

① 托尔司太，今译托尔斯泰（1828—1910），俄国作家。代表作有《战争与和平》《安娜·卡列尼娜》《复活》等。

老舍

015

气候季节如个人的喜怒哀乐，知道了它的冷暖阴晴才摸到它的脾气。

对于一个特别的时间，也很好利用，如大跳舞会，赶集，庙会等，假使我们描写有钱有闲的社会，开首就利用大跳舞会，便很有力量。同样，描写农村而利用赶集，庙会，也是有不少便宜的。依此类推，一件事必当有个特别时间，唯有在此时间内事实能格外鲜明，如雨后的山景。还有，最好利用的是人们所忽视的时候，如天快亮了的时候。这时候，跳舞会完了，妇女们已疲倦得不得了，而仍狂吸着香烟。这时候，打牌的人们脸上已发绿，可把眼还瞪着那些小长方块。这时候，穷人们为避免巡警的监视，睡眼巴睁的去拾煤核儿。简单的说，这可以叫作时间的隙缝，在隙缝之间，人们把真形才显露出来。时间所给的感情，正如景物，夜间与白天不同，春天与秋天不同，雨天与晴天不同；这个不难利用。在这个之外，我们还须去找缝子，学校闹风潮，或绅士家里半夜三更的妻妾哭吵，是特别有价值的一刻。

人物的描写

（原载于 1936 年 11 月 1 日《宇宙风》第 28 期）

按照旧说法，创作的中心是人物。凭空给世界增加了几个不朽的人物，如武松、黛玉等，才叫作创造。因此，小说的成败，是以人物为准，不仗着事实。世事万千，都转眼即逝，一时新颖，不久即归陈腐，只有人物足垂不朽。此所以十续《施公案》，反不如一个武松的价值也。

可是近代文艺受了两个无可避免的影响——科学与社会自觉。受着科学的影响，不要说文艺作品中的事实须精确详细了，就是人物也须合乎生理学心理学等等的原则。于是佳人才子与英雄巨人全渐次失去地盘，人物个性的表现成了人物个性的分析。这一方面使人物更真实更复杂，另一方面使创造受了些损失，因为分析就不是创造。至于社会自觉，因为文艺想多尽些社会的责任，简直的就顾不得人物的创造，而力求罗列事实以揭发社会的黑暗与指导大家对改进社会的责任。社会是整个的，复杂的，从其中要整理出一件事的系统，找出此事的意义，并提出改革的意见，已属不易；作者当然顾不得注意人物，而且觉得个人的志愿与命运似乎太轻微，远不及社会革命的重大了。报告式的揭发可以算作文艺；努力于人物的创造反被视为个人主义的余孽了。

说到将来呢，人类显然的是朝着普遍的平均的发展走去；英雄主义在此刻已到了末一站，将来的历史中恐怕不是为英雄们预备的了。人类这样发展下去，必会有那么一天，各人有各人的工作，谁也不比谁高，谁也不比谁低，

老舍

大家只是各尽所长，为全体的生存努力。到了这一天，志愿是没了用；人与人的冲突改为全人类对自然界的冲突。没争斗没戏剧，文艺大概就灭绝了。人物失去趣味，事情也用不着文艺来报告——电话电报电影等等不定发展到多么方便与巧妙呢。

我们既不能以过去的办法为金科玉律，而对将来的推测又如上述，那么对于小说中的人物似乎只好等着受淘汰，没有什么可说的了。这却又不尽然。第一，从现在到文艺灭绝的时期一定还有好多好多日子，我们似乎不必因此而马上搁笔。第二，现在的文艺虽然重事实而轻人物，但把人物的创造多留点意也并非是吃亏的事，假若我们现在对荷马与莎士比亚等的人物还感觉趣味，那也就足以证明人物的感诉力确是比事实还厚大一些。说真的，假若不是为荷马与莎士比亚等那些人物，谁肯还去读那些野蛮荒唐的事儿呢？第三，文艺是具体的表现。真想不出怎样可以没有人物而能具体的表现出！文艺所要揭发的事实必须是人的事实，《封神榜》虽很热闹，无论如何也比不上好汉被迫上梁山的亲切有味。再说呢，文艺去揭发事实，无非是为提醒我们，指导我们；我们是人，所以文艺也得用人来感动我们。单有葬花，而无黛玉；或有黛玉而她是"世运"的得奖的女运动员，都似乎不能感人。赞诵个人的伟大与成功，于今似觉落伍；但茫茫一片事实，而寂无人在，似乎也差点劲儿。

那么，老话当作新话来说，对人物的描写还可以说上几句。

描写人物最难的地方是使人物能立得起来。我们都知道利用职业、阶级、民族等特色，帮忙形成个特有的人格；可是，这些个东西并不一定能使人物活跃。反之，有的时候反因详细的介绍，而使人物更死板。我们应记住，要描写一个人必须知道此人的一切，但不要作相面式的全写在一处；我们须随时的用动作表现出他来。每一个动作中清楚的有力的表现出他一点来，他便越来越活泼，越实在。我们虽然详知他所代表的职业与地方等特色，可是我们仿佛更注意到他是个活人，并不专为代表一点什么而存在。这样，人物的感诉力才能深厚广大。比如说吧，对于一本俄国的名著，一个明白俄国情形的读者当然比一个还不晓得俄国在哪里的更能亲切的领略与欣赏。但是这本作品的伟大，并不在乎只供少数明白俄国情形的人欣赏，而是在乎它能使不明白俄国事的人也明白了俄国人也是人。再看《圣经》中那些出色的故事，和莎士比亚所借用的人物，差不多都不大管人物的背景，而也足以使千百年后的全人类受感动。反之，我们看 Anne Douglas Sedgwick[1] 的 *The Little French Girl*[2] 的描写法国女子与英国女子之不同；或 "Elizabeth" [3] 的 *Caravaners*[4] 之以德人比较英人；或 Margaret Kennedy[5] 的 *The Constant Nymph*[6] 之描写艺术家与普通人的差别；都是注意在揭发人物的某种特质。这些书都有相当的趣味与成功，但都够不上伟大。主旨既在表现人物的特色，于是人物便受他所要代表的那点东西的管辖。这样，人物与事实似乎由生命的中心移到生命的表面上去。这是揭发人的不同处，不是表现人类共同具有的欲望与理想；这是关于人的一些知识，不是人生中的根本问题。这种写法是想从枝节上了解人生，而忘了人类的可以共同奋斗的根源。这种写法假若对所描写的人没有深刻的了解，便很容易从社会上习俗上抓取一点特有的色彩去敷衍，而根本把人生忘掉。近年来西洋有许多描写中国人的小说，十之八九是要凭借一点知识来比较东西民族的不同；结果，中国人成为一种奇怪好笑的动物，好像不大是人似的。设若一个西洋写家忠诚的以描写人生的态度来描写中国人，即使背景上有些错误也不至于完全失败吧。

与此相反的，是不管风土人情，而写出一种超空间与时间的故事，只注

---

[1] Anne Douglas Sedgwick，今译安妮·道格拉斯·塞奇威克（1873—1935），美国小说家，著有《救援》《泉水堵了》《坦特》《第三个窗户》《圣诞节玫瑰》《富兰克林·温斯洛·凯恩》等作品。

[2] *The Little French Girl*，今译《法国小姑娘》。

[3] Elizabeth，即伊丽莎白·亚宁（1866—1941），英国作家，著有《情迷四月天》等作品。

[4] *Caravaners*，今译《商队》。

[5] Margaret Kennedy，今译玛格丽特·肯尼迪（1896—1967），英国作家。1926 年与他人合作将其小说《恒久的宁芙》改编为剧本。

[6] *The Constant Nymph*，今译《恒久的宁芙》。

老舍

意艺术的情调，不管现实的生活。这样的作品，在一个过着梦的生活的天才手里，的确也另有风味。可是它无论怎好，也缺乏着伟大真挚的感动力。至于才力不够，而专赖小小一些技巧，创制此等小玩意儿，就更无可观了。在浪漫派与唯美派的小说里，分明的是以散文侵入诗的领域。但是我们须认清，小说在近代之所以战胜了诗艺，不仅是在它能以散文表现诗境，而是在它根本足以补充诗的短处——小说能写诗所不能与不方便写的。Sir Walter Raleigh[1] 说过："一个大小说家根本须是个幽默家，正如一个大罗曼司家根本必须是诗人。"这里所谓的幽默家，倒不必一定是写幽默文字的人，而是说他必洞悉世情，能捉住现实，成为文章。这里所谓的诗人，就是有幻想的，能于平凡的人世中建造起浪漫的空想的一个小世界。我们所应注意的是"大小说家"必须能捉住现实。

人物的职业阶级等之外，相貌自然是要描写的，这需要充分的观察，且须精妙的道出，如某人的下巴光如脚踵，或某人的脖子如一根鸡腿……这种形容是一句便够，马上使人物从纸上跳出，而永存于读者记忆中。反之，若拖泥带水的形容一大片，而所形容的可以应用到许多人身上去，则费力不讨好。人物的外表要处，足以烘托出一个单独的人格，不可泛泛的由帽子一直形容到鞋底；没有用的东西往往是人物的累赘：读者每因某项叙述而希冀一定的发展，设若只贪形容得周到，而一切并无用处，便使读者失望。我们不必一口气把一个人形容净尽，先有个大概，而后逐渐补充，使读者越来越知道得多些，如交友然，由生疏而亲密，倒觉有趣。也不必每逢介绍一人，力求有声有色，以便发生戏剧的效果，如大喝一声，闪出一员虎将……此等形容，虽刺激力大，可是在艺术上不如用一种浅淡的颜色，在此不十分明显的颜色中却包蕴着些能次第发展的人格与生命。

以言语，面貌，举动来烘托出人格，也不要过火的利用一点，如狄更斯

① Sir Walter Raleigh，今译沃尔特·雷利爵士（约 1552—1618），英国探险家、历史学家和诗人。代表作有《世界史》。

白云山岳皆文章：大师的37堂写作课

的次要人物全有一种固定的习惯与口头语——*Bleak House*[①] 里的 Bagnet[②] 永远用军队中的言语说话，而且脊背永远挺得笔直，即许多例子中的一个。这容易流于肤浅，有时候还显得讨厌。这在狄更斯手中还可原谅，因为他是幽默的写家，翻来覆去地利用一语或一动作都足以招笑；设若我们不是要得幽默的效果，便不宜用这个方法。只凭一两句口头语或一二习惯作人物描写的主力，我们的人物便都有成为疯子的危险。我们应把此法扩大，使人物的一切都与职业的家庭的等等习惯相合；不过，这可就非有极深刻的了解与极细密的观察不可了。这个教训是要紧的：不冒险去写我们所不深知的人物！

还有个方法，与此不同，可也是偷手，似应避免：形容一男或一女，不指出固定的容貌来，而含糊其词的使读者去猜。比如描写一个女郎，便说：正在青春，健康的脸色，金黄的发丝，带出金发女子所有的活泼与热烈……这种写法和没写一样：到底她是什么样子呢？谁知道！

在短篇小说中，须用简净的手段，给人物一个精妥的固定不移的面貌体格。在长篇里宜先有个轮廓，而后顺手的以种种行动来使外貌活动起来；此种活动适足以揭显人格，随手点染，使个性充实。譬如已形容过二人的口是一大一小，一厚一薄，及至述说二人同桌吃饭，便宜利用此机会写出二人口的动作之不同。这样，二人的相貌再现于读者眼前，而且是活动的再现，能于此动作中表现出二人个性的不同。每个小的动作都能显露出个性的一部分，这是应该注意的。

景物，事实，动作，都须与人打成一片。无论形容什么，总把人放在里面，才能显出火炽。形容二人谈话，应顺手提到二人喝茶，及出汗——假若是在夏天。如此，则谈话而外，又用吃茶补充了二人的举动不同，且极自然的把天气写在里面。此种写法是十二分的用力，而恰好不露出用力的痕迹。

最足以帮忙揭显个性的恐怕是对话了。一个人有一个说话方法，一个人

---

① *Bleak House*，今译《荒凉山庄》，狄更斯的长篇小说。

② Bagnet，今译巴克特。《荒凉山庄》中的人物，其在小说中是一位探长。

老舍

的话是随着他的思路而道出的。我们切不可因为有一段精彩的议论而整篇的放在人物口中，小说不是留声机片。我们须使人物自己说话。他的思路决不会像讲演稿子那么清楚有条理；我们须依着他心中的变动去写他的话语。言谈不但应合他的身份，且应合乎他当时的心态与环境。

以上的种种都是应用来以彰显人物的个性。有了个性，我们应随时给他机会与事实接触。人与事相遇，他才有用武之地。我们说一个人怎好或怎坏，不如给他一件事做做看。在应付事情的时节，我们不但能揭露他的个性，而且足以反映出人类的普遍性。每人都有一点特性，但在普遍的人情上大家是差不多的。当看一出悲剧的时候，大概大家都要受些感动，不过有的落泪，有的不落泪。那不落泪的未必不比别人受的感动更深。落泪与否是个性使然，而必受感动乃人之常情；怪人与傻子除外；自然我们不愿把人物都写成怪人与傻子。我们不要太着急，想一口气把人物作成顶合自己理想的；为我们的理想而牺牲了人情，是大不上算的事。比如说革命吧，青年们只要有点知识，有点血气，哪个甘于落后？可是，把一位革命青年写成一举一动全为革命，没有丝毫弱点，为革命而来，为革命而去，像一座雕像那么完美；好是好了，怎奈天下并没有这么完全的人！艺术的描写容许夸大，但把一个人写成天使一般，一点都看不出他是由猴子变来的，便过于骗人了。我们必须首先把个性建树起来，使人物立得牢稳；而后再设法使之在普遍人情中立得住。个性引起对此人的趣味，普遍性引起普遍的同情。哭有多种，笑也不同，应依个人的特性与情形而定如何哭，如何笑；但此特有的哭笑须在人类的哭笑圈内。用张王李赵去代表几个抽象的观念是写寓言的方法，小说则首应注意把他们写活了，每个人都有他自己的思想与感情，不是一些完全听人家调动的傀儡。

人物不打折扣

（原载于 1961 年 3 月 1 日《新港》3 月号）

常有人问：有了一个很不错的故事，为什么写不好或写不出人物？

据我看，毛病恐怕是在只知道人物在这一故事里做了什么，而不知道他在这故事外还做了什么。这就是说，我们只知道了一件事，而对其中的人物并没有深刻的全面的了解，因而也就无从创造出有骨有肉的人物来。

不论是中篇或短篇小说，还是一出独幕剧或多幕剧，总要有个故事。人物出现在这个故事里。因为篇幅有限，故事当然不能很长，也不能很复杂。于是，出现在故事里的人物，只能够做某一些事，不会很多。这一些事只是人物生活中的一片段，不是他的全部生活。描写全部生活须写很长的长篇小说。这样，只仗着一个不很长的故事而要表现出一个或几个生龙活虎般的人物来，的确是不很容易。

怎么办呢？须从人物身上打主意。我们得到了一个故事，就要马上问问自己：对其中的人物熟悉不熟悉呢？假若很熟悉，那就可能写出人物来。假若全无所知，那就一定写不出人物来。

在一篇短篇小说里或一篇短剧里，没法子装下一个很复杂的故事。人物只能做有限的事，说有限的话。为什么做那点事、说那点儿话呢？怎样做那点事、说那点话呢？这可就涉及人物的全部生活了。只有我们熟悉人物的全部生活，我们才能够形象地、生动地、恰如其分地写出人物在这个小故事里做了什么和怎么做的，说了什么和怎么说的。通过这一件事，我们表现出一个或几个形象完整的人物来。只有这样的人物才会做出这样的一点事，说出这样的一点话。我们必须去深刻地了解人。知道他的十件事，而只写一件事，

老舍

容易成功。只知道一件，就写一件，很难写出人物来。

在我的几篇较好的短篇小说里，我都用的是预备写长篇的资料。因为没有时间写长篇，我往往从预备好足够写一二十万字的小说里抽出某一件事，写成只有几千字的短篇。这样的短篇，虽然故事简单，人物不多；可是，对人物的一切，我已想过多少次。于是，人物的一举一动，一言一语，都能够表现他们的不同的性格与生活经验。我认识他们。我本来是想用一二十万字从生活各方面描写他们的。

篇幅虽短，人物可不能折扣！在长篇小说里，我们可以从容地、有头有尾地叙述一个人物的全部生活。在短篇里，我们是借着一个简单的故事，生活中的一片段，表现出人物。我们若是知道一个人物的生活全部，就必能写好他的生活的一片段，使人看了相信：只有这样一个人，才会做出这样的一些事。虽然写的是一件事，可是能够反映出人物的全貌。

还有一件事，也值得说一说。在我把剧本交给剧院之后，演员们总是顺着我写的台词，分别给所有的人物去作小传。即使某一人物的台词只有几句，预备扮演他（或她）的演员也照着这几句话，加以想象，去写出一篇人物小传来。这是个很好的方法。这么做了之后，演员便摸到剧中人物的底。不管人物在台上说多说少，演员们总能设身处地，从人物的性格与生活出发，去说或多或少的台词。某一人物的台词虽然只有那么几句，演员却有代他说千言万语的准备。因此，演员才能把那几句话说好——只有这样的一个角色，才会这么说那几句话。假若演员不去拟写人物小传，而只记住那几句台词，他必定不能获得闻声知人的效果。人物的全部生活决定他在舞台上怎么说那几句话。

是的，得到一个故事，最好是去细细琢磨其中的人物。假若对人物全无所知，就请不要执笔，而须先去生活，去认识人。故事不怕短，人物可必须立得起来。人物的形象不应因故事简短而打折扣。只知道一个故事，而不洞悉其中人物，无法进行创作。人是故事的主人。

对话浅论

（原载于 1961 年 2 月 15 日《电影艺术》第 1 期）

怎样写好电影剧本的对话，我回答不出，我没有写过电影剧本。仅就习写话剧的一点经验，和看电影的体会，来谈谈这个问题，供参考而已。

在写话剧对话的时候，我总期望能够实现"话到人到"。这就是说，我要求自己始终把眼睛盯在人物的性格与生活上，以期开口就响，闻其声知其人，三言五语就勾出一个人物形象的轮廓来。随着剧情的发展，对话若能始终紧紧拴在人物的性格与生活上，人物的塑造便有了成功的希望。这样，对话本身似乎也有了性格，既可避免"一道汤"的毛病，也不至于有事无人。张三的话不能移植到李四的口中来，他们各有个性，他们的话也各具特点。因此，对于我所熟识的人物，我的对话就写得好一些。对于我不大了解的人物，对话就写得很差。难处不在大家都说什么，而在于他们都怎么说。摸不到人物性格与生活的底，对话也就没有底，说什么也难得精彩。想啊，想啊，日夜在想张三和李四究竟是何等人物。一旦他们都像是我的老朋友了，他们就会说自己的话，张口就对，"话到人到"。反之，话到而人不到，对话就会软弱无力。若是始终想不好，人物总是似有若无，摇摇摆摆，那就应该再去深入生活。

一旦人物性格确定了，我们就比较容易想出他们的语声、腔调和习惯用哪些语汇了。于是，我们就可以出着声儿去写对话。是，我总是一面出着声儿，念念有词，一面落笔。比如说：我设想张三是个心眼爽直的胖子，我即

老舍

假拟着他的宽嗓门，放炮似的说直话。同样地，我设想李四是个尖嗓门的瘦子，专爱说刻薄话，挖苦人，我就提高了调门儿，细声细气地绕着弯子找厉害话说。这一胖一瘦若是争辩起来，胖子便越来越起急，话也就越短而有力。瘦子呢，调门儿大概会越来越高，话也越来越尖酸。说来说去，胖子是面红耳赤，呼呼地喘气，而瘦子则脸上发白，话里添加了冷笑……是的，我的对话并不比别人写的高明，可是我的确是这么出着声儿写的，期望把话写活了。写完，我还要朗读许多遍，进行修改。修改的时候，我是一人班，独自分扮许多人物，手舞足蹈，忽男忽女。我知道，对话是要放在舞台上去说的，不能专凭写在纸上便算完成了任务。剧作者给演员们预备下较好的对话，演员们才能更好地去发挥对话中的含蕴。

我并不想在这里推销我的办法。创作方法，各有不同。我只想说明我的办法对我有好处，所以愿意再多说几句：因为我动笔的时候，口中念念有词，所以我连一个虚字"了""啊""吗"等等，都不轻易放过。我的耳朵监督着我的口。耳朵通不过的，我就得修改。话剧不是为叫大家听的么？

还有：这个办法可以叫我节省许多话语。一个"呕！"或一个"啊？"有时候可以代替一两句话。同样，一句有力的话，可以代替好几句话。口与耳帮助了我的脑子实行语言节约。

对于我不大熟识的人物，我没法子扮演他。我就只好用词藻去敷衍，掩饰自己的空虚。这样写出的对话，一念就使我脸红！不由人物性格与生活出发，而专凭词藻支持门面，必定成为"八股对话"。离开人物而孤立地去找对话，很少有成功的希望！

我的办法并没有使我成为了不起的语言运用的艺术家。不过，它却使我明白了语言必须全面地去运用。剧作者有责任去挖掘语言的全部奥秘，不但在思想性上要有"语不惊人死不休"的雄心，而且在语言之美上也不甘居诗人之下。在古代，中外的剧作者都讲究写诗剧。不管他们的创作成就如何，他们在语言上可的确下了极大的功夫。他们写的是戏剧，也是诗篇。诗剧的时代已成过去，今天我们是用白话散文写戏。但是，我们不该因此而草草了了，不去精益求精。

所谓全面运用语言者，就是说在用语言表达思想感情的时候，不忘了语言的简练，明确，生动，也不忘了语言的节奏，声音等等方面。这并非说，我们的对话每句都该是诗，而是说在写对话的时候，应该像作诗那么认真，那么苦心经营。比如说，一句话里有很高的思想，或很深的感情，而说得很笨，既无节奏，又无声音之美，它就不能算作精美的戏剧语言。观众要求我们的话既有思想感情，又铿锵悦耳，既有深刻的含意，又有音乐性，既受到启发，又得到艺术的享受。剧作者不该只满足于把情节交代清楚了。假若是那样，大家看看说明书也就够了，何必一幕一幕地看戏呢？

我丝毫没有轻视思想性，而专重语言的意思。我是说，把语言写好也是剧作者的责任之一，因为他是语言运用的艺术家。明乎此，我们才好说下去，不致发生误会。

好吧，让我们说得更具体些吧：在汉语中，字分平仄。调动平仄，在我们的诗词形式发展上起过不小的作用。我们今天既用散文写戏，自然就容易忽略了这一端，只顾写话，而忘了注意声调之美。其实，即使是散文，平仄的排列也还该考究。是，"张三李四"好听，"张三王八"就不好听。前者是二平二仄，有起有落；后者是四字（按京音读）皆平，缺乏扬抑。四个字尚且如此，那么连说几句就更该好好安排一下了。"张三去了，李四也去了，老王也去了，会开成了，"这样一顺边的句子大概不如"张三、李四、老王都去参加，会开成了，"简单好听。前者有一顺边的四个"了"，后者"加"是平声，"了"是仄声，扬抑有致。

一注意到字音的安排，也就必然涉及字眼儿的选择。字虽同义，而音声不同，我们就须选用那个音义俱美的。对话是用在舞台上的，必须义既正确，音又好听。"警惕""留神""小心"等的意思不完全相同，而颇接近，我们须就全句的意思和全句字音的安排，选择一个最合适的。这样，也会叫用字

老舍

多些变化;重复使用同一字眼儿会使听众感到语言贫乏。不朗读自己的对话,往往不易发现这个毛病。

书面上美好的字,不一定在口中也美好。我们必须为演员设想。"老李,说说,切莫冗长!"大概不如说"老李,说说,简单点!"后者现成,容易说,容易懂,虽然"冗长"是书面上常用的字。

有些人,包括演员,往往把一句话的最后部分念得不够响亮。声音一塌,台下便听不清楚。戏曲与曲艺有个好办法,把下句的尾巴安上平声字,如"打虎亲兄弟,上阵父子兵",如"人逢喜事精神爽,月到中秋分外光"等等。句尾用平声字,如上面的"兵"与"光",演员就必会念响,不易塌下去。因此,有时候,在句尾用"心细"就不如"细心","主意"不如"主张"。

当然,我们没法子给每句句尾都安上平声字,而且也不该那样;每句都翘起尾巴,便失去句与句之间平仄互相呼应的好处——如"今天你去,明天他来"。或"你叫他来,不如自己去"。"来"与"去"在尾句平仄互相呼应,相当好听。这就告诉了我们,把句子造短些,留下"气口",是个好办法。只要留好了气口儿,即使句子稍长,演员也不致把句尾念塌了。以"心齐,不怕人少;心不齐,人越多越乱。"这句说吧,共有十四个字,不算很短。可是,其中有三个气口儿,演员只要量准了这些气口儿,就能念得节奏分明,十分悦耳。尽管"少"与"乱"都是仄声,也不会念塌了。反之,句子既长,又没有气口儿,势必念到下半句就垮下去。

以上所言,不过是为说明我们应当如何从语言的各方面去考虑与调动,以期情文并茂,音义兼美。这些办法并不是什么条规。

假若这些办法可以适用于话剧的对话,大概用于电影的对话里也无所不可吧?我觉得话剧的对话既须简练,那么电影对话就更应如此。有声电影里有歌唱,有音乐,还有许多别的声响,若是对话冗长,没结没完,就会把琴声笛韵什么的给挤掉,未免可惜。话剧的布景与服装等无论如何出色,究竟是较固定的,有限的。在电影里,一会儿春云含笑,嫩柳轻舞;一会儿又如花霜叶，秋色多娇；千变万化，汇为诗篇。那么，话剧的对话应当美妙，电影中不就更该这样么？在这图画、乐章、诗歌、戏剧交织成的作品里，对话若是糟糕啊，实在大煞风景！我们有责任用最简练精美的对话配合上去，使整部片子处处诗情画意，无懈可击！

从我看到的一些影片来说，它们的对话似乎还须更考究一些。有的片子里，正是那句简单而具有关键性的句子恰好使我听不明白。原因何在呢？我想这不应完全归罪于演员。句子原来就没写好，恐怕也是失败的原因。在纸面上，那一句也许很不错，可是字音的安排很欠妥当，像绕口令似的那么难说，谁也说不好！台词须出着声儿写，也许有点道理。

更多遇到的是：本来三言两语就够了，可是说上没完，令人扫兴。本来可以用一两个字就能解决问题的，却偏要多说。还有呢，对话既长，句子又没板没眼，气口儿不匀，于是后半句就叫演员"嚼"了，使人气闷。我们要全面地运用语言，因而须多方面去学习。比如说，在通俗韵文里，分上下句。我们的对话虽用散文，也可以运用此法。上下句的句尾若能平仄相应，上句的末字就能把下句"叫"出来，使人听着舒服、自然、生动。在适当的地方，我们甚至可以运用四六文的写法，用点排偶，使较长的对话挺脱有力。比如说：在散文对话之中插上"你是心广体胖，我是马瘦毛长"之类的白话对仗，必能减少冗长无力之弊。为写好对话，我们须向许多文体学习，取其精华，善为运用。旧体诗词、四六文、通俗韵文、戏曲，都有值得学习之处。这可不是照抄，而是运用。

是，是要善为运用！有一次，我听到电影中的一句歇后语。听过了半天，我才明白原来是一句逗笑的歇后语，要笑也来不及了。为什么这样呢？原来是作者选用了一句最绕嘴的歇后语，难怪演员说不利落，失去效果。这就是作者不从多方面考虑，而一心一意只想用上这么一句。结果，失败了！不要孤立地去断定哪句话是非用不可的！要"统筹全局"，从多方面考虑。

总之，对话在电影中，不但要起交代情节的作用，而且要负起塑造人物的责任，"话到人到"。在语言上，必须全面运用，不但使观众听得明白，而且得到语言艺术的享受，从而热爱我们的语言。写对话的时候，我们有责任为演员与观众设想。在全面运用上，我只提到字音等问题，也没有讲透彻，至于如何使语言简练，用字如何现成等等，就不多说了。再声明一下，我的办法不是条规，仅供参考而已。

人物、语言及其他

（原载于 1959 年 6 月 1 日《解放军文艺》6 月号）

短篇小说很容易同通讯报道混淆。写短篇小说时，就像画画一样，要色彩鲜明，要刻画出人物形象。所谓刻画，并非指花红柳绿地作冗长的描写，而是说，要三言两语勾画出人物的性格，树立起鲜明的人物形象来。

一般的说，作品最容易犯的毛病是：人物太多，故事性不强。《林海雪原》之所以吸引人，就是故事性极强烈。当然，短篇小说不可能有许多故事情节，因此，必须选择了又选择，选出最激动人心的事件，把精华写出来。写人更要这样，作者可以虚构、想象，把很多人物事件集中写到一两个人物身上，塑造典型的人物。短篇中的人物一定要集中，集中力量写好一两个主要人物，以一当十，其他人物是围绕主人公的配角，适当描画几笔就行了。无论人物和事件都要集中，因为短篇短，容量小。

有些作品为什么隔着云雾望山头，见物不见人呢？这原因在于作者。不少作者常常有一肚子故事，他急于把这些动人的故事写出来，直到动笔的时候，才想到与事件有关的人物，于是，人物只好随着事件走，而人物形象往往模糊、不完整、不够鲜明。世界上的著名的作品大都是这样：反映了这个时代人物的面貌，不是写事件的过程，不是按事件的发展来写人，而是让事件为人物服务。还有一些名著，情节很多，读过后往往记不得，记不全，但是，人物却都被记住，所以成为名著。

我们写作时，首先要想到人物，然后再安排故事，想想让主人公代表什么，

老舍

反映什么，用谁来陪衬，以便突出这个人物。这里，首先遇到的问题：是写人呢？还是写事？我觉得，应该是表现足以代表时代精神的人物，而不是为了别的。一定要根据人物的需要来安排事件，事随着人走；不要叫事件控制着人物。譬如，关于洋车夫的生活，我很熟悉，因为我小时候很穷，接触过不少车夫，知道不少车夫的故事，但那时我并没有写《骆驼祥子》的意图。有一天，一个朋友和我聊天，说有一个车夫买了三次车，丢了三次车，以至堕落而悲惨地死去。这给我不少启发，使我联想起我所见到的车夫，于是，我决定写旧社会里一个车夫的命运和遭遇，把事件打乱，根据人物发展的需要来写，写成了《骆驼祥子》这一个作品。

写作时一定要多想人物，常想人物。选定一个特点去描画人物，如说话结巴，这是肤浅的表现方法，主要的是应赋予人物性格特征。先想他会干出什么来，怎么个干法，有什么样胆识，而后用突出的事件来表现人物，展示人物性格。要始终看定一两个主要人物，不要使他们写着写着走了样子。贪多，往往会叫人物跑样的。《三国演义》看上去情节很多，但事事都从人物出发。诸葛亮死了还吓了司马懿一大跳，这当然是作者有意安排上去的，目的就是为了丰富诸葛亮这个人物。《红日》中大多数人物写得好。但有些人就没有写好，这原因是人物太多了，有些人物作者不够熟悉，掌握不住。《林海雪原》里的白茹也没写得十分好，这恐怕是曲波同志对女同志还了解得不多的缘故。因此不必要的、不熟悉的就不写，不足以表现人物性格的不写。贪图表现自己知识丰富，力求故事多，那就容易坏事。

写小说和写戏一样，要善于支配人物，支配环境（写出典型环境、典型人物），如要表现炊事员，光把他放在厨房里烧锅煮饭，就不易出戏，很难写出吸引人的场面；如果写部队在大沙漠里铺轨，或者在激战中同志们正需要喝水吃饭，非常困难的时候，把炊事员安排进去，作用就大了。

无论什么文学形式，一写事情的或运动的过程就不易写好，如有个作品写高射炮兵作战，又是讲炮的性能、炮的口径，又是红绿信号灯如何调炮……

就很难使人家爱看。文学作品主要是写人，写人的思想活动，遇到什么困难，怎样克服，怎样斗争……写写技术也可以，但不能贪多，因为这不是文学主要的任务。学技术，那有技术教科书嘛！

刻画人物要注意从多方面来写人物性格。如写地主，不要光写他凶残的一面，把他写得像个野兽，也要写他伪善的一面。写他的生活、嗜好、习惯、对不同的人不同的态度……多方面写人物的性格，不要小胡同里赶猪——直来直去。

当你写到戏剧性强的地方，最好不要写他的心理活动，而叫他用行动说话，来表现他的精神面貌。如果在这时候加上心理描写，故事的紧张就马上弛缓下来。《水浒》上的鲁智深、石秀、李逵、武松等人物的形象，往往用行动说话来表现他们的性格和精神面貌，这个写法是很高明的。《水浒》上武松打虎的一段，写武松见虎时心里是怕的，但王少堂先生说评书又作了一番加工：武松看见了老虎，便说："啊！我不打死它，它会伤人哟！好！打！"这样一说，把武松这个英雄人物的性格表现得更有声色了。这种艺术的夸张，是有助于塑造英雄人物的形象的！我们写新英雄人物，要大胆些，对英雄人物的行动，为什么不可以作适当的艺术夸张呢？

为了写好人物，可以把五十万字的材料只写二十万字；心要狠一些。过去日本鬼子烧了商务印书馆的图书馆，把我一部十万多字的小说原稿也烧掉了。后来，我把这十万字的材料写成了一个中篇《月牙儿》。当然，这是其中的精华。这好比割肉一样，肉皮肉膘全不要，光要肉核（最好的肉）。鲁迅的作品，文字十分精练，人物都非常成功，而有些作家就不然，写到事往往就无节制地大写特写，把人盖住了。最近，我看到一幅描绘密云水库上的人们干劲冲天的画，画中把山画得很高很大很雄伟，人呢？却小得很，这怎能表现出人们的干劲呢？看都看不到啊！事件的详细描写总在其次；人，才是主要的。因为有永存价值的是人，而不是事。

语言的运用对文学是非常重要的。有的作品文字色彩不浓，首先是逻辑

老舍

性的问题。我写作中有一个窍门，一个东西写完了，一定要再念再念再念，念给别人听（听不听在他），看念得顺不顺？准确不？别扭不？逻辑性强不？看看句子是否有不够妥当之处。我们不能为了文字简练而简略。简练不是简略、意思含糊，而是看逻辑性强不强，准确不准确。只有逻辑性强而又简单的语言才是真正的简练。

运用文字，首先是准确，然后才是出奇。文字修辞、比喻、联想假如并不出奇，用了反而使人感到庸俗。讲究修辞并不是滥用形容词，而是要求语言准确而生动。文字鲜明不鲜明，不在于用一些有颜色的字句。一千字的文章，我往往写三天，第一天可能就写成，第二天、第三天加工修改，把那些陈词滥调和废话都删掉。这样做是否会使色彩不鲜明呢？不，可能更鲜明些。文字不怕朴实，朴实也会生动，也会有色彩。齐白石先生画的小鸡，虽只那么几笔，但墨分五彩，能使人看出来许多颜色。写作时堆砌形容词不好。语言的创造，是用普通的文字巧妙地安排起来的，不要硬造字句，如"他们在思谋……"，"思谋"不常用，不如用"思索"倒好些，既现成也易懂。宁可写得老实些，也别生造。

文学是语言的艺术，我们是语言的运用者，要想办法把"话"说好，不光是要注意"说什么"，而且要注意"怎么说"。注意"怎么说"才能表现出自己的语言风格。各人的"说法"不同，各人的风格也就不一样。"怎么说"是思考的结果，侯宝林的相声之所以逗人笑，并不只因他的嘴有功夫，而是因为他的想法合乎笑的规律。写东西一定要善于运用文字，苦苦思索，要让人家看见你的思想风貌。

用什么语言好呢？过去我很喜欢用方言，《龙须沟》里就有许多北京方言。在北京演出还好，观众能懂，但到了广州就不行了，广州没有这种方言。连翻译也没法翻译。这次写《女店员》我就注意用普通话。推广普通话，文学工作者都有责任。用一些富有表现力的方言，加强乡土气息，不是不可以，但不要贪多；没多少意义的，不易看懂的方言，干脆去掉为是。

小说中人物对话很重要。对话是人物性格的索隐，也就是什么样的人说什么样的话。一个人物的性格掌握住了，再看他在什么时间、什么地点，就可以琢磨出他将会说什么与怎么说。写对话的目的是为了使人物性格更鲜明，而不只是为了交代情节。《红楼梦》的对话写得很好，通过对话可以使人看见活生生的人物。

关于文字表现技巧，不要光从一方面来练习，一棵树吊死人，要多方面练习。一篇小说写完后，可试着再把它写成话剧（当然不一定发表），这会有好处的。话剧主要是以对话来表达故事情节，展示人物性格，每句话都要求很精练，很有作用。我们也应当学学写诗，旧体诗也可以学学，不摸摸旧体诗，就没法摸到中国语言的特点和奥妙。这当然不是要大家去写旧体诗词，而是说要学习我们民族语言的特色，学会表现、运用语言的本领，使作品中的文字千锤百炼，经得起推敲。这是要下一番苦功夫的。

写东西一定要求精练，含蓄。俗语说："宁吃鲜桃一口，不吃烂杏一筐。"这话是很值得深思的。不要使人家读了作品以后，有"吃腻了"的感觉，要给人留出回味的余地，让人看了觉得：这两口还不错呀！我们现在有不少作品不太含蓄，直来直去，什么都说尽了，没有余味可嚼。过去我接触过很多拳师，也曾跟他们学过两手，材料很多。可是不能把这些都写上。我就捡最精彩的一段来写：有一个老先生枪法很好，最拿手的是"断魂枪"，这是几辈祖传的。外地有个老人学的枪法不少，就不会他这一套，于是千里迢迢来求教枪法，可是他不教，说了很多好话，还是不行。老人就走了，他见那老人走后，就把门锁起来，把自己关在院内，一个人练他那套枪法。写到这里，我只写了两个字："不传"，就结束了。还有很多东西没说，让读者去想。想什么呢？就让他们想想小说的"底"——许多好技术，就因个人的保守，而失传了。

小说的"底"，在写之前你就要找到。有些作者还没想好了"底"就写，往往写到一半就写不下去，结果只好放弃了。光想开头，不想结尾，不知道"底"

落在哪里，是很难写好的。"底"往往在结尾时才表现出来，"底"也可以说是你写这小说的目的。如果你一上来把什么都讲了，那就是漏了"底"。比如，前面所说的学枪法的故事，就是叫你想想由于这类的"不传"，我们祖国从古到今有多少宝贵的遗产都被埋葬掉啦！写相声最怕没有"底"，没有"底"就下不了台，有了"底"，就知道前面怎么安排了。

小说所要表达的东西是多种多样的。由于我国社会主义建设的需要，当前着重于写建设，这是正确的。当然，也可以写其他方面的生活。在写作时，若只凭有过这么回事，凑合着写下来，就不容易写好；光知道一个故事，而不知道与这故事有关的社会生活，也很难写好。

小说的形式也是多种多样的，有书信体，日记体，还有……资本主义国家有些作品，只描写一种情调，可是写得那么抒情，那么有色彩，能给人以艺术上的欣赏。这种作品虽然没有什么教育意义，我们不一定去学，但多看一看，也有好处。现在我们讲百花齐放，我看放得不够的原因之一，就是知道得不多，特别是世界名著和我国的优秀传统知道得不多。

生活知识也是一样，越博越好，了解得越深越透彻越好。因此，对生活要多体验、多观察，培养多方面的兴趣，尽可能去多接触一些事物。就是花木鸟兽、油盐酱醋也都应注意一下，什么时候用着它很难预料，但知道多了，用起来就很方便。在生活中看到的，随时记下来，看一点，记一点，日积月累，日后大有用处。

在表现形式上不要落旧套，要大胆创造，因为生活是千变万化的，不能按老套子来写。任何一种文学艺术形式一旦一成不变，便会衰落下去。因此，我们要想各种各样的法子冲破旧的套子，这就要敢想、敢说、敢干。"五四"时期打破了旧体诗、文言文的格式，这是个了不起的文化革命！文学艺术，要不断革新，一定要创造出新东西，新的样式。如果大家都写得一样，那还互相交流什么？正因为各有不同，才互相观摩，取长补短，共同提高。新创造的东西，可能有些人看着不大习惯，但大家可以辩论呀！希望大家在文学形式上能有所突破，有新的创造！

言语与风格

（原载于 1936 年 12 月 16 日《宇宙风》第 31 期）

小说是用散文写的，所以应当力求自然。诗中的装饰用在散文里不一定有好结果，因为诗中的文字和思想同是创造的，而散文的责任则在运用现成的言语把意思正确的传达出来。诗中的言语也是创造的，有时候把一个字放在那里，并无多少意思，而有些说不出来的美妙。散文不能这样，也不必这样。自然，假若我们高兴的话，我们很可以把小说中的每一段都写成一首散文诗。但是，文字之美不是小说的唯一的责任。专在修辞上讨好，有时倒误了正事。本此理，我们来讨论下面的几点：

（一）用字：佛罗贝[①] 说，每个字只有一个恰当的形容词。这在一方面是说选字须极谨慎，在另一方面似乎是说散文不能像诗中那样创造言语，所以我们须去找到那最自然最恰当最现成的字。在小说中，我们可以这样说，用字与其俏皮，不如正确；与其正确，不如生动。小说是要绘色绘声的写出来，故必须生动。借用一些诗中的装饰，适足以显出小气呆死，如蒙旦所言："在衣冠上，如以一些特别的，异常的，式样以自别，是小气的表示。言语也如是，假若出于一种学究的或儿气的志愿而专去找那新词与奇字。"青年人穿戴起古代衣冠，适见其丑。我们应以佛罗贝的话当作找字的应有的努力，而以蒙旦的话为原则——努力去找现成的活字。在活字中求变化，求生动，文字自会活跃。

---

① 佛罗贝，今译福楼拜（1821—1880），法国作家，西方现代小说的奠基者，著有《包法利夫人》《情感教育》《圣安东尼的诱惑》等作品。

老舍

（二）比喻：约翰孙博士说："司微夫特这个家伙永远不随便用个比喻。"这是句赞美的话。散文要清楚利落的叙述，不仗着多少"我好比"叫好。比喻在诗中是很重要的，但在散文中用得过多便失了叙述的力量与自然。看《红楼梦》中描写黛玉："两湾似蹙非蹙笼烟眉，一双似喜非喜含情目。态生两靥之愁。娇袭一身之病。泪光点点。娇喘微微。闲静时如娇花照水，行动处似弱柳扶风。心较比干多一窍，病如西子胜三分。"这段形容犯了两个毛病：第一是用诗语破坏了描写的能力。念起来确有诗意，但是到底有肯定的描写没有？在诗中，像"泪光点点"，与"闲静时如娇花照水"一路的句子是有效力的，因为诗中可以抽出一时间的印象为长时间的形容：有的时候她泪光点点，便可以用之来表现她一生的状态。在小说中，这种办法似欠妥当，因为我们要真实的表现，便非从一个人的各方面与各种情态下表现不可。她没有不泪光点点的时候么？她没有闹气而不闲静的时候么？第二，这一段全是修辞，未能由现成的言语中找出恰能形容出黛玉的字来。一个字只有一个形容词，我们应再给补充上：找不到这个形容词便不用也好。假若不适当的形容词应当省去，比喻就更不用说了。没有比一个精到的比喻更能给予深刻的印象的，也没有比一个可有可无的比喻更累赘的。我们不要去费力而不讨好。

比喻由表现的能力上说，可以分为表露的与装饰的。散文中宜用表露的——用个具体的比方，或者说得能更明白一些。庄子最善用这个方法，像庖丁以解牛喻见道便是一例，把抽象的哲理作成具体的比拟，深入浅出的把道理讲明。小说原是以具体的事实表现一些哲理，这自然是应有的手段。凡是可以拿事实或行动表现出的，便不宜整本大套的去讲道说教。至于装饰的比喻，在小说中是可以免去便免去的。散文并不能因为有些诗的装饰便有诗意。能直写，便直写，不必用比喻。比喻是不得已的办法。不错，比喻能把印象扩大增深，用两样东西的力量来揭发一件东西的形态或性质，使读者心中多了一些图像：人的闲静如娇花照水，我们心中便于人之外，又加了池畔娇花的一个可爱的景色。但是，真正有描写能力的不完全靠着这个，他能找到很好的比喻，也能直接的捉到事物的精髓，一语道破，不假装饰。比如说形容一个癞蛤蟆，而说它是"谦卑的工作着"，便道尽了它的生活姿态，很足以使我们落下泪来：一个益虫，只因面貌丑陋，总被人看不起。这个，用不着什么比喻，更用不着装饰。我们本可以用勤苦的丑妇来形容它，但是用不着；这种直写法比什么也来得大方，有力量。至于说它丑若无盐，毫无曲线美，就更用不着了。

（三）句：短句足以表现迅速的动作，长句则善表现缠绵的情调。那最短的以一二字作成的句子足以助成戏剧的效果。自然，独立的一语有时不足以传达一完整的意念，但此一语的构成与所欲给予的效果是完全的，造句时应注意此点；设若句子的构造不能独守，即是失败。以律动言，没有单句的音节不响而能使全段的律动美好的。每句应有它独立的价值，为造句的第一步。及至写成一段，当看那全段的律动如何，而增减各句的长短。说一件动作多而急速的事，句子必须多半短悍，一句完成一个动作，而后才能见出继续不断而又变化多端的情形。试看《水浒传》里的"血溅鸳鸯楼"：

武松道："一不作，二不休！杀了一百个也只一死！"提了刀，下楼来。夫人问道："楼上怎地大惊小怪？"武松抢到房前。夫人见条大汉入来，兀自问道："是谁？"武松的刀早飞起，劈面门刴着，倒在房前声唤。武松按住，将去割头时，刀切不入。武松心疑，就月光下看那刀时，已自都砍缺了。武松道："可知割不下头来！"便抽身去厨房下拿取朴刀。丢了缺刀。翻身再入楼下来……

这一段有多少动作？动作与动作之间相隔多少时间？设若都用长句，怎能表现得这样急速火炽呢！短句的效用如是，长句的效用自会想得出的。造句和选字一样，不是依着它们的本身的好坏定去取，而是应当就着所要表现的动作去决定。在一般的叙述中，长短相间总是有意思的，因它们足以使音节有变化，且使读者有缓一缓气的地方。短句太多，设无相当的事实与动作，便嫌紧促；长句太多，无论是说什么，总使人的注意力太吃苦，而且声调也

老舍

缺乏抑扬之致。

在我们的言语中，既没有关系代名词，自然很难造出平匀美好的复句来。我们须记住这个，否则一味的把有关系代名词的短句全变成很长很长的形容词，一句中不知有多少个"的"，使人没法读下去了。在作翻译的时候，或者不得不如此；创作既是要尽量的发挥本国语言之美，便不应借用外国句法而把文字弄得不自然了。"自然"是最要紧的。写出来而不能读的便是不自然。打算要自然，第一要维持言语本来的美点，不作无谓的革新；第二不要多说废话及用套话，这是不作无聊的装饰。

写完几句，高声的读一遍，是最有益处的事。

（四）节段：一节是一句的扩大。在散文中，有时非一气读下七八句去不能得个清楚的观念。分节的功用，那么，就是在叙述程序中指明思路的变化。思想设若能有形体，节段便是那个形体。分段清楚、合适，对于思想的明晰是大有帮助的。

在小说里，分节是比较容易的，因为既是叙述事实与行动，事实与行动本身便有起落首尾。难处是在一节的律动能否帮助这一段事实与行动，恰当的，生动的，使文字与所叙述的相得益彰，如有声电影中的配乐。严重的一段事实，而用了轻飘的一段文字，便是失败。一段文字的律动音节是能代事实道出感情的，如音乐然。

（五）对话：对话是小说中最自然的部分。在描写风景人物时，我们还可以有时候用些生字或造些复杂的句子；对话用不着这些。对话必须用日常生活中的言语；这是个怎样说的问题，要把顶平凡的话调动得生动有力。我们应当与小说中的人物十分熟识，要说什么必与时机相合，怎样说必与人格相合。顶聪明的句子用在不适当的时节，或出于不相合的人物口中，便是作者自己说话。顶普通的句子用在合适的地方，便足以显露出人格来。什么人说什么话，什么时候说什么话，是最应注意的。老看着你的人物，记住他们的性格，好使他们有他们自己的话。学生说学生的话，先生说先生的话，什么样的学生与先生又说什么样的话。看着他的环境与动作，他在哪里和干些什么，好使他在某时某地说什么。对话是小说中许多图像的联接物，不是演说。对话不只是小说中应有这么一项而已，而是要在谈话里发出文学的效果；不仅要过得去，还要真实，对典型真实，对个人真实。

一般的说，对话须简短。一个人滔滔不绝地说，总缺乏戏剧的力量。即使非长篇大论的独唱不可，亦须以说话的神气，手势，及听者的神色等来调剂，使不至冗长沉闷。一个人说话，即使是很长，另一人时时插话或发问，也足以使人感到真像听着二人谈话，不至于像听留声机片。答话不必一定直答所问，或旁引，或反诘，都能使谈话略有变化。心中有事的人往往所答非所问，急于道出自己的忧虑，或不及说完一语而为感情所阻断。总之，对话须力求像日常谈话，于谈话中露出感情，不可一问一答，平板如文明戏的对口。

善于运用对话的，能将不必要的事在谈话中附带说出，不必另行叙述。这样往往比另作详细陈述更有力量，而且经济。形容一段事，能一半叙述，一半用对话说出，就显着有变化。譬如甲托乙去办一件事，乙办了之后，来对甲报告，反比另写乙办事的经过较为有力。事情由口中说出，能给事实一些强烈的感情与色彩。能利用这个，则可以免去许多无意味的描写，而且老教谈话有事实上的根据——要不说空话，必须使事实成为对话资料的一部分。

风格：风格是什么？暂且不提。小说当具怎样的风格？也很难规定。我们只提出几点，作为一般的参考。

（一）无论说什么，必须真诚，不许为炫弄学问而说。典故与学识往往是文字的累赘。

（二）晦涩是致命伤，小说的文字须于清浅中取得描写的力量。Meredith[1] 每每写出使人难解的句子，虽然他的天才在别的方面足以补救这个毛病，但究竟不是最好的办法。

（三）风格不是由字句的堆砌而来的，它是心灵的音乐。叔本华说："形

---

[1] Meredith，今译梅瑞狄斯（1828—1909），英国作家，著有《利己主义者》等作品。

老舍

容词是名词的仇敌。"是的，好的文字是由心中炼制出来的；多用些泛泛的形容字或生僻字去敷衍，不会有美好的风格。

（四）风格的有无是绝对的，所以不应去摹仿别人。风格与其说是文字的特异，还不如说是思想的力量。思想清楚，才能有清楚的文字。逐字逐句的去摹写，只学了文字，而没有思想作基础，当然不会讨好。先求清楚，想得周密，写得明白；能清楚而天才不足以创出特异的风格，仍不失为清楚；不能清楚，便一切无望。

怎样丢掉学生腔

（原载于 1962 年 8 月 18 日《中国青年报》）

什么叫学生腔？我还弄不大清楚。也许是自古有之吧？看，戏曲里，旧小说里，往往讽刺秀才爱说"之乎者也"。秀才口中爱拽文，这恐怕就是古代的学生腔吧。

现代学生腔里，恐怕也有爱拽文的毛病，话说的不通俗，不现成。

据我看，这个毛病可不是主要的。教育越普及，一般人的文化越提高，则知识分子的语言与一般人民的语言便越接近。我有些朋友，在解放初年，文化程度很低，他们的语言跟我的语言便有个距离。几年之后，他们的文化水平提高了，语言就跟我的差不多了；其中有的人说话比我还更爱用新的名词，而且用得非常恰当，这是事实。这样，专从语汇上断定是否学生腔，是不合适的。

况且，新词儿的利用是不可避免的。比如"概念"一词，工人这么说，农民这么说，知识分子也这么说，没有别的词儿可以代替它。我们不能说爱用"概念"与"钻研"等等词儿的便是学生腔。

我看哪，学生腔恐怕是写文章的一种习气。这就是说，一执笔为文便摆起架子来，话不由衷，有现成的话不用，故意去找些不必要的词儿作装饰。这样写出的文章总是没有多少生活气息，空空洞洞，说的多而含意少，咬言呃字而欠亲切生动。写这样文章的人总以为把"众所周知""然而所以"一用上便有了文学味道。事实上，好文章不仗着空洞的修辞来支持，而必须有

老舍

生活气息，亲切动人。我们要丢掉这个架子，这个不好的习气。别以为文章是由一些陈词滥调组织成的，也别以为文章是凭空想出来的。必须言之有物。也就是有生活。有生活就不说空话，不用陈词滥调。青年们的生活经验较少，但不能说一点生活经验也没有。那么，便该老老实实，有多少说多少，说得真切生动。不要知道一点，而想写出一大车来。知道一点，若能深入，也能写出好文章来。就怕摆起架子，光拿一些好听的词儿装饰门面，以为一用上"伟大"，文章也便伟大。没有那个事。

是的，端起架子写文章，必怕写得短。这又是个毛病。文章该长则长，该短则短。不要以为非长篇大论不算文章。文章跟别的艺术品一样，必须求精，出奇制胜。长篇如是，短的也如是。一首五言绝句不过只有二十个字，可是写得精辟，亦足传之千古。短而精比长而不精要好得多。该写一千字的，无须写一万字。反之，写了一万字之后，再看看，能不能把它减到五千字或更少？一句想透了的话可以顶三句五句用。我们要写想透了的话。写文章不是想起什么就写什么的事，而是千锤百炼的事，由矿石里提出金子来。《红楼梦》很长。这部书写了许多年，故长而精。这好比开了一座大矿，慢慢地提炼出许多许多金子来。长或短宜以题材与形式而定。长的短的都该尽删支冗，力求简练。乱七八糟地写了一千万字，并不能算作长篇小说；东拉西扯地写了五千字也算不了好的短篇。不管长短，都须求精。求精便可减少些学生腔。

我们写文章叙述不简练，为什么？这一方面是我们的文学修养不够，另一方面是因为我们不会总结生活经验。我们有很多叙述文，不管是唐朝人写的，还是宋朝人写的，至今传诵，就是因为文章里有许多句子，值得我们记住。为什么会记住？就是一句话总结了一个经验。他们观察得非常深刻，周密，所以叙述得简练精确。我们写东西，不能用三言五语把观察到的事物总结起来，所以一说就说长了。

写东西，要观察，要总结，要想。如果你观察得不对，或是你观察得太少，没有深刻的印象，抓不住一个清楚的形象，不要硬写。你须回去再看，直到看清楚了这个人，这风景，这事物，回来能用八个字、十个字或二十个字，一写就极精彩。到这时，就差不多了。苏东坡游赤壁，用了八个字："山高月小，水落石出"，总结了赤壁的风景。从东坡先生起至今天，也不知有多少画家，按照这八个字画了山水画。这样写东西，就不是学生腔，是先生腔了。

老
舍

谈幽默

（原载于 1936 年 8 月 16 日《宇宙风》第 23 期）

　　"幽默"这个字在字典上有十来个不同的定义。还是把字典放下，让咱们随便谈吧。据我看，它首要的是一种心态。我们知道，有许多人是神经过敏的，每每以过度的感情看事，而不肯容人。这样人假若是文艺作家，他的作品中必含着强烈的刺激性，或牢骚，或伤感；他老看别人不顺眼，而愿使大家都随着他自己走，或是对自己的遭遇不满，而伤感的自怜。反之，幽默的人便不这样，他既不呼号叫骂，看别人都不是东西，也不顾影自怜，看自己如一活宝贝。他是由事事中看出可笑之点，而技巧的写出来。他自己看出人间的缺欠，也愿使别人看到。不但仅是看到，他还承认人类的缺欠；于是人人有可笑之处，他自己也非例外，再往大处一想，人寿百年，而企图无限，根本矛盾可笑。于是笑里带着同情，而幽默乃通于深奥。所以 Thackeray[1] 说："幽默的写家是要唤醒与指导你的爱心，怜悯，善意——你的恨恶不实在，假装，作伪——你的同情与弱者，穷者，被压迫者，不快乐者。"

　　Walpole[2] 说："幽默者'看'事，悲剧家'觉'之。"这句话更能补证上面的一段。我们细心"看"事物，总可以发现些缺欠可笑之处；及至钉着坑儿去咂摸，便要悲观了。

　　我们应再进一步的问，除了上面这点说明，能不能再清楚一些的认识幽默呢？好吧，我们先拿出几个与它相近，而且往往与它相关的几个字，与它

[1] Thackeray，今译萨克雷（1811—1863），英国作家，著有《名利场》《潘登尼斯》等作品。
[2] Walpole，今译沃波尔（1676—1745），英国作家，著有哥特式小说《奥特兰托城堡》。

比一比，或者可以稍微使我们清楚一点。反语（irony），讽刺（satire），机智（wit），滑稽剧（farce），奇趣（whimsicality），这几个字都和幽默有相当的关系。我们先说那个最难讲的——奇趣。这个字在应用上是很松泛的，无论什么样子的打趣与奇想都可以用这个字来表示，《西游记》的奇事，《镜花缘》中的冒险，《庄子》的寓言，都可以叫作奇趣。可是，在分析文艺品类的时候，往往以奇趣与幽默放在一处，如《现代小说的研究》的著者 Marble[1] 便把 whimsicality and humour[2] 作为一类。这大概是因为奇趣的范围很广，为方便起见，就把幽默也加了进去。一般地说，幻想的作品——即使是别有目的——不能不利用幽默，以便使文字生动有趣；所以这二者——奇趣与幽默——就往往成了一家人。这个，简直不但不能帮助我们看明何为幽默，反倒使我更糊涂了。不过，有一点可是很清楚：就是文字要生动有趣，必须利用幽默。在这里，我们没弄清幽默是什么，可是明白幽默很重要的一个效用。假若干燥，晦涩，无趣，是文艺的致命伤；幽默便有了很大的重要性；这就是它之所以成为文艺的因素之一的缘故吧。

至于反语，便和幽默有些不同了；虽然它俩还是可以联合在一处的东西。反语是暗示出一种冲突。这就是说，一句中有两个相反的意思，所要说的真意却不在话内，而是暗示出来的。《史记》上载着这么回事：秦始皇要修个大园子，优旃对他说："好哇，多多搜集飞禽走兽，等敌人从东方来的时候，就叫麋鹿去挡一阵，满好！"这个话，在表面上，是顺着始皇的意思说的。可是咱们和始皇都能听出其中的真意；不管咱们怎样吧，反正始皇就没再提造园的事。优旃的话便是反语。它比幽默要轻妙冷静一些。它也能引起我们的笑，可是得明白了它的真意以后才能笑。它在文艺中，特别是小品文中，是风格轻妙，引人微笑的助成者。据会古希腊语的说：这个字原意便是"说"，以别于"意"。因此，这个字还有个较实在的用处——在文艺中描写人生的

---

① Marble，今译马布尔。

② whimsicality and humour，即奇趣和幽默。

矛盾与冲突，直以此字的含意用之人生上，而不只在文字上声东击西。在悲剧中，或小说中，聪明的人每每落在自己的陷阱里，聪明反被聪明误；这个，和与此相类的矛盾，普遍被称为 Sophoclean irony[①]。不过，这与幽默是没什么关系的。

现在说讽刺。讽刺必须幽默，但它比幽默厉害。它必须用极锐利的口吻说出来，给人一种极强烈的冷嘲；它不使我们痛快的笑，而是使我们淡淡的一笑，笑完因反省而面红过耳。讽刺家故意的使我们不同情于他所描写的人或事。在它的领域里，反语的应用似乎较多于幽默，因为反语也是冷静的。讽刺家的心态好似是看透了这个世界，而去极巧妙的攻击人类的短处，如《海外轩渠录》，如《镜花缘》中的一部分，都是这种心态的表现。幽默者的心是热的，讽刺家的心是冷的；因此，讽刺多是破坏的。马克·吐温（Mark Twain）可以被人形容作："粗壮，心宽，有天赋的用字之才，使我们一齐发笑。他以草原的野火与西方的泥土建设起他的真实的罗曼司[②]，指示给我们，在一切重要之点上我们都是一样的。"这是个幽默者。让咱们来看看讽刺家是什么样子吧。好，看看 Swift[③] 这个家伙；当他赞美自己的作品时，他这么说："好上帝。我写那本书的时候，我是何等的一个天才呀！"在他廿六岁的时候，他希望他的诗能够："每一行会刺，会炸，像短刃与火。"是的，幽默与讽刺二者常常在一块儿露面，不易分划开；可是，幽默者与讽刺家的心态，大体上是有很清楚的区别的。幽默者有个热心肠儿，讽刺家则时常由婉刺而进为笑骂与嘲弄。在文艺的形式上也可以看出二者的区别来：作品可以整个的叫作讽刺，一出戏或一部小说都可以在书名下注明 a satire（一个讽刺）。幽默

① Sophoclean irony，意为索福克勒斯悲剧的反语。索福克勒斯（约前 496—前 406），古希腊悲剧作家，著有《安提戈涅》《俄狄浦斯王》等作品。

② 英文 romance 的音译，指富有浪漫色彩的恋爱或冒险故事。原指西方取材自上古或中世纪传说的小说，作品中多描述中世纪骑士的神奇事迹、侠义气概和风流韵事，后成为一般传奇小说、恋爱故事的代称，现代多指人恋爱的浪漫情调和过程。也作"罗曼史"。

③ Swift，今译斯威夫特（1667—1745），英国讽刺作家，著有《格列佛游记》《一只桶的故事》《书的战争》等作品。

不能这样。"幽默的"至多不过是形容作品的可笑，并不足以说明内容的含意如何。"一个讽刺"则分明是有计划的，整本大套的讥讽或嘲骂。一本讽刺的戏剧或小说，必有个道德的目的，以笑来矫正或诛伐。幽默的作品也能有道德的目的，但不必一定如此。讽刺因道德目的而必须毒辣不留情，幽默则宽泛一些，也就宽厚一些，它可以讽刺，也可以不讽刺，一高兴还可以什么也不为而只求和大家笑一场。

机智是什么呢？它是用极聪明的，极锐利的言语，来道出像格言似的东西，使人读了心跳。中国的老子、庄子都有这种聪明。讽刺已经很厉害了，可到底要设法从旁面攻击；至于机智则是劈面一刀，登时见血。"圣人不死，大盗不止！"这才够味儿。不论这个道理如何，它的说法的锐敏就够使人跳起来的了。有机智的人大概是看出一条真理，便毫不含糊的写出来；幽默的人是看出可笑的事而技巧的写出来；前者纯用理智，后者则赖想象来帮忙。Chesterton[1]说："在事物中看出一贯的，是有机智的。在事物中看出不一贯的，是个幽默者。"这样，机智的应用，自然在讽刺中比在幽默中多，因为幽默者的心态较为温厚，而讽刺与机智则要显出个人思想的优越。

滑稽戏（farce）在中国的老话儿里应叫作"闹戏"，如《瞎子逛灯》之类。这种东西没有多少意思，不过是充分的作出可笑的局面，引人发笑。在影戏的短片中，什么把一套碟子都摔在头上，什么把汽车开进墙里去，就是这种东西。这是幽默发了疯；它抓住幽默的一点原理与技巧而充分的去发展，不管别的，只管逗笑，假若机智是感诉理智的，闹戏则仗着身体的摔打乱闹。喜剧批评生命，闹戏是故意招笑。假若幽默也可以分等的话，这是最下级的幽默。因为它要摔打乱闹的行动，所以在舞台上较易表现；在小说与诗中几乎没有什么地位。不过，在近代幽默短篇小说里往往只为逗笑，而忽略了——

---

[1] Chesterton，今译切斯特顿（1874—1936），英国作家、文学评论家、诗人，有"悖论王子"之誉，著有小说《布朗神父探案》《诺廷山上的拿破仑》，诗集《野骑上》《新诗集》，论著《文学中的维多利亚时代》。

或根本缺乏——那"笑的哲人"的态度。这种作品使我们笑得肚痛，但是除了对读者的身体也许有点益处——笑为化食糖呀——而外，恐怕任什么也没有了。

有上面这一点粗略的分析，我们现在或者清楚一些了：反语是似是而非，借此说彼；幽默有时候也有弦外之音，但不必老这个样子。讽刺是文艺的一格，诗、戏剧、小说、都可以整篇的被呼为 a satire；幽默在态度上没有讽刺这样厉害，在文体上也不这样严整。机智是将世事人心放在 X 光线下照透，幽默则不带这种超越的态度，而似乎把人都看成兄弟，大家都有短处。闹戏是幽默的一种，但不甚高明。

拿几句话作例子，也许就更能清楚一些：

今天贴了标语，明天中国就强起来——反语。君子国的标语："之乎者也。"——讽刺。标语是弱者的广告——机智。

张三把"提倡国货"的标语贴在祖坟上——滑稽；再加上些贴标语时怎样摔跟头等等招笑的行动，就成了闹戏。

张三把"打倒帝国主义走狗"贴成"走狗打倒帝国主义"——幽默：这个张三贴一天的标语也许才挣三毛小洋，贴错了当然要受罚；我们笑这种贴法，可是很可怜张三。

这几个例子摆在纸面上也许能帮助我们分别的认清它们，但在事实上是不易这样分划开的。从性质上说，机智与讽刺不易分开，讽刺也有时候要利用闹戏；至于幽默，就更难独立。从一篇文章上说，一篇幽默的文字也许利用各种方法，很难纯粹。我们简直可以把这些都包括在幽默之内，而把它们看成各种手法与情调。我们这样分析它们与其说是为从形式上分别得清楚，还不如说是为表明幽默——大概的说——有它特具的心态。

所谓幽默的心态就是一视同仁的好笑的心态。有这种心态的人虽不必是个艺术家，他还是能在行为上言语上思想上表现出这个幽默态度。这种态度是人生里很宝贵的，因为它表现着心怀宽大。一个会笑，而且能笑自己的人，

白云山岳皆文章：大师的37堂写作课

决不会为件小事而急躁怀恨。往小了说，他决不会因为自己的孩子挨了邻儿一拳，而去打邻儿的爸爸。往大了说，他决不会因为战胜政敌而去请清兵。褊狭，自是，是"四海兄弟"这个理想的大障碍；幽默专治此病。嬉皮笑脸并非幽默；和颜悦色，心宽气朗，才是幽默。一个幽默写家对于世事，如入异国观光，事事有趣。他指出世人的愚笨可怜，也指出那可爱的小古怪地点。世上最伟大的人，最有理想的人，也许正是最愚而可笑的人，吉诃德先生即一好例。幽默的写家会同情于一个满街追帽子的大胖子，也同情——因为他明白——那攻打风磨的愚人的真诚与伟大。

文章别怕改

（原载于 1961 年 7 月 5 日《上海文学》7 月号）

文章别怕改。改亦有道：谨据个人经验，说点不一定是窍门的窍门。

改有大小，先说小改：

写成一篇或一段须检查：有无不必要的"然而""所以"等等，设法删减。这种词儿用得太多，文笔即缺乏简劲，宜加控制。

往往因一字一词欠妥，屡屡改动，总难满意，感到苦闷。对此，应勿老在一两个字上打转转，改改句子吧。改句子，可能躲过那一两个字去。故曰：字改不好，试去改句。同样地，句改不好，则试改那一段。此法用于韵文，更为有利。写韵文，往往因押韵困难，而把"光荣"改为"荣光"，或"雄壮"改为"壮雄"，甚至用"把话云""马走战"来敷衍。其实，改一改全句，颇可以避免此病。

泛泛的形容使文章无力，不如不用。文字有色彩，不仗着多用一些人云亦云的形容，那反叫人家看出作者的想象贫乏。要形容就应力求出色，否则宁可不形容，反觉朴实。

有时候，字句都没有大毛病，而读起来不够味儿。应把全文细读一遍，找出原因。文章正如一件衣服，非处处合适，不能显出风格。一篇文章有个情调，若用字造句不能尽与此情调一致，即难美好。一篇说理的文章，须简洁明确，一篇抒情的文章，须秀丽委婉。我们须朝着文章情调去选字造句，从头至尾韵味一致，不能忽此忽彼。尽管有很好的句子，若与全篇情调不谐，

白云山岳皆文章：大师的 37 堂写作课

也须狠心割爱，毫不敷衍。是呀，假若在咱们的蓝布制服上，绣上两朵大花，恐怕适足招笑，不如不绣。

以言大改，则通篇写完，须看看可否由三千字缩减到二千字左右。若可能，即当重新写一遍，务去枝冗，以期精练。若只东改一字，西删一句，无此效也。初稿写得长，不算毛病。但别舍不得删改。

还须看看文体合适与否。本是一篇短文，但乏亲切之感，若改用书札体，效果也许更好，即应另写。再往大些说：有的人写了几部剧本，都不出色。后来，改写小说，倒成功了。同一题材，颇可试用不同的文体去试试。个人的长处往往由勤学苦练，多方面试验，才能发现，不要一棵树吊死人。

老舍

谈修改文字

（原载于 1960 年 4 月 1 日《延河》4 月号）

文章写完，必须修改。在这里，我说说自己的一点小经验。

文章初稿写完，我总要去修改一遍两遍或好几遍。一篇千字左右的短文，连写带改我总须花费三四个半天的工夫。一个上午，可以写完初稿。然后，再用两个或三个半天进行修改。这么加工之后，若还不满意，就把它扔掉，另写一篇。

长一些的文章，修改的时间当然要更多些。我们现在只以短文为例，不谈怎么修改小说或剧本什么的。而且，主要地是谈怎么修改文字，不提别的。

修改开始，拿起初稿，细心阅读一遍或两遍。一定会发现一些不顺当的地方。这些地方并不一定是文字不通，只是读起来费劲，别扭。必须修改！自己写的，自己看起来还费劲，何况别人呢？文章是给别人看的呀！赶紧修改吧，要不然就是不负责任！于是，我就把凡是不顺当的地方都从新想过。若只换一两个字就能解决问题呢，好，就换上一两个字。若是问题更大一些呢，就从新写过那一句或几句，把句子的结构变一下。

对，句子的结构跟文字顺当不顺当大有关系。比如说吧，稿子里有这么一句："被我认为已经失落了三年之久的那支蓝色的笔管的粗笔尖的钢笔却被我忽然地意外地找到了！"读起来实在费力。我就把它改成为两句："无意中，我找到了那支蓝管、粗笔尖的钢笔。三年了，我总认为它是丢失了。"这么一改，我既可省去好几个"的"字，读起来顺当，也显得不那么洋腔洋调的。句子的结构变了，文气也就变了。

修改过的句子虽然顺当了，可是还要看看跟全段的气势是否一致。假若不一致，就须改写全段，别怕麻烦。

把不顺当的句子都改顺当了，还须进一步逐字推敲，看一看：

（一）有没有太生硬的字。这种字虽然勉强讲得通，可是不大现成，好像还没长熟的果子，尽管是果子，可是又硬又酸，不好吃。应当换一换。人家都说"日落西山"，我们就不便说"日投西山"，虽然"投"字也可以勉强讲通。

（二）有没有虽然现成，可是跟全篇的情调不大和谐的字。比如说，全篇都很严肃，而忽然钻出来几个开玩笑的字，便破坏了全文的气氛。这也该改一改。

（三）有没有前后矛盾的字。在一篇文章里，文字都是血肉相联的。在上句里放了这么一个字，读者就以为下面的话必与这个字有关系。比如说：上句里说"天阴了"，读者就会猜到下面必说阴天的光景，和与阴天有关的事。那么，假若随着"天阴了"而来的却是"百花齐放，蜂蝶乱飞"，读者必不满意。是呀，有些种花遇上阴天即不张开瓣儿，而蜂蝶呢也是在晴天的时候更为活跃。一个字的作用并不限于一句里，而且和下文大有关系。通畅的文字就是前后呼应，一气呵成，不叫读者觉得阴晴不定，难以捉摸。

（四）有没有过多的重复的词汇。应当重复的不怕重复。没有重复的必要的须避免重复。一篇短文里，重复的词汇过多，就会使人觉得作者的语言贫乏。即使有重复的必要，也要斟酌情形，把意思相同的词汇适当地分布在全文里，不要抓住一个死不放手。当然，有的词汇是"只此一家，并无分号"的，那就非用它不可，别去硬造。

小小的一点经验，没有什么了不起。每个人有每个人的写作方法与习惯，无须勉强求同。最重要的倒是：稿子写成，必须屡屡加工，才能逐渐提高。这里只提到文字的修改，用不着说，若在思想上，感情上，结构上等等方面有不对头的地方就更应当仔细改正了。

老舍

谈简练
——答友书

（原载于 1959 年 11 月 8 日《人民文学》11 月号）

多谢来信！

您问文字如何写得简洁有力，这是个相当重要的问题。远古至今，中国文学一向以精约见胜。"韩潮苏海"是指文章气势而言，二家文字并不泛滥成灾。从汉语本质上看，它也是言短而意长的，每每凌空遣字，求弦外之音。这个特质在汉语诗歌中更为明显。五言与七言诗中的一联，虽只用了十个字或十四个字，却能绘成一段最美丽的图景或道出极其深刻而复杂的感情，既简洁又有力。

从心理上说，一个知识丰富、经验丰富的人，口讲问题或发为文章，总愿意一语道破，说到事物的根儿上，解决问题。反之，一个对事物仅略知一二的人，就很容易屡屡"然而"，时时"所以"，敷衍成篇，以多为胜。是的，心中没有底者往往喜欢多说。胸有成竹者必对竹有全面的认识，故能落墨不多，而雨态风姿，各得其妙。

知道的多才会有所取舍，找到重点。只知道那么一点，便难割爱，只好全盘托出，而且也许故意虚张声势，添上些不必要的闲言废话，以便在字数上显出下笔万言。

这么看来，文字简练与否不完全是文字技巧的问题。言之有物极为重要。毛主席告诉我们：多、快、好、省地建设社会主义。看，"多快好省"有多么现成，多么简单，又多么有力！的确有力：照这四字而行，六亿多人民便能及早地脱离贫困，幸福日增。背这四字而行，那就拖拖拉拉，难以跃进。这四个字是每个人都能懂的，也就成为六亿多人民建设社会主义的共同语言。可是，这四个字不会是毛主席随便想起来的。随便想起来的字恐怕不会有顶天立地的力量。这四个字是毛主席洞察全局，剖析万象的结果。它们不仅是四个字，而是六亿多人民社会主义建设的四条架海金梁。

对了，文字本身没有什么头等二等的分别，全看我们如何调遣它们。我们心里要先有值得说的东西，而后下功夫找到适当的文字，文字便有了力量。反之，只在文字上探宝寻金，而心中空空洞洞，那就容易写出"夫天地者宇宙之乾坤"一类的妙句来，虽然字皆涉及星际，声音也颇响亮，可是什么也没说出，地道废话。

您可以完全放心，我并没有轻看学习文字的意思。我的职业和文字运用是分不得家的呀。我还愿意告诉您点实话，您的诗文似乎只是词汇的堆砌，既乏生活经验，又无深刻的思想。请您不要难堪，我也是那样。在 1949 年前，我总以为文学作品不过是要要字眼的玩意儿，不必管内容如何，或有无内容。假若必须找出原谅自己的理由，我当然也会说：国民党统治时期，一不兴工，二不奖农，建设全无，国家空虚，所以我的文章也只好空空如也，反映空虚时代。后来，我读到了毛主席《在延安文艺座谈会上的讲话》，同时也看到了革命现实与新的文学作品。我看出来，文风变了。作品差不多都是言之有物，力避空洞的。这是极好的转变。这些结实的作品是与革命现实密切地结合在一起，的确写出了时代的精神面貌。我的以要字眼为创作能事的看法，没法子再站得住了。

可是，那些作品在文字上不一定都纯美无疵。这的确是个缺点。不过，无论怎么说，我们也不该只从文字上挑毛病，而否定了新作品的价值。言之无文，行之不远，是的。可是言之无物，尽管笔墨漂亮，也不过是虚有其表，绣花枕头。两相比较，我倒宁愿写出文笔稍差，而内容结结实实的作品。可

老舍

057

惜，我写不出这样的作品！生活经验不是一天就能积累够了的，对革命的认识也不能一觉醒来，豁然贯通。于是，我就力求速成，想找个偏方儿来救急。

这个偏方儿跟您得到的一个样。我们都热爱新社会，时刻想用我们的笔墨去歌颂。可是我们又没有足够的实际体验帮助我们，于是就搜集了一堆流行的词汇，用以表达我们的热情。结果呢，您放了许多热气，我也放了许多热气，可都没能成为气候。这个偏方不灵，因为它的主药还是文字，以我来说，不过是把诗云子曰改上些新字眼而已。

您比我年轻的多。我该多从生活中去学习，您更须如是。假若咱们俩只死死地抓住文字，而不顾其他，咱们就永远戴不上革命文学的桂冠。您看，十年来我不算不辛苦，天天要动动笔。我的文字可能在某些地方比您的稍好，可是我没写出一部杰出的作品来。这难道不值得咱们去深思么？

您也许问：是不是我们的文学作品应该永远是内容丰富而缺乏文字技巧之美的呢？一定不是！我们的文学是日益发展的，不会停滞不前。我们不要华而不实的作品，也不满足于缺乏词藻的作品。文情并茂，内明外润的作品才足以与我们的时代相映生辉。我们需要杰作，而杰作既不专靠文字支持，也不允许文字拙劣。

谈到这里，我们就可以讲讲文字问题而不至于出毛病了，因为前面已交代清楚：片面地强调文字的重要是有把文学作品变成八股文的危险的。

欲求文字简洁有力必须言之有物，前边已经说过，不再重复。可是，有的人知道的事情很多，而不会说得干净利落，甚至于说不出什么道理来。这是怎么一回事呢？我想，这恐怕是因为他只记录事实，而没去考虑问题。一个作家应当同时也是思想家。他博闻广见，而且能够提出问题来。即使他不能解决问题，他也会养成思想集中，深思默虑的习惯，从而提出具体的意见来。这可以叫作思想上的言之有物。思想不精辟，无从写出简洁有力的文字。

在这里，您很容易难倒我，假若您问我是个思想家不是。我不是！正因为我不是思想家，所以我说不出格言式的名言至论来。不错，有时候我能够写出相当简洁的文字，可是其中并没有哲理的宝气珠光。请您相信我吧，就是我那缺乏哲理而相当简洁的字句也还是费过一番思索才写出来的。

在思想之外，文学的语言还需要感情。没有感情，语言无从有力。您也许会说：这好办！谁没有感情呢？

事情恰好不那么简单，您看，"鞠躬尽瘁、死而后已"是一种感情；"与世浮沉，吊儿郎当"也是一种感情。前者崇高，照耀千古；后者无聊，轻视一切。我们应有哪种感情呢？我没有研究过心理学，说不清思想和感情从何处分界。照我的粗浅的想法来说，恐怕这二者并不对立，而是紧密相依的。我们对社会主义有了一些认识，所以才会爱它，认识的越多，也就越发爱它。这样看来，我们的感情也似乎应当培养，使它越来越崇高。您应当从精神上，工作上，时时刻刻表现出您是个社会主义建设者。这样，您想的是社会主义，做的是社会主义建设工作，身心一致，不尚空谈，您的革命感情就会愈加深厚，您的文字也就有了真的感情，不再仗着一些好听的字眼儿支持您的创作。生活、思想、感情是文字的养料。没有这些养料，不管在文字上用多少工夫，文字也还要害贫血病。

当然，在文字上我们也要下一番苦功夫。我没有什么窍门与秘方赠献给您，叫您马上做到文字简洁有力，一字千金。我只能提些意见，供您参考。

您的文字，恕我直言，看起来很费力。某些含有深刻思想的文字，的确须用心阅读，甚至读几遍才能明白。您的文字并不属于这一种。您贪用形容字，以致形容得太多了，使人很难得到个完整鲜明的形象。这使人着急。我建议：能够直接说出来的地方，不必去形容；到了非形容不可的地方，要努力找到生动有力的形容字。这样，就有彩有素，简洁有力了。形容得多而不恰当，易令人生厌。形容字一多，句子就会冗长，读起来费力。您试试看，设法把句子中的"的"字多去掉几个，也许有些好处。

文字需要修改。简洁的字句往往不是摇笔即来的。我自己有这么一点经验：已经写了几十句长的一段，我放下笔去想想。嗯，原来这几十句是可以

老舍

用两三句话就说明白的。于是，我抹去这一大段，而代以刚想好的两三句。这两三句必定比较简洁有力，因为原来那一段是我随想随写下来的，我的思想好像没渗入文字里去；及至重新想过了，我就把几十句的意思凝炼成两三句话，不但字句缩减很多，而且意思也更明确了。不多思索，文字不易简洁。详加思索，我们才知道准要说什么，而且能够说得简洁有力。别嫌麻烦，要多修改——不，要重新写过，写好几遍！有了这个习惯，日久天长，您就会一动笔便对准箭靶子的红圈，不再乱射。您也会逐渐认识文字贵精不贵多的道理了。

欲求文字简洁，须找到最合适的字与词，这是当然的。不过在这之外，您还须注意字与字的关系，句与句的关系。名棋手每出一子必考虑全局。我们运用文字也要如此。这才能用字虽少，而管事甚多。文字互相呼应极为重要。因为"烽火'连'三月"，所以才"家书'抵'万金"。这个"连"字说明了紧张的程度，因而"抵"字也就有了根据。"连"与"抵"相互呼应，就不言而喻，人们是多么切盼家信，而家信又是如何不易来到。这就叫简洁有力，字少而管的事很多。作诗用此法，写散文也可以用此法。散文若能写得字与字、句与句前后呼应，就可以言简意赅，也就有了诗意。

信已够长了，请您先在这三项事上留点心吧：不滥用修辞，不随便形容；多想少说，由繁而简；遣字如布棋，互为呼应。改日再谈，今天就不再说别的了。

祝您健康！

关于文学的语言问题

（1954 年年底在中国作家协会和电影局举办的
电影剧本创作讲习会上所作报告）

我想谈一谈文学语言的问题。

我觉得在我们的文学创作上相当普遍地存着一个缺点，就是语言不很好。

语言是文学创作的工具，我们应该掌握这个工具。我并不是技术主义者，主张只要语言写好，一切就都不成问题了。要是那么把语言孤立起来看，我们的作品岂不都变成八股文了么？过去的学究们写八股文就是只求文字好，而不大关心别的。我们不是那样。我是说：我们既然搞写作，就必须掌握语言技术。这并非偏重，而是应当的。一个画家而不会用颜色，一个木匠而不会用刨子，都是不可想象的。

我们看一部小说、一个剧本或一部电影片子，我们是把它的语言好坏，算在整个作品的评价中的。就整个作品来讲，它应该有好的，而不是有坏的语言。语言不好，就妨碍了读者接受这个作品。读者会说：啰哩啰唆的，说些什么呀？这就减少了作品的感染力，作品就吃了亏！

在世界文学名著中，也有语言不大好的，但是不多。一般地来说，我们总是一提到作品，也就想到它的美丽的语言。我们几乎没法子赞美杜甫与莎士比亚而不引用他们的原文为证。所以，语言是我们作品好坏的一个部分，而且是一个重要部分。我们有责任把语言写好！

我们的最好的思想，最深厚的感情，只能被最美妙的语言表达出来。若

老舍

是表达不出，谁能知道那思想与感情怎样的好呢？这是无可分离的、统一的东西。

要把语言写好，不只是"说什么"的问题，而也是"怎么说"的问题。创作是个人的工作，"怎么说"就表现了个人的风格与语言创造力。我这么说，说得与众不同，特别好，就表现了我的独特风格与语言创造力。艺术作品都是这样。十个画家给我画像，画出来的都是我，但又各有不同。每一个画像里都有画家自己的风格与创造。他们各个人从各个不同的风格与创造把我表现出来。写文章也如此，尽管是写同一题材，可也十个人写十个样。从语言上，我们可以看出来作家们的不同的性格，一看就知道是谁写的。莎士比亚是莎士比亚，但丁是但丁。文学作品不能用机器制造，每篇都一样，尺寸相同。翻开《红楼梦》看看，那绝对是《红楼梦》，绝对不能和《儒林外史》调换调换。不像我们，大家的写法都差不多，看来都像报纸上的通讯报道。甚至于写一篇讲演稿子，也不说自己的话，看不出是谁说的。看看爱伦堡的政论是有好处的。他谈论政治问题，还保持着他的独特风格，教人一看就看出那是一位文学家的手笔。他谈什么都有他独特的风格，不"人云亦云"，正像我们所说："文如其人"。

不幸，有的人写了一辈子东西，而始终没有自己的风格。这就吃了亏。也许他写的事情很重要，但是因为语言不好，没有风格，大家不喜欢看；或者当时大家看他的东西，而不久便被忘掉，不能为文学事业积累财富。传之久远的作品，一方面是因为它有好的思想内容，一方面也因为它有好的风格和语言。

这么说，是不是我们都须标新立异，放下现成的语言不用，而专找些奇怪的，以便显出自己的风格呢？不是的！我们的本领就在用现成的、普通的语言，写出风格来。不是标新立异，写的使人不懂。"啊，这文章写得深，没人能懂！"并不是称赞！没人能懂有什么好处呢？那难道不是糊涂文章么？有人把"白日依山尽……更上一层楼"改成"……更上一层板"，因为楼必有楼板。大家都说"楼",这位先生非说"板"不可,难道就算独特的风格么?

同是用普通的语言,怎么有人写的好,有人写的坏呢?这是因为有的人的普通言语不是泛泛地写出来的,而是用很深的思想、感情写出来的,是从心里掏出来的,所以就写的好。别人说不出,他说出来了,这就显出他的本领。为什么好文章不能改,只改几个字就不像样子了呢?就是因为它是那么有骨有肉,思想、感情、文字三者全分不开,结成了有机的整体;动哪里,哪里就会受伤。所以说,好文章不能增减一字。特别是诗,必须照原样念出来,不能略述大意(若说:那首诗好极了,说的是木兰从军,原句子我可忘了!这便等于废话!),也不能把"楼"改成"板"。好的散文也是如此。

运用语言不单纯地是语言问题。你要描写一个好人,就须热爱他,钻到他心里去,和他同感受,同呼吸,然后你就能够替他说话了。这样写出的语言,才能是真实的,生动的。普通的话,在适当的时间、地点、情景中说出来,就能变成有文艺性的话了。不要只在语言上打圈子,而忘了与语言血肉相关的东西——生活。字典上有一切的字。但是,只抱着一本字典是写不出东西来的。

我劝大家写东西不要贪多。大家写东西往往喜贪长,没经过很好的思索,没有对人与事发生感情就去写,结果写得又臭又长,自己还觉得挺美——"我又写了八万字!"八万字又怎么样呢?假若都是废话,还远不如写八百个有用的字好。好多古诗,都是十几二十个字,而流传到现在,那不比八万字好么?世界上最好的文字,就是最亲切的文字。所谓亲切,就是普通的话,大家这么说,我也这么说,不是用了一大车大家不了解的词汇字汇。世界上最好的文字,也是最精练的文字,哪怕只几个字,别人可是说不出来。简单、经济、亲切的文字,才是有生命的文字。

下面我谈一些办法,是针对青年同志最爱犯的毛病说的。

第一,写东西,要一句是一句。这个问题看来是很幼稚的,怎么会一句不是一句呢?我们现在写文章,往往一直写下去,半篇还没一个句点。这样

老舍

一直写下去，连作者自己也不知道写到哪里去了，结果一定是糊涂文章。要先想好了句子，看站得稳否，一句站住了再往下写第二句。必须一句是一句，结结实实的不摇摇摆摆。我自己写文章，总希望七八个字一句，或十个字一句，不要太长的句子。每写一句时，我都想好了，这一句到底说明什么，表现什么感情，我希望每一句话都站得住。当我写了一个较长的句子，我就想法子把它分成几段，断开了就好念了，别人愿意念下去；断开了也好听了，别人也容易懂。读者是很厉害的，你稍微写得难懂，他就不答应你。

同时，一句与一句之间的联系应该是逻辑的、有机的联系，就跟咱们周身的血脉一样，是一贯相通的。我们有些人写东西，不大注意这一点。一句一句不清楚，不知道说到哪里去了，句与句之间没有逻辑的联系，上下不相照应。读者的心里是这样的，你上一句用了这么一个字，他就希望你下一句说什么。例如你说"今天天阴了"，大家看了，就希望你顺着阴天往下说。你的下句要是说"大家都高兴极了"，这就联不上。阴天了还高兴什么呢？你要说"今天阴天了，我心里更难过了"，这就联上了。大家都喜欢晴天，阴天当然就容易不高兴。当然，农民需要雨的时候一定喜欢阴天。我们写文章要一句是一句，上下联贯，切不可错用一个字。每逢用一个字，你就要考虑到它会起什么作用，人家会往哪里想。写文章的难处，就在这里。

我的文章写得那样白，那样俗，好像毫不费力。实际上，那不定改了多少遍！有时候一千多字要写两三天。看有些青年同志们写的东西，往往吓我一跳。他下笔万言，一笔到底，很少句点，不知道在哪里才算完，看起来让人喘不过气来。

第二，写东西时，用字、造句必须先要求清楚明白。用字造句不清楚、不明白、不正确的例子是很多的。例如"那个长得像驴脸的人"，这个句子就不清楚、不明确。这是说那个人的整个身子长得像驴脸呢，还是怎么的？难道那个人没胳膊没腿，全身长得像一张驴脸吗，要是这样，怎么还像人呢？当然，本意是说：那个人的脸长得像驴脸。

所以我的意见是：要老老实实先把话写清楚了，然后再求生动。要少用修辞，非到不用不可的时候才用。在一篇文章里你用了一个"伟大的"，如"伟大的毛主席"，就对了；要是这个也伟大，那个也伟大，那就没有力量，不发生作用了。乱用比喻，那个人的耳朵像什么，眼睛像什么……就使文章单调无力。要知道：不用任何形容，只是清清楚楚写下来的文章，而且写得好，就是最大的本事，真正的功夫。如果你真正明白了你所要写的东西，你就可以不用那些无聊的修辞与形容，而能直截了当、开门见山地写出来。我们拿几句古诗来看看吧。像王维的"隔牖风惊竹"吧，就是说早上起来，听到窗子外面竹子响了。听到竹子响后，当然要打开门看看啰，这一看，下一句就惊人了，"开门雪满山"！这没有任何形容，就那么直接说出来了。没有形容雪，可使我们看到了雪的全景。若是写他打开门就"哟！伟大的雪呀！""多白的雪呀！"便不会惊人。我们再看看韩愈写雪的诗吧。他是一个大文学家，但是他写雪就没有王维写的有气魄。他这么写："随车翻缟带，逐马散银杯。"他是说车子在雪地里走，雪随着车轮的转动翻起两条白带子；马蹄踏到雪上，留了一个一个的银杯子。这是很用心写的，用心形容的。但是形容的好不好呢？不好！王维是一语把整个的自然景象都写出来，成为句名。而韩愈的这一联，只是琐碎的刻画，没有多少诗意。再如我们常念的诗句"山雨欲来风满楼"。这么说就够了，用不着什么形容。像"满城风雨近重阳"这一句诗，是抄着总根来的，没有枝节琐碎的形容，而把整个"重阳"季节的形色都写了出来。所以我以为：在你写东西的时候，要要求清楚，少用那些乱七八糟的修辞。你要是真看明白了一件事，你就能一针见血地把它写出来，写得简练有力！

我还有个意见：就是要少用"然而""所以""但是"，不要老用这些字转来转去。你要是一会儿"然而"，一会儿"但是"，一会儿"所以"，老那么绕弯子，不但减弱了文章的力量，读者还要问你："你到底要怎么样？你能不能直截了当地说话！？"不是有这样一个故事吗？我们的大文学家王勃写了两句最得意的话："落霞与孤鹜齐飞，秋水共长天一色。"传说，后来他在水里淹死了，死后还不忘这两句，天天在水上闹鬼，反复念着这两句。后来有一个人由此经过，听见了就说："你这两句话还不算太好。要把'与'字和'共'字删去，改成'落霞孤鹜齐飞，秋水长天一色'，不是更挺拔更好吗？"据说，从此就不闹鬼了。这把鬼说服了。所以文章里的虚字，只要能去的尽量把它去了，要不然死后想闹鬼也闹不成，总有人会指出你的毛病来的。

第三，我们应向人民学习。人民的语言是那样简练、干脆。我们写东西呢，仿佛总是要表现自己：我是知识分子呀，必得用点不常用的修辞，让人吓一跳啊。所以人家说我们写的是学生腔。我劝大家有空的时候找几首古诗念念，学习他们那种简练清楚，很有好处。你别看一首诗只有几句，甚至只有十几个字，说不定作者想了多少天才写成那么一首。我写文章总是改了又改，只要写出一句话不现成，不响亮，不像口头说的那样，我就换一句更明白、更俗的、务期接近人民口语中的话。所以在我的文章中，很少看到"愤怒的葡萄""原野""熊熊的火光"……这类的东西。而且我还不是仅就着字面改，像把"土"字换成"地"字，把"母亲"改成"娘"，而是要从整个的句子和句与句之间总的意思上来考虑。所以我写一句话要想半天。比方写一个长辈看到自己的一个晚辈有出息，当了干部回家来了，他拍着晚辈的肩说："小伙子，'搞'的不错呀！"这地方我就用"搞"，若不相信，你试用"做"，用"干"，准保没有用"搞"字恰当、亲切。假如是一个长辈夸奖他的侄子说："这小伙子，做事认真。"在这里我就用"做"字，你总不能说，"这小伙子，'搞'事认真。"要是看见一个小伙子在那里劳动得非常卖力气，我就写："这小伙子，真认真干。"这就用上了"干"字。像这三个字："搞""干""做"都是现成的，并不谁比谁更通俗，只看你把它搁在哪里最恰当、最合适就是了。

第四，我写文章，不仅要考虑每一个字的意义，还要考虑到每个字的声音。不仅写文章是这样，写报告也是这样。我总希望我的报告可以一字不改地拿来念，大家都能听得明白。虽然我的报告作的不好，但是念起来很好听，句子现成。比方我的报告当中，上句末一个字用了一个仄声字，如"他去了"。下句我就要用个平声字。如"你也去吗？"让句子念起来叮当地响。好文章让人家愿意念，也愿意听。

好文章不仅让人愿意念，还要让人念了，觉得口腔是舒服的。随便你拿李白或杜甫的诗来念，你都会觉得口腔是舒服的，因为在用哪一个字时，他们便抓住了那个字的声音之美。以杜甫的"烽火连三月，家书抵万金"来说吧，"连三"两字，舌头不用更换位置就念下去了，很舒服。在"家书抵万金"里，假如你把"抵"字换成"值"字，那就别扭了。字有平仄——也许将来没有了，但那是将来的事，我们是谈现在。像北京话，现在至少有四声，这就有关于我们的语言之美。为什么不该把平仄调配的好一些呢？当然，散文不是诗，但是要能写得让人听、念、看都舒服，不更好吗？有些同志不注意这些，以为既是白话文，一写就是好几万字，用不着细细推敲，他们吃亏也就在这里。

第五，我们写话剧、写电影的同志，要注意这个问题：我们写的语言，往往是干巴巴地交代问题。譬如：惟恐怕台下听不懂，上句是"你走吗？"下句一定是"我走啦！"既然是为交代问题，就可以不用真感情，不用最美的语言。所以我很怕听电影上的对话，不现成，不美。

我们写文章，应当连一个标点也不放松。文学家嘛，写文艺作品怎么能把标点搞错了呢？所以写东西不容易，不是马马虎虎就能写出来的。所以我们写东西第一要要求能念。我写完了，总是先自己念念看，然后再念给朋友听。文章要完全用口语，是不易做到的，但要努力接近口语化。

第六，中国的语言，是最简练的语言。你看我们的诗吧，就用四言、五言、七言，最长的是九言。当然我说的是老诗，新诗不同一些。但是哪怕是新诗，大概一百二十个字一行也不行。为什么中国古诗只发展到九个字一句呢？这就是我们文字的本质决定下来的。我们应该明白我们语言文字的本质。要真掌握了它，我们说话就不会绕弯子了。我们现在似乎爱说绕弯子的话，如"对

老舍

他这种说法，我不同意！"为什么不说"我不同意他的话"呢？为什么要白添那么些字？又如"他所说的，那是废话。"咱们一般地都说："他说的是废话。"为什么不这样说呢？到底是哪一种说法有劲呢？

这种绕弯子说话，当然是受了"五四"以来欧化语法的影响。弄得好嘛，当然可以。像说理的文章，往往是要改换一下中国语法。至于一般的话语为什么不按我们自己的习惯说呢？

第七，说到这里，我就要讲到一个很重要的问题，就是深入浅出的问题。提到深入，我们总以为要用深奥的、不好懂的语言才能说出很深的道理。其实，文艺工作者的本事就是用浅显的话，说出很深的道理来。这就得想办法。必定把一个问题想得透彻了，然后才能用普通的、浅显的话说出很深的道理。我们开国时，毛主席说："中国人民站起来了。"中国经过了多少年艰苦的革命过程，现在人民才真正当家做主。这一句说出了真理，而且说得那么简单、明了、深入浅出。

第八，我们要说明一下，口语不是照抄的，而是从生活中提炼出来的。举一个例子，唐诗有这么两句："大漠孤烟直，长河落日圆。"这都没有一个生字。可是仔细一想，真了不起，它把大沙漠上的景致真实地概括地写出来了。沙漠上的空气干燥，气压高，所以烟一直往上升。住的人家少，所以是孤烟。大河上，落日显得特别大，特别圆。作者用极简单的现成的语言，把沙漠全景都表现出来了。没有看过大沙漠，没有观察力的人，是写不出来的。语言就是这样提炼的。有的人到工厂，每天拿个小本记工人的语言，这是很笨的办法。照抄别人的语言是笨事，我们不要拼凑语言，而是从生活中提炼语言。

语言须配合内容：我们要描写一个个性强的人，就用强烈的文字写，不是写什么都是那一套，没有一点变化，也就不能感动人。《红楼梦》中写到什么情景就用什么文字。文字是工具，要它干什么就干什么，不能老是那一套。《水浒传》中武松大闹鸳鸯楼那一场，都用很强烈的短句，使人感到那种英雄气概与敏捷的动作。要像画家那样，用暗淡的颜色表现阴暗的气氛，用鲜

白云山岳皆文章：大师的37堂写作课

明的色彩表现明朗的景色。

其次，谈谈对话。对话很重要，是文学创作中最有艺术性的部分。对话不只是交代情节用的，而要看是什么人说的，为什么说的，在什么环境中说的，怎么说的。这样，对话才能表现人物的性格、思想、感情。想对话时要全面的、"立体"的去想，看见一个人在那儿斗争，就想这人该怎么说话。有时只说一个字就够了，有时要说一大段话。你要深入人物心中去，找到生活中必定如此说的那些话。沉默也有效果，有时比说话更有力量。譬如一个人在办公室接到电话，知道自己的小孩死了，当时是说不出话来的。又譬如一个人老远地回家，看到父亲死了，他只能喊出一声"爹"，就哭起来。他决不会说："伟大的爸爸，你怎么今天死了！"没有人会这样说，通常是喊一声就哭，说多了就不对。无论写什么，没有彻底了解，就写不出。不同那人共同生活，共同哭笑，共同呼吸，就描写不好那个人。

我们常常谈到民族风格。我认为民族风格主要表现在语言上。除了语言，还有什么别的地方可以表现它呢？你说短文章是我们的民族风格吗？外国也有。你说长文章是我们民族风格吗？外国也有。主要是表现在语言上，外国人不说中国话。用我们自己的语言表现的东西有民族风格，一本中国书译成外文就变了样，只能把内容翻译出来，语言的神情很难全盘译出。民族风格主要表现在语言文字上，希望大家多用工夫学习语言文字。

第二部分：回答问题。

我不想用专家的身份回答问题，我不是语言学家。对我们语言发展上的很多问题，不是我能回答的。我只能以一个写过一点东西的人的资格来回答。

第一个问题：怎样从群众语言中提炼出文学语言？

这我刚才已大致说过，学习群众的语言不是照抄，我们要根据创作中写什么人，写什么事，去运用从群众中学来的语言。一件事情也许普通人嘴里要说十句，我们要设法精简到三四句。这是作家应尽的责任，把语言精华拿出来。连造句也是一样，按一般人的习惯要二十个字，我们应设法用十个字

老舍

就说明白。这是可能的。有时一个字两个字都能表达不少的意思。你得设法调动语言。你描述一个情节的发展，若是能够选用文字，比一般的话更简练、更生动，就是本事。有时候你用一个"看"字或"来"字就能省下一句话，那就比一般人嘴里的话精简多了。要调动你的语言，把一个字放在前边或放在后边，就可以省很多字。两句改成一长一短，又可以省很多字。要按照人物的性格，用很少的话把他的思想感情表达出来，而不要照抄群众语言。先要学习群众语言，掌握群众语言，然后创造性地运用它。

第二个问题：南方朋友提出，不会说北方话怎么办呢？

这的确是个问题！有的南方人学了一点北方话就用上，什么都用"压根儿"，以为这就是北方话。这不行！还是要集中思考你所写的人物要干什么，说什么。从这一点出发，尽管语言不纯粹，仍可以写出相当清顺的文字。不要卖弄刚学会的几句北方话！有意卖弄，你的话会成为四不像了。如果顺着人物的思想感情写，即使语言不漂亮，也能把人物的心情写出来。

我看是这样，没有掌握北方话，可以一面揣摩人情事理，一面学话，这么学比死记词汇强。要从活人活事里学话，不要死背"压根儿""真棒"……南方人写北方话当然有困难，但这问题并非不能解决，否则沈雁冰先生、叶圣陶先生就写不出东西了。他们是南方人，但他们的语言不仅顺畅，而且有风格。

第三个问题：词汇贫乏怎么办？

我希望大家多写短文，用最普通的文字写。是不是这样就会词汇贫乏，写不生动呢？这样写当然词汇用的少，但是还能写出好文章来。我在写作时，拼命想这个人物是怎么思想的，他有什么感情，他该说什么话，这样，我就可以少用词汇。我主要是表达思想感情，不孤立地贪图多用词汇。我们平时嘴里的词汇并不多，在"三反""五反"时，斗争多么激烈，谁也没顾得去找词汇，可是斗争仍是那么激烈，可见人人都会说话，都想一句话把对方说低了头。这些话未见得会有丰富的词汇，但是能深刻地表达思想感情。

白云山岳皆文章：大师的37堂写作课

我写东西总是尽量少用字，不乱形容，不乱用修辞，从现成话里掏东西。一般人的社会接触面小，词汇当然贫乏。我觉得很奇怪，许多写作者连普通花名都不知道，都不注意，这就损失了很多词汇。我们的生活若是局限于小圈子里，对生活的各方面不感趣味，当然词汇少。作家若以为音乐、图画、雕塑、养花等等与自己无关，是不对的。对什么都不感兴趣，哪里来的词汇？你接触了画家，他就会告诉你很多东西，那就丰富了词汇。我不懂音乐，我就只好不说；对养花、鸟、鱼，我感觉兴趣，就多得了一些词汇。丰富生活，就能丰富词汇。这需要慢慢积蓄。你接触到一些京戏演员，就多听到一些行话，如"马前""马后"等。这不一定马上有用，可是当你写一篇文章，形容到一个演员的时候，就用上了。每一行业的行话都有很好的东西，我们接触多了就会知道。不管什么时候用，总得预备下，像百货公司一样，什么东西都预备下，从留声机到钢笔头。我们的毛病就是整天在图书馆中抱着书本。要对生活各方面都有兴趣；买一盆花，和卖花的人聊聊，就会得到许多好处。

　　第四个问题：地方土语如何运用？

　　语言发展的趋势总是日渐统一的。现在的广播、教科书都以官话为主。但这里有一个矛盾，即"一般化的语言"不那么生动，比较死板。所以，有生动的方言，也可以用。如果怕读者不懂，可以加一个注解。我同情广东、福建朋友，他们说官话是有困难，但大势所趋，没有办法，只好学习。方言中名词不同，还不要紧，北京叫白薯，山东叫地瓜，四川叫红苕，没什么关系；现在可以互注一下，以后总会有个标准名词。动词就难了，地方话和北方话相差很多，动词又很重要，只好用"一般语"，不用地方话了。形容词也好办，北方形容浅绿色说"绿阴阴"的，也许广东人另有说法，不过反正有一个"绿"字，读者大致会猜到。主要在动词，动词不明白，行动就都乱了。我在一本小说中写一个人"从凳子上'出溜'下去了"，意思是这人突然病了，从凳上滑了下去，一位广东读者来信问："这人溜出去了，怎么还在屋子里？"我现在逐渐少用北京土语，偶尔用一个也加上注解。这问题牵涉到文字的改

老舍

革，我就不多谈了。

第五个问题：写对话用口语还容易，描写时用口语就困难了。

我想情况是这样，对话用口语，因为没有办法不用。但描写时也可以试一试用口语，下笔以前先出声地念一念再写。比如描写一个人"身量很高，脸红扑扑的"，还是可以用口语的。别认为描写必须另用一套文字，可以试试嘴里怎么说就怎么写。

第六个问题："五四"运动以后的作品——包括许多有名作家的作品在内——一般工农看不懂、不习惯，这问题怎么看？

我觉得"五四"运动对语言问题上是有偏差的。那时有些人以为中国语言不够细致。他们都会一种或几种外国语；念惯了西洋书，爱慕外国语言，有些瞧不起中国话，认为中国话简陋。其实中国话是世界上最进步的。很明显，有些外国话中的"桌子椅子"还有阴性、阳性之别，这没什么道理，中国话就没有这些啰哩啰唆的东西。

但"五四"传统有它好的一面，它吸收了外国的语法，丰富了我们的语法，使语言结构上复杂一些，使说理的文字更精密一些。如今天的报纸的社论和一般的政治报告，就多少采用了这种语法。

我们写作，不能不用人民的语言。"五四"传统好的一面，在写理论文字时，可以采用。创作还是应该以老百姓的话为主。我们应该重视自己的语言，从人民口头中，学习简练、干净的语言，不应当多用欧化的语法。

有人说农民不懂"五四"以来的文学，这说法不一定正确。以前农民不认识字，怎么能懂呢？可是也有虽然识字而仍不懂，连今天的作品也还看不懂。从前中国作家协会开会请工人提意见，他们就提出某些作品的语言不好，看不懂，这是值得警惕的，这是由于我们还没有更好地学习人民的语言。

第七个问题：应当如何用文学语言影响和丰富人民语言？

我在三十年前也这样想过：要用我的语言来影响人民的语言，用白话文言夹七夹八的合在一起，可是问题并未解决。现在，我看还是老老实实让人民语言丰富我们的语言，先别贪图用自己的语言影响人民的语言吧。

第八个问题：如何用歇后语。

我看用得好就可以用。歇后语、俗语，都可以用，但用得太多就没意思。《春风吹到诺敏河》中，每人都说歇后语，好像一个村子都是歇后语专家，那就过火了。

老舍

散文并不"散"

（原载于 1951 年 3 月 15 日《北京文艺》第 2 卷第 1 期）

我们今天的散文多数是用白话写的。按说，这就不应当有多少困难。可是，我们差不多天天可以看到不很好的散文。这说明了散文虽然是用白话写的，到底还有困难。现在，我愿就我自己写散文的经验，提出几点意见，也许对还没能把散文写好的人们有些帮助。

一、散文是用加过工的语言组织成篇的。我们先说为什么要用加过工的语言：散文虽然是用白话写的，可并不与我们日常说话相同。我们每天要说许多的话。假若一天里我们的每一句话都有过准备，想好了再说，恐怕到不了晚上，我们就已经疲乏不堪了。事实上，我们平常的话语多半是顺口搭音说出的，并不字字推敲，语语斟酌。假若暗中有人用录音机把我们一日之间的话语都记录下来，然后播放给我们听，我们必定会惊异自己是多么不会讲话的人。听吧：这一句只说了半句，那一句根本没说明白；这一句重复了两回，那一句用错了三个字；还有，说着说着没有了声音，原来是我们只端了端肩膀，或吐了吐舌头。

想想看，要是写散文完全和咱们平常说话一个样，行吗？一定不行。写在纸上的白话必须加工细致，把我们平常说话的那些毛病去掉。我们要注意。

二、散文中的每个字都要用得适当。在我们平日说话的时候，因为没有什么准备，我们往往用错了字。写散文，应当字字都须想过，不能"大笔一挥"，随它去吧。散文中的用字必求适当。所谓适当者，就是顺着思路与语气，该俗就俗，该文就文，该土就土，该野就野。要记住：字是死的，散文是活的，都看我们怎么去选择运用。"他妈的"用在适当的地方就好，用在不适当的地方就不好，它不永远是好的。"检讨""澄清""拥护"……也都如是。字的本身没有高低好坏之分，全凭我们怎给它找个最适当的地方，使它发生最大的效用。就拿"澄清"来说吧，我看见过这么一句："太阳探出头来，雾慢慢给澄清了。""澄清"本身原无过错，可是用在这里就出了岔子。雾会由浓而薄，由聚而散，可不会澄清。我猜：写这句话的人可能是未加思索，随便抓到"澄清"就用上去，也可能是心中早就喜爱"澄清"，遇机会便非用上不可。前者是犯了马虎的毛病，后者是犯了溺爱的毛病；二者都不对。

　　一句中不但重要的字要斟酌，就是次要的字也要费心想一想，甚至于用一个符号也要留神。写散文是件劳苦的事；信口开河必定失败。

　　三、选择词与字是为造好了句子。可是，有了适当的字，未必就有好句子。一句话的本身须是一个完整的单位；同时，它必须与上下邻句发生相成相助的关系。有了这两重关系，造句的困难就不仅是精选好字所能克服的了。你看，就拿："为了便于统制，就又奴役了知识分子。"这一句来说吧，它所用的字都不错啊，可不能算是好句子——它的本身不完整，不能独立地自成一单位。到底是"谁"为了便于统制，"谁"又奴役了知识分子啊？作者既没交代清楚，我们就须去猜测，散文可就变成谜语了！

　　句子必须完整。完整的句子才能使人明白说的是什么。句子要简单，可是因为力求简单而使它有头无尾，或有尾无头，也行不通。简而整才是好句子。

　　造句和插花儿似的，单独的一句虽好，可是若与邻句配合不好，还是不会美满；我们把几朵花插入瓶中，不是要摆弄半天，才能满意么？上句不接下句是个大毛病。因此，我们不要为得到了一句好句子，便拍案叫绝，自居为才子。假若这一好句并不能和上下句做好邻居，它也许发生很坏的效果。我们写作的时候虽然是写完一句再写一句，可不妨在下笔之前，想出一整段儿来。胸有成竹必定比东一笔西一笔乱画好的多。即使这么做了，等到一段

老舍

写完之后，我们还须再加工，把每句都再细看一遍，看看每句是不是都足以帮助说明这一段所要传达的思想与事实，看看在情调上是不是一致，好教这全段有一定的气氛。不管句子怎么好，只要它在全段中不发生作用，就是废话，必须狠心删去。肯删改自己的文字的必有出息。

长句子容易出毛病。把一句长的分为两三句短的，也许是个好办法。长句即使不出毛病，也有把笔力弄弱的危险，我们须多留神。还有，句子本无须拖长，但作者不知语言之美，或醉心欧化的文法，硬把它写得长长的，好像不写长句，便不足以表现文才似的。这是个错误。一个作家必须会运用他的本国的语言，而且会从语言中创造出精美的散文来。假若我们把下边的这长句：

不只是掠夺了人民的财富，一种物质上的掠夺；此外，更还掠夺了人民的精神上的食粮。

改为：

不只掠夺了人民的物质财富，而且抢夺了人民的精神食粮。

一定不会教原文吃了亏。

四、一篇文字的分段不是偶然的。一段是思想的或事实的一个自然的段落，少说点就不够，多说点就累赘。一句可作一段，五十句也可作一段，句子可多可少，全看应否告一段落。写到某处，我们会觉得已经说明了一个道理或一件事实，而且下面要改说别的了，我们就在此停住，作为一段。假若我们的思路有条有理，我们必会这么适可而止地、自自然然地分段。反之，假若我们心中糊里糊涂，分段就大不容易，而拉不断扯不断，不能清楚分段的文章，必是糊涂文章。

有适当的分段，文章才能清楚地有了起承转合。有适当的分段，文章才能眉目清楚，虽没有逐段加上小标题，而读者却仿佛看见了小标题似的。有适当的分段，读者才能到地方喘一口气，去消化这一段的含韫。近来，写文章的一个通病，就是到地方不愿分段，而迷迷糊糊地写下去。于是，读者就因喘不过气来，失去线索，感到烦闷，不再往下念。

写完了一段，或几段，自己朗读一遍，是最有用的办法。当我们在白纸上画黑道儿的时候，我们只顾了用心选择字眼，用心造句；我们的心好像全放在了纸上。及至自己朗读刚写好的文字的时候，我们才能发现：

（1）纸上的文字只尽了述说的责任，而没顾到文字的声音之美与形象之美。字是用对了，但是也许不大好听；句子造完整了，但是也许太短或太长，念起来不顺嘴。字句的声音很悦耳了，但也许没有写出具体的形象，使读者不能立刻抓到我们所描写的东西。这些缺点是非用耳朵听过，不能发现的。

（2）今天的写作的人们大概都知道尊重口语，可是，在拿起笔来的时候，大家都不知不觉地抖露出来欧化的句法，或不必要的新名词与修辞。经过朗读，我们才能发现：欧化的句法是多么不自然；不必要的新名词与修辞是多么没有力量，不单没有帮助我们使形象突出，反倒给形象罩上了一层烟雾。经过朗读，我们必会把不必要的形容字与虚字删去许多，因而使文字挺脱结实起来。"然而""所以""徘徊""涟漪"，这类的字会因受到我们的耳朵的抗议而被删去——我们的耳朵比眼睛更不客气些。耳朵听到了我们的文字，会立刻告诉我们：这个字不现成，请再想想吧。这样，我们就会把文字逐渐改得更现成一些。文字现成，文章便显得清浅活泼，使读者感到舒服，不知不觉地受了感化。

（3）一段中的句子要有变化，不许一边倒，老用一种结构。这，在写的时候，也许不大看得出来；赶到一朗读，这个缺点即被发现。比如："他是个做小生意的。他的眼睛很大。他的嘴很小。他不十分体面。"读起来便不起劲，因为句子的结构是一顺边儿，没有变化。假若我们把它们改成："他是个做小生意的。大眼睛，小嘴，他不十分体面。"便显出变化生动来了。同样的，一句之中，我们往往不经心地犯了用字重复的毛病，也能在朗读时发现，设法矫正。例如："他本是本地的人。"此语是讲得通的，可是两个"本"字究竟有点别扭，一定不如"他原是本地的人"那么好。

老舍

以上是略微说明：散文为什么要用加过工的语言和怎样加工。以下就要说，怎么去组织一篇文字了。

五、无论是写一部小说，还是一篇杂文，都须有组织。有组织的文字才能成为文艺作品。因此，无论是写一部小说，还是一篇短的杂文，我们都须事先详细计划一番，作出个提纲。写了一段，临时现去想下段，是很危险的。最好是一写头一段的时候，就已经计划好末一段说什么。

有了全盘的计划，我们才晓得对题发言，不东一句西一句地瞎扯。

有了全盘的计划，我们才能决定选用什么样的语言。要写一篇会务报告，我们就用清浅明确的文字；要写一篇浪漫的小说，就用极带感情的文字。我们的文字是与文体相配备的。写信跟父母要钱，我们顶好老老实实地陈说；假若给他老人家写一些散文诗去，会减少了要到钱的希望的。

有了全盘的计划，我们才会就着这计划去想：怎样把这篇东西写得最简练而最有效果。文艺的手法贵在经济。我看见过不少这样的文章：内容、思想，都好；可是，写得太冗太多，使人读不下去。这毛病是在文章组织得不够精细。"多想少写"是个值得推荐的办法。散文并不真是"散"的。

这样，总结起来说，要把散文写好，须在字上，句上，段上，篇上，都多多加工；这也就是说，在写一篇散文的时候，我们须先在思想上加工，决定教一字不苟，一字不冗。文章是写给大家看的。写得乱七八糟，便是自己偷了懒，而耽误了别人的工夫；那对不起人！

怎样写小说

（原载于 1941 年 8 月 15 日《文史杂志》第 1 卷第 8 期）

小说并没有一定的写法。我的话至多不过是供参考而已。

大多数的小说里都有一个故事，所以我们想要写小说，似乎也该先找个故事。找什么样子的故事呢？从我们读过的小说来看，什么故事都可以用。恋爱的故事，冒险的故事固然可以利用，就是说鬼说狐也可以。故事多得很，我们无须发愁。不过，在说鬼狐的故事里，自古至今都是把鬼狐处理得像活人；即使专以恐怖为目的，作者所想要恐吓的也还是人。假若有人写一本书，专说狐的生长与习惯，而与人无关，那便成为狐的研究报告，而成不了说狐的故事了。由此可见，小说是人类对自己的关心，是人类社会的自觉，是人类生活经验的记录。那么，当我们选择故事的时候，就应当估计这故事在人生上有什么价值，有什么启示；也就很显然的应把说鬼说狐先放在一边——即使要利用鬼狐，发为寓言，也须晓得寓言与现实是很难得协调的，不如由正面去写人生才更恳切动人。

依着上述的原则去选择故事，我们应该选择复杂惊奇的故事呢，还是简单平凡的呢？据我看，应当先选取简单平凡的。故事简单，人物自然不会很多，把一两个人物写好，当然是比写二三十个人而没有一个成功的强得多了。写一篇小说，假如写者不善描写风景，就满可以不写风景，不长于写对话，就满可以少写对话；可是人物是必不可缺少的，没有人便没有事，也就没有了小说。创造人物是小说家的第一项任务。把一件复杂热闹的事写得很清楚，

老舍

而没有创造出人来，那至多也不过是一篇优秀的报告，并不能成为小说。因此，我说，应当先写简单的故事，好多注意到人物的创造。试看，世界上要属英国狄更司[①]的小说的穿插最复杂了吧，可是有谁读过之后能记得那些钩心斗角的故事呢？狄更司到今天还有很多的读者，还被推崇为伟大的作家，难道是因为他的故事复杂吗？不！他创造出许多的人哪！他的人物正如同我们的李逵、武松、黛玉、宝钗，都成为永远不朽的了。注意到人物的创造是件最上算的事。

为什么要选取平凡的故事呢？故事的惊奇是一种炫弄，往往使人专注意故事本身的刺激性，而忽略了故事与人生有何关系。这样的故事在一时也许很好玩，可是过一会儿便索然无味了。试看，在英美一年要出多少本侦探小说，哪一本里没有个惊心动魄的故事呢？可是有几本这样的小说成为真正的文艺作品呢？这种惊心动魄是大锣大鼓的刺激，而不是使人三月不知肉味的感动。小说是要感动，不要虚浮的刺激。因此，第一，故事的惊奇，不如人与事的亲切；第二，故事的出奇，不如有深长的意味。假若我们能由一件平凡的故事中，看出它特有的意义，则人同此心，心同此理，它便具有很大的感动力，能引起普遍的同情心。小说是对人生的解释，只有这解释才能使小说成为社会的指导者。也只有这解释才能把小说从低级趣味中解救出来。所谓《黑幕大观》一类的东西，其目的只在揭发丑恶，而并没有抓住丑恶的成因，虽能使读者快意一时，但未必不发生世事原来如此，大可一笑置之的犬儒态度。更要不得的是那类嫖经赌术的东西，作者只在嫖赌中有些经验，并没有从这些经验中去追求更深的意义，所以他们的文字只导淫劝赌，而绝对不会使人崇高。所以我说，我们应先选取平凡的故事，因为这足以使我们对事事注意，而养成对事事都探求其隐藏着的真理的习惯。有了这个习惯，我们既可以不愁没有东西好写，而且可以免除了低级趣味。客观事实只是事实，其本身并不就是小说，详密的观察了那些事实，而后加以主观的判断，才是

---

① 狄更司，今译狄更斯，英国作家。

我们对人生的解释，才是我们对社会的指导，才是小说。对复杂与惊奇的故事应取保留的态度，假若我们在复杂之中找不出必然的一贯的道理，于惊奇中找不出近情合理的解释，我们最好不要动手，因为一存以热闹惊奇见胜的心，我们的趣味便落入低级了。再说，就是老手名家也往往吃亏在故事的穿插太乱、人物太多；即使部分上有极成功的地方，可是全体的不匀调，顾此失彼，还是劳而无功。

在前面，我说写小说应先选择个故事。这也许小小的有点语病，因为在事实上，我们写小说的动机，有时候不是源于有个故事，而是有一个或几个人。我们倘然遇到一个有趣的人，很可能的便想以此人为主而写一篇小说。不过，不论是先有故事，还是先有人物，人与事总是分不开的。世界上大概很少没有人的事，和没有事的人。我们一想到故事，恐怕也就想到了人，同样的，一想到人，也就想到了事。我看，问题倒似乎不在于人与事来到的先后，而在于怎样以事配人，和以人配事。换句话说，人与事都不过是我们的参考资料，须由我们调动运用之后才成为小说。比方说，我们今天听到了一个故事，其中的主人翁是一个青年人。可是经我们考虑过后，我们觉得设若主人翁是个老年人，或者就能给这故事以更大的感动力；那么，我们就不妨替它改动一番。以此类推，我们可以任意改变故事或人物的一切。这就仿佛是说，那足以引起我们注意，以至想去写小说的故事或人物，不过是我们主要的参考材料。有了这点参考之后，我们须把毕生的经验都拿出来作为参考，千方百计的来使那主要的参考丰富起来，像培植一粒种子似的，我们要把水分、温度、阳光……都极细心的调处得适当，使它发芽，长叶开花。总而言之，我们须以艺术家自居，一切的资料是由我们支配的；我们要写的东西不是报告，而是艺术品——艺术品是用我们整个的生命、生活写出来的，不是随便的给某事某物照了个四寸或八寸的相片。我们的责任是在创作：假借一件事或一个人所要传达的思想，所要发生的情感与情调，都由我们自己决定，自己执行，自己做到。我们并不是任何事任何人的奴隶，而是一切的主人。

老舍

081

遇到一个故事，我们须亲自在那件事里旅行一次不要急着忙着的去写。旅行过了，我们就能发现它有许多不圆满的地方，须由我们补充。同时，我们也感觉到其中有许多事情是我们不熟悉或不知道的。我们要述说一个英雄，却未必不教英雄的一把手枪给难住。那就该赶紧去设法明白手枪，别无办法。一个小说家是人生经验的百货店，货越充实，生意才越兴旺。

旅行之后，看出哪里该添补，哪里该去打听，我们还要再进一步，去认真的扮作故事中的人，设身处地的去想象每个人的一切。是的，我们所要写的也许是短短的一段事实。但是假若我们不能详知一切，我们要写的这一段便不能真切生动。在我们心中，已经替某人说过一千句话了，或者落笔时才能正确地用他的一句话代表出他来。有了极丰富的资料，深刻的认识，才能说到剪裁。我们知道十分，才能写出相当好的一分。小说是酒精，不是掺了水的酒。大至历史、民族、社会、文化，小至职业、相貌、习惯，都须想过，我们对一个人的描画才能简单而精确地写出，我们写的事必然是我们要写的人所能担负得起的，我们要写的人正是我们要写的事的必然的当事人。这样，我们的小说才能皮裹着肉，肉撑着皮，自然的相联，看不出虚构的痕迹。小说要完美如一朵鲜花，不要像二黄行头戏里的"富贵衣"。

对于说话、风景，也都是如此。小说中人物的话语要一方面负着故事发展的责任，另一方面也是人格的表现——某个人遇到某种事必说某种话。这样，我们不必要什么惊奇的言语，而自然能动人。因为故事中的对话是本着我们自己的及我们对人的精密观察的，再加上我们对这故事中人物的多方面想象的结晶。我们替他说一句话，正像社会上某种人遇到某种事必然说的那一句。这样的一句话，有时候是极平凡的，而永远是动人的。

我们写风景也并不是专为了美，而是为加重故事的情调，风景是故事的衣装，正好似寡妇穿青衣，少女穿红裤，我们的风景要与故事人物相配备——使悲欢离合各得其动心的场所。小说中一草一木一虫一鸟都须有它的存在的意义。一个迷信神鬼的人，听了一声鸦啼，便要不快。一个多感的人看见一片落叶，便要落泪。明乎此，我们才能随时随地的搜取材料，准备应用。当描写的时候，才能大至人生的意义，小至一虫一蝶，随手拾来，皆成妙趣。

以上所言，系对小说中故事、人物、风景等做个笼统的报告，以时间的限制不能分项详陈。设若有人问我，照你所讲，小说似乎很难写了？我要回答也许不是件极难的事，但是总不大容易吧！

我怎样写《骆驼祥子》

（原载于 1941 年 8 月 15 日《文史杂志》第 1 卷第 8 期）

从何月何日起，我开始写《骆驼祥子》？已经想不起来了。我的抗战前的日记已随同我的书籍全在济南失落，此事恐永无对证矣。

这本书和我的写作生活有很重要的关系。在写它以前，我总是以教书为正职，写作为副业，从《老张的哲学》起到《牛天赐传》止，一直是如此。这就是说，在学校开课的时候，我便专心教书，等到学校放寒暑假，我才从事写作。我不甚满意这个办法。因为它使我既不能专心一志的写作，而又终年无一日休息，有损于健康。在我从国外回到北平的时候，我已经有了去做职业写家的心意；经好友们的谆谆劝告，我才就了齐鲁大学的教职。在齐大辞职后，我跑到上海去，主要的目的是在看看有没有做职业写家的可能。那时候，正是"一·二八"以后，书业不景气，文艺刊物很少，沪上的朋友告诉我不要冒险。于是，我就接了山东大学的聘书。我不喜欢教书，一来是我没有渊博的学识，时时感到不安；二来是即使我能胜任，教书也不能给我像写作那样的愉快。为了一家子的生活，我不敢独断独行的丢掉了月间可靠的收入，可是我的心里一时一刻也没忘掉尝一尝职业写家的滋味。

事有凑巧，在山大教过两年书之后，学校闹了风潮，我便随着许多位同事辞了职。这回，我既不想到上海去看看风向，也没同任何人商议，便决定在青岛住下去，专凭写作的收入过日子。这是"七七"抗战的前一年。《骆驼祥子》是我做职业写家的第一炮。这一炮要放响了，我就可以放胆的做下去，每年预计着可以写出两部长篇小说来。不幸这一炮若是不过火，我便只好再去教书，也许因为扫兴而完全放弃了写作。所以我说，这本书和我的写作生活有很重要的关系。

记得是在一九三六年春天吧，山大的一位朋友跟我闲谈，随便的谈到他在北平时曾用过一个车夫。这个车夫自己买了车，又卖掉，如此三起三落，到末了还是受穷。听了这几句简单的叙述，我当时就说："这颇可以写一篇小说。"紧跟着，朋友又说：有一个车夫被军队抓了去，哪知道，转祸为福，他乘着军队移动之际，偷偷的牵回三匹骆驼回来。

这两个车夫都姓什么？哪里的人？我都没问过。我只记住了车夫与骆驼。这便是骆驼祥子的故事的核心。

从春到夏，我心里老在盘算，怎样把那一点简单的故事扩大，成为一篇十多万字的小说。

不管用得着与否，我首先向齐铁恨先生打听骆驼的生活习惯。齐先生生长在北平的西山，山下有许多家养骆驼的。得到他的回信，我看出来，我须以车夫为主，骆驼不过是一点陪衬，因为假若以骆驼为主，恐怕我就须到"口外"去一趟，看看草原与骆驼的情景了。若以车夫为主呢，我就无须到口外去，而随时随处可以观察。这样，我便把骆驼与祥子结合到一处，而骆驼只负引出祥子的责任。

怎么写祥子呢？我先细想车夫有多少种，好给他一个确定的地位。把他的地位确定了，我便可以把其余的各种车夫顺手儿叙述出来；以他为主，以他们为宾，既有中心人物，又有他的社会环境，他就可以活起来了。换言之，我的眼一时一刻也不离开祥子；写别的人正可以烘托他。

车夫们而外，我又去想，祥子应该租赁哪一车主的车，和拉过什么样的人。这样，我便把他的车夫社会扩大了，而把比他的地位高的人也能介绍进来。可是，这些比他高的人物，也还是因祥子而存在故事里，我决定不许任何人夺去祥子的主角地位。

有了人，事情是不难想到的。人既以祥子为主，事情当然也以拉车为主。

只要我教一切的人都和车发生关系，我便能把祥子拴住，像把小羊拴在草地上的柳树下那样。

可是，人与人，事与事，虽以车为联系，我还感觉着不易写出车夫的全部生活来。于是，我还再去想：刮风天，车夫怎样？下雨天，车夫怎样？假若我能把这些细琐的遭遇写出来，我的主角便必定能成为一个最真确的人，不但吃的苦，喝的苦，连一阵风，一场雨，也给他的神经以无情的苦刑。

由这里，我又想到，一个车夫也应当和别人一样的有那些吃喝而外的问题。他也必定有志愿，有性欲，有家庭和儿女。对这些问题，他怎样解决呢？他是否能解决呢？这样一想，我所听来的简单的故事便马上变成了一个社会那么大。我所要观察的不仅是车夫的一点点的浮现在衣冠上的、表现在言语与姿态上的那些小事情了，而是要由车夫的内心状态观察到地狱究竟是什么样子。车夫的外表上的一切，都必有生活与生命上的根据。我必须找到这个根源，才能写出个劳苦社会。

由一九三六年春天到夏天，我入了迷似的去搜集材料，把祥子的生活与相貌变换过不知多少次——材料变了，人也就随着变。

到了夏天，我辞去了山大的教职，开始把祥子写在纸上。因为酝酿的时期相当的长，搜集的材料相当的多，拿起笔来的时候我并没感到多少阻碍。一九三七年一月，《祥子》开始在《宇宙风》上出现，作为长篇连载。当发表第一段的时候，全部还没有写完，可是通篇的故事与字数已大概的有了准谱儿，不会有很大的出入。假若没有这个把握，我是不敢一边写一边发表的。刚刚入夏，我将它写完，共二十四段，恰合《宇宙风》每月要两段，连载一年之用。

当我刚刚把它写完的时候，我就告诉了《宇宙风》的编辑：这是一本最使我自己满意的作品。后来，刊印单行本的时候，书店即以此语嵌入广告中。它使我满意的地方大概是：

（一）故事在我心中酝酿得相当的长久，收集的材料也相当的多，所以一落笔便准确，不蔓不枝，没有什么敷衍的地方。

（二）我开始专以写作为业，一天到晚心中老想着写作这一回事，所以虽然每天落在纸上的不过是一二千字，可是在我放下笔的时候，心中并没有休息，依然是在思索；思索的时候长，笔尖上便能滴出血与泪来。

（三）在这故事刚一开头的时候，我就决定抛开幽默而正正经经地去写。在往常，每逢遇到可以幽默一下的机会，我就必抓住它不放手。有时候，事情本没什么可笑之处，我也要运用俏皮的言语，勉强的使它带上点幽默味道。这，往好里说，足以使文字活泼有趣；往坏里说，就往往招人讨厌。《祥子》里没有这个毛病。即使它还未能完全排除幽默，可是它的幽默是出自事实本身的可笑，而不是由文字里硬挤出来的。这一决定，使我的作风略有改变，教我知道了只要材料丰富，心中有话可说，就不必一定非幽默不足叫好。

（四）既决定了不利用幽默，也就自然的决定了文字要极平易，澄清如无波的湖水。因为要求平易，我就注意到如何在平易中而不死板。恰好，在这时候，好友顾石君先生供给了我许多北平口语中的字和词。在平日，我总以为这些词汇是有音无字的，所以往往因写不出而割爱。现在，有了顾先生的帮助，我的笔下就丰富了许多，而可以从容调动口语，给平易的文字添上些亲切、新鲜、恰当、活泼的味儿。因此，《祥子》可以朗诵。它的言语是活的。

《祥子》自然也有许多缺点。使我自己最不满意的是收尾收得太慌了一点。因为连载的关系，我必须整整齐齐的写成二十四段；事实上，我应当多写两三段才能从容不迫的刹住。这，可是没法补救了，因为我对已发表过的作品是不愿再加修改的。

《祥子》的运气不算很好：在《宇宙风》上登刊到一半就遇上"七七"抗战。《宇宙风》何时在沪停刊，我不知道；所以我也不知道，《祥子》全部登完过没有。后来，《宇宙风》社迁到广州，首先把《祥子》印成单行本。可是，据说刚刚印好，广州就沦陷了，《祥子》便落在敌人的手中。《宇宙风》又迁到桂林，《祥子》也又得到出版的机会，但因邮递不便，在渝蓉各地就很少见到它。后来，文化生活出版社把纸型买过来，它才在大后方稍稍活动开。

近来，《祥子》好像转了运，据友人报告，它已被译成俄文、日文与英文。

老舍

事实的运用

（原载于 1936 年 12 月 16 日《宇宙风》第 29 期）

　　小说中的人与事是相互为用的。人物领导着事实前进是偏重人格与心理的描写，事实操纵着人物是注重故事的惊奇与趣味。因灵感而设计，重人或重事，必先决定，以免忽此忽彼。中心既定，若以人物为主，须知人物之所思所作均由个人身世而决定；反之，以事实为主，须注意人心在事实下如何反应。前者使事实由人心辐射出，后者使事实压迫着个人。若是，故事才会是心灵与事实的循环运动。事实是死的，没有人在里面不会有生气。最怕事实层出不穷，而全无联络，没有中心。一些零乱的事实不能成为小说。

　　大概我们平常看事，总以为它们是平面的，看过去就算了，此乃读新闻纸的习惯与态度。欲做个小说家，须把事实看成有宽广厚的东西，如律师之辩护，要把犯人在作案时的一切情感与刺激都引为免罪或减罪的证据。一点风一点雨也是与人物有关系的，即使此风此雨不足帮助事实的发展，亦至少对人物的心感有关。事实无所谓好坏，我们应拿它作人格的试金石。没有事情，人格不能显明；说一人勇敢，须在放炸弹时试试他。抓住人物与事实相关的那点趣味与意义，即见人生的哲理。在平凡的事中看出意义，是最要紧的。把事实只当作事实看，那么见了妓女便只见了争风吃醋，或虚情假意，如蝴蝶鸳鸯派作品中所报告者。由妓女的虚情假意而看到社会的罪恶，便深进了一层；妓女的狡猾应由整个社会负责任，这便有了些意义。事实的新奇要在其次，第一须看出个中的深义。

我们若能这样看事实并找事实，就不怕事实不集中，因为我们已捉到事实的真义，自然会去合适的裁剪或补充。我们也不怕事实虚空了，因为这些事实有人在其中。不集中与空虚是两大弊病，必须避免。

小说，我们要记住了，是感情的记录，不是事实的重述。我们应先看出事实中的真意义，这是我们所要传达的思想；而后，把在此意义下的人与事都赋予一些感情，使事实成为爱，恶，仇恨，等等的结果或引导物；小说中的思想是要带着感情说出的。"快乐"，巴尔扎克说，"是没有历史的，'他们很快乐'一语是爱情小说的收结。"

在古代与中古的故事里，对于感情的表现是比较微弱的，设若 Henry James[①] 的作品而放在古人们手里，也许只用"过了十年"一语便都包括了；他的作品总是在特别的一点感情下看一些小事实，不厌其细琐与平凡，只要写出由某件事所激起的感情如何。康拉德的小说中有许多新奇的事实，但是他决不为新奇而表现它们，他是要述说由事实所引起的感情，所以那些事实不只新奇，也使人感到亲切有趣。小说，十之八九，是到了后半便松懈了。为什么？多半是因为事实已不能再是感情的刺激与产物。一旦失去这个，故事便失去活跃的力量，而露出勉强堆砌的痕迹来。一下笔时不十分用力，以便有余力贯彻全体，不过是消极的办法；设若始终拿事实为感情起落的刺激物，便不怕有松懈的毛病了。康拉德之所以能忽前忽后的述说，就是因为他先决定好了所要传达的感情为何，故事的秩序虽颠倒杂陈亦不显着混乱了。

所谓事实发展的关键，逗宕与顶点者，便是感情的冲突，波浪与结束。这是个自然的步骤。假若我们没有深厚的感情，而空泛的逗宕，适足以惹人讨厌，如八股文之起承转合然。

---

① Henry James，今译亨利·詹姆斯（1843—1916），英籍美裔作家，著有《一个美国人》《一位女士的画像》《鸽翼》《华盛顿广场》《使节》《金碗》等作品。

Arlo Bates[1] 说：

我不相信小说构成的死规则。工作的方法必随个人的性情而异。我自己的办法据我看是最逻辑的，可是我知道这是每一写家自决的问题。以我自己说，我以为小说的大体有定好的必要，而且在未动手之前就知道结局是更要紧的。

这段话使我们放胆去运用事实。实事是事实，是死的，怎样运用它是我们自己的事。Arnold Bennett[2] 在巴黎的一个饭馆里，看见一老妇，她的举止非常的可笑。他就设想她曾经有过美好的青春，由少艾而肥老，其间经过许多细小的不停的变化。于是他便决定写那《老妇们的故事》[3]。但这本书当开始动笔的时候，主角可已不是那个老妇，因为她太老了，不足以惹起同情。杜思妥益夫斯基[4] 的《罪与罚》是根据他自己的经验，但把故事放在都市里，因为都市生活的不安与犯罪空气的浓厚，更适宜于此题旨的表现。这样看，我们得到事实是随时的事，我们用什么事实是判断了许多事实之后的结果。真人真事不过是个起点，是个跳板。我们不仗着事实本身的好坏，而是仗着我们怎样去判断事实。这就是说，小说一开首的某件事实，已经是我们判断过的；在小说中，大家所见到的是事实的逐渐的发展，其实在作者心中，小说中的第一件事与第末一件事同样是预先决定好了的。自然，谁也不会把一部小说的每一段都预先想好，只等动笔一写，像填表格似的，不会。写出来才是作品，想得怎样高明不算一回事。但是，我们确能在写第一件事的时候，已经预备好末一件事，而且并不很难，因为即使我们不准知道那件是什么事，

---

① Arlo Bates，今译阿洛·贝茨（1850—1918），美国作家，主要作品有小说《雅各布斯先生》《异教徒》《火轮》《腓力斯人》《清教徒》、诗集《阴影里的十四行诗》、剧本《母亲会》等。

② Arnold Bennett，今译阿诺德·贝内特（1867—1931），英国作家，著有小说《五镇的安娜》《老妇人的故事》《摄政者》《克莱汉格》三部曲等。

③ 《老妇们的故事》，阿诺德·贝内特的代表作，又译为《老妇人的故事》。

④ 杜思妥益夫斯基，今译陀思妥耶夫斯基（1821—1881），俄国作家，著有《穷人》《被侮辱与被损害的》《罪与罚》《白痴》《群魔》《卡拉马佐夫兄弟》等作品。

我们总会知道那是件什么样的事——我们所要传达的与激起的情绪是什么便替我们决定，替我们判断，所需要的是什么事。明乎此，在下笔的时候便能准确；我们要的是"怒"，便不会上手就去打哈哈。及至写完了，想改正，他们也知道了怎去改正——加强我们所要激起的感情，删削那阻碍或破坏此种情绪的激发的。

　　由事实中求得意义，予以解释，而后把此意义与解释在情绪的激动下写出来；这样，我们才敢以事实为生材料，不论是极平凡的，还是极惊奇的，都有经过锻炼的必要。我们最怕教事实给管束住：看见或听见一件奇事，我们想这必是好材料，而愿把它写出来。这有两个危险，第一是写了一堆东西，而毫无意义；第二是只顾了写事而忘记了去创造人。反之，我们知道材料是需要我们去锻炼炮制的，我们才敢大胆的自由的去运用它们，使它们成为我们手中的东西。小说中的事实所以能使人感到艺术的味道就是因为每一事实所给的效果与感力都是整个作品所要给的效果与感力的一部分，仿佛每一件事都是完全由作者调动好了的，什么事在他手下都能活动起来。硬插入一段事实，不管它本身是多么有趣，必定妨碍全体的整美。平匀是最不易做到的。要平匀，我们必须依着所要激动的情绪制造出一种空气，把一切材料都包围起来。我们所要的是"怒"，那么便可以利用声音、光线、味道，种种去包围那些材料，使它们都在这种声音、光线、味道中有了活力，有了作用，有了感力。这样，我们才能使作品各部分平匀的供给刺激，全体像一气呵成的，在最后达到"怒"的高潮。所谓小说中的逗宕便是在物质上为逻辑的排列，在精神上是情绪的盘旋回荡。小说是些图画，都用感情联串起来。图画的鲜明或暗淡，或一明一暗，都凭所要激起的情感而决定。千峰万壑，色彩各异，有明有暗，有远有近，有高有低，但是在秋天，它们便都有秋的景色，连花草也是秋花秋草。小说的事实如千峰万壑，其中主要的感情便是季节的景色。

　　但是，我们千万莫取巧，去用小巧的手段引起虚浮的感情。电影片中每每用雷声闪光引起恐怖，可是我们并不受多少感动，而有时反觉得可笑可厌。

老舍

091

暗示是个好方法，它能调剂写法，使不至处处都有强烈的描画，通体只有色而无影。它也能使描写显着细腻，比直接述说还更有力。一个小孩，当故意恐吓人的时候，也会想到一种比直陈事实更有力的方法——不说出什么事，而给一点暗示。他不说屋中有鬼，而说有两只红眼睛。小说中的暗示，给人一些希冀，使人动心。说屋中有些血迹，比直说那里杀了人更多些声势；说某人的衣服上有油污，比直说他不干净强。暗示既使人希冀，又使人与作者共同去猜想，分担了些故事发展的预测。但是这不可用得过火了，虚张声势而使读者受骗是不应该的。

古为今用

（原载于 1959 年 9 月 26 日《文艺报》第 18 期）

我们都愿意学习点古典文学，以便继承民族传统，推陈出新。在学习中，恐怕我们都可能有这样的经验：一接触了古典著作，我们首先就被著作中的文字之美吸引住，颇愿学上一学。那么，这篇短文就专谈谈从古典著作中学习文字的问题，不多说别的。

文字平庸是个毛病。为医治这个毛病，读些古典文学著作是大有好处的。可是，也有的人正因为读了些古典作品，而文字反倒更平庸了。这是怎么一回事呢？大概是这样：阅读了一些古典诗文，不由地就想借用一些词汇，给自己的笔墨添些色彩。于是，词汇较为丰富了，可是文笔反倒更显着平庸，因为说到什么都有个人云亦云的形容词，大雨必是滂沱的，火光必是熊熊的，溪流必是潺潺的……这样穿戴着借来的衣帽的文章是很难得出色的。

在另一方面，我们今天的文学工具是白话，不是文言。古典诗文呢，大都用文言，不用白话（《水浒》《红楼梦》等是例外）。那么，由文言诗文借来的词汇，怎样天衣无缝地和白话结合在一处，实在不是一件容易的事。二者结合的不好，必会露出生拉硬扯的痕迹，有损于文章气势的通畅。

因此，我想学习古典文学的文字不应只图多识几个字，多会用几个字，更重要的是由学习中看清楚文学是与创造分不开的。尽管我们专谈文字的运用，也须注意及此。我们一想起韩愈与苏轼，马上也就想起"韩潮苏海"来。这说明我们尊重二家，不因他们的笔墨相同，而因他们各有独创的风格。我

老舍

们对李白与杜甫的尊重，也是因为他们的光芒虽皆万丈，而又各有千秋。

多识几个字和多会用几个字是有好处的。不过，这个好处很有限，它不会使我们深刻地了解如何创造性地运用文字。本来嘛，不管我们怎样精研古典文学，我们自己写作的工具还是白话——写旧体诗词是例外。这样，我们的学习不能不是摸一摸前人运用文字的底，把前人的巧妙用到我们自己的创作里来。这就是说，我们要求自己以古典文字的神髓来创造新的民族风格，使我们的文字既有民族风格，又有时代的特色。我们的责任绝对不限于借用几个古雅的词汇。是的，我们须创造自己的文字风格。

因此，我们不要专看前人用了什么字，而更须留心细看他们怎样用字。让我们看看《文心雕龙》里的这几句吧：

夫神思方运，万涂竞萌；规矩虚位，刻镂无形，登山则情满于山，观海则意溢于海。我才之多少，将与风云而并驱矣！方其搦翰，气倍辞前；暨乎篇成，半折心始。何则？意翻空而易奇，言征实而难巧也。

写这段话的是个懂得写作甘苦的人。要不然，他不会说得这么透彻。他不但说得透彻，而且把山海风云都调动了来，使文章有气势，有色彩，有形象。这是一段理论文字，可是写的既具体又生动。

我们从这里学习什么呢？是抄袭那些词汇吗？不是的。假若我们不用"拿笔"，而说"搦翰"，便是个笑话。我们应学习这里的怎么字字推敲，怎样以丰富的词汇描绘出我们构思时候的心态，词汇多而不显得堆砌，说道理而并不沉闷。我们应学习这里的句句正确，而又气象万千，风云山海任凭调遣。这使我们看明白：我们是文字的主人，文字不是我们的主人。全部《文心雕龙》的词汇至为丰富。但是专凭词汇，成不了精美的文章。词汇的控制与运用才是本领的所在。我们的词汇比前人的更为丰富，因为我们的词汇既来自口语，又有一部分来自文言，而且还有不少由外国语言移植过来的。可是，我们的笔下往往显着枯窘。这大概是因为我们只着重词汇，而不相信自己。请看这首"诗"吧：

初升的朝暾，

照耀着人间红亮，

虽然梅蕊初放，

人们的心房却热得沸腾！

这是一首习作，并不代表什么流派与倾向。可是这足以说明一个问题，就是有的人的确以为用上"朝暾""照耀""梅蕊"与"沸腾"，便可以算作诗了。有的人也这样写散文。他们忽略了文字必须通过我们自己的推敲锤炼，而后才能玉润珠圆。我们用文字表达我们的思想、感情；不以文字表达文字。字典里的文字最多，但字典不是文学作品。

据我猜，陶渊明和桐城派的散文家大概都是饱学之士。可是，陶诗与桐城派散文都是那么清浅朴实，不尚华丽。难道这些饱学之士真没有丰富的词汇，供他们驱使吗？不是的。他们有意地避免藻饰，而独辟风格。可见同是一样的文字，在某甲手里就现出七宝莲台，在某乙手里又朴素如瓜棚豆架。一部文学史里，凡是有成就的作家，在文字上都必有独到之处，自成一家。

我们必须学点古典文学，但学习的目的是古为今用。我们要从古典文学中学会怎么一字不苟，言简意赅，学会怎么把普通的字用得飘飘欲仙，见出作者的苦心孤诣。这么下一番功夫，是为了把我们的白话文写出风格来，而不是文言与白话随便乱搀，成为杂拌儿。随便乱搀，文章必定松散无力。这种文章使人一看就看出来，作者的思想、感情，并没有和文字骨肉相关地结合在一起，而是随便凑合起来的。

我们要多学习古典文学，为的是写好自己的文章。我们是文字的使用者。通过学习，我们就要推陈出新，给文字使用开辟一条新路，既得民族传统的奥妙，又有我们自己的创造。继承传统绝对不是将就，不是生搬硬套，不是借用几个词汇。我们要在使用文字上有所创造！

所谓不将就，即是不随便找个词汇敷衍一下。我们要想，想了再想，以便独出心裁地找到最恰当的字。假若找不到，就老老实实地用普通的字，不必勉强雕饰。这比随便拉来一堆泛泛的修辞要更结实一些。更应当记住，我们既用的是白话，就应当先由白话里去找最恰当的字，看看我们能不能用白话描绘出一段美景或一个生龙活虎的人物。反之，若是一遇到形容，我们就放弃了白话，而求救于文言，随便把"朝暾""暮色"等搬了来，我们的文章便没法子不平庸无力。

是的，文言中的词汇用的得当，的确足以叫文笔挺拔，可是也必须留意，生搬硬套便达不到这个目的。语言艺术的大师鲁迅最善于把文言与白话精巧地结合在一处。不知他费了多少心思，才做到驰骋古今，综合中外，自成一家。他对白话与文言的词汇都呕尽心血，精选慎择，一语不苟。他不拼凑文字，而是使文言与白话都听从他的指挥，得心应手，令人叫绝。我们都该用心地阅读他的著作，特别是他的杂文。

至于学习古典文学，目的不仅在借用几个词汇，前边已经说过，这里只须指出：减省自己的一番思索，就削弱了一分创造性。要知道，文言作品中也有陈词滥调，不可不去鉴别。即使不是陈词滥调，也不便拿来就用。我们必须多多地思索。继承古典的传统一定不是为图方便，求省事。想要掌握文字技巧必须下一番真功夫，一点也别怕麻烦。

朱自清

朱自清（1898—1948），原名自华，号实秋，后改名自清，字佩弦。散文家、诗人、学者、民主战士。散文代表作有《春》《绿》《背影》《荷塘月色》《匆匆》。

写作杂谈（一）

（选自《文艺写作经验谈》天地出版社 1943 年版）

（一）文脉

多年批改学生作文，觉得他们的最大的毛病是思路不清。思路不清就是层次不清，也就是无条理。这似乎是初学作文的人不能免的毛病。无论今昔，无论文言和白话——不过作文言更容易如此罢了。这毛病在叙述文（包括描写文）和抒情文里比较不显著，在说明文和议论文里就容易看出。实际生活中说明文和议论文比叙述文和抒情文用得多，高中与大一的学生应该多练习这两体文字；一面也可以训练他们的思想。本篇便着眼在这两体上；文言文的问题比较复杂，现在且只就白话文立论。因为注重"思路"怎样表现在文字里，所以别称它为"文脉"——表现在语言里的，称为"语脉"。

现在许多青年大概有一个误解，认为白话文是跟说话差不多一致的。他们以为照着心里说的话写下来就是白话文；而心里说的话等于独自言语。但这种"独自言语"跟平常说话不同。不但不出声音，并且因为没有听者，没有种种自觉的和不自觉的限制，容易跑野马。在平常谈话或演说的时候，还免不了跑野马；独自思想时自然更会如此。再说思想也不一定全用语言，有时只用一些影像就过去了。因此作文便跟说话不能一致，思路不清正由于这些情形。说话也有没条理的，那也是思想训练不足，随心所向，不加控制的缘故。但说话的条理比作文的条理究竟容易训练些，而训练的机会也多些。

这就是说从自然的思路变成文脉，比变成语脉要难。总之，从思想到语言，和从思想到文字，都需要一番努力，语言文字清楚的程度，便看努力的大小而定；若完全随心所向，必至于说的话人家听不懂，作的文人家看不懂。

照着心里说的话写下来，有时自己读着，教别人听，倒也还通顺似的；可是教别人看，就看出思路不清来了。这种情形似乎奇特，但我实地试验过，确有这种事。我并且想，许多的文脉不调正是因为这个缘故。现在的青年练习说话——特别是演说——的机会很多，应该有相当的控制语言的能力，就是说语脉不调的应该比较前一代的青年少。他们练习作文的机会其实也比较前一代多；但如上文所论，控制文字确是难些。而因为作的是白话文，他们却容易将语脉混进文脉里，减少自己的困难，增加自己的满足；他们是将作文当作了说话的记录。但说话时至少有声调的帮助，有时候承转或联贯全靠声调；白话文也有声调，可是另一种，不及口语声调的活泼有弹性，承转或联贯处，便得另起炉灶。将作文当说话的记录，是想象口语声调的存在，因此就不肯多费气力在承转或联贯上；但那口语的声调其实是不存在的。这种作文由作者自己读，他会按照口语的声调加以调整，所以听起来也还通顺似的。可是教别人看时，只照白话文的声调默读着，只按着文脉，毛病便出来了。那种自己读时的调整，是不自觉的，是让语脉蒙蔽了自己；这蒙蔽自己是不容易发现的，因此作文就难改进了。

思想，谈话，演说，作文，这四步一步比一步难，一步比一步需要更多的条理；思想可以独自随心所向，谈话和演说就得顾到少数与多数的听者，作文更得顾到不见面的读者，所以越来越需要条理。语脉和文脉不同，所以有些人长于说话而不长于作文，有些人恰相反；但也有相关联的情形。说话可以训练语脉；这样获得的语脉，特别是从演说练习里获得的，有时也可以帮助文脉的进展。所以要改进作文，可以从练习演说下手。但是语脉有时会混入文脉，像上一段说的。在这种情形下，要改进作文，最好先读给人听，再请他看，请他改，并指出听时和看时觉得不同的地方，但是这件事得有负

朱自清

099

责的而且细心的教师才成。其实一般只要能够细看教师的批改也就很好。不过在这两种情形下，改本都得再三朗读，才会真得到益处。现在的学生肯细看教师的批改的已经很少，朗读改本的大概没有一个。这固然因为懒，也因为从来没有受到正确的朗读训练的缘故。现在白话文的朗读训练只在小学里有，那其实不是朗读，只是吟诵；吟诵重音节，便于背，却将文义忽略，不能训练文脉。要训练文脉，得用宣读文件的声调。我想若从小学时代起就训练这种正确的朗读，语脉混入文脉的情形将可减少，学生的作文也将容易进步。

再次是在作文时先写出详细的纲目。这不是从声调上下手，而是从意义上、从意念的排列上下手。这是诉诸逻辑。细目最好请教师看看。意念安排得有秩序，作起文来应该容易通顺些。不过这方法似乎不及前两者直截而自然。还有，作文时限制字数，或先作一段一段的，且慢作整篇的，这样可以有工夫细心修改；但得教师个别的指正，学生才知道修改的路子。这样修改的结果，文脉也可以清楚些。除了这些方法之外，更要紧的是多看、多朗读、多习作（三项都该多在说明和议论两体上下功夫）。这原是老生常谈，但这里要指出，前两项更重要些；只多作而不多看多读，文脉还是不容易获得的。

（二）标点符号

历年批改大学一年级学生的作文，觉得他们对于标点符号的使用很不在意。他们之间，和一般人之间一样，流行着一句熟语："加标点。"他们写作，多数是等到成篇之后再"加"标点符号的。这显然不是正确的办法。白话文之所以为白话文，标点符号是主要的成分之一。标点符号表明词句的性质，帮助达意的明确和表情的恰切，作用跟文字一样，决不是附加在文字上，可有可无的玩意儿。本来没有标点符号的古书和文言，为了帮助别人了解或为了自己了解正确，可以"加"上标点符号去。但是自己写作，特别是白话文；该将标点符号和文字一样看待，同等使用，随写随标点，才能尽标点符号的用处。若是等文字写成篇再"加标点",那总是不会切合的。古书和原无标点符号的文言,"加标点"后往往有不切合处;那是古今达意表情的方式不同,无可奈何。自己写作,特别是白话文,标点符号正是支持我们达意表情的方式的,不充分利用,写作的效果便会因而减少。我们说话时得靠种种声调姿势帮助;写作时失去这种帮助,标点符号可以替代一部分。明白这个道理,便知道标点符号跟文字的关系是有机的——后"加"上去,就不是有机的了。

现在的学生乃至一般人往往乱用或滥用标点符号,结果标点符号真成了可有可无的东西似的。在达意方面,学生的作文里最常见的是逗号(,)和分号(;)的乱用。分号介在逗号和句号(。)之间,主要的作用在界划较长的句语和较短而意义上紧密的联系着的句子。青年们和一般人不大容易弄清楚这个符号的用处,是大家都知道的。有时他们似乎将它当逗号用,有时又似乎将它当句号用;用得合适的很少。这个符号本来复杂些,用错了还可以说是在意中。像逗号,很简单,乱用的却也很多,或许是一般想不到的。学生们作文里用逗号最多,往往一段文字只在段末有个句号,其余便是一大串逗号。这使人看不清他们的意义,摸不清他们的思路。他们似乎将逗号只当作停顿的符号用,而不管停顿的长短;更不管意义的分界。他们不大用句号,是一个可注意的现象。他们似乎没有清楚的"句"的意念。学生们作文,常犯思路不清或层次不明的毛病;这少用句号也是征象之一。此外还有惊叹号的滥用,似乎是一般的情形。就像公函[1]中"为荷"下的惊叹号,便大可不必——句号尽合适了。更有爱用双惊叹号或三惊叹号的,给予读者的效果往往只是浮夸不实。

教育部二十年前就颁行过标点符号施行条例,起草的是胡适之[2]先生。但是青年们和一般人注意这个条例的似乎不多。原因大约有好几种。一是推

---

[1] 公函:原书为"公涵"。下同。

[2] 胡适之:即胡适(1891—1962),字适之。中国现代思想家、文学家、哲学家。代表作品有《胡适论学近著》《中国哲学史大纲》《尝试集》《白话文学史》《说儒》。

朱自清

行的不尽力。这种条例应该常在青年读物或一般读物里引用，让大家常常看见，常常捉摸，才有用处。可是事实不然。中学教科书里虽然偶有论到标点符号的，也不多，教师们又不认真去教，成效自然不见。二是例句不合式。条例中所举的例句都是古书和文言，加上一些旧小说的白话，现代的白话文记得似乎没有。条例颁行的时期，白话文运动刚起头儿，为起信的缘故，只举旧例，也是一番苦心。可是如上文所论，这种例句"加"上标点符号，究竟不很自然；这种例句并不能充分表示每种标点符号的用处。再说既然都是旧例，爱读现代白话文的，便不免减少阅读的兴趣，不大去注意。我想教育部若能将那条例修订一番，细心选择现代白话文作为主要的例句，一面责成中学教师切实教授，并在改文时注意，标点符号的用法会渐渐正确起来的。不过，更重要的是，青年们得养成随文标点的习惯，一面还得在读现代白话文时随时体会一标一点的意味，学习正确的用法才成。

写作杂谈（二）

（选自《文艺写作经验谈》天地出版社 1943 年版）

我是一个国文教师，我的国文教师生活的开始可以说也就是我的写作生活的开始。这就决定了我的作风，若是我也可说是有作风的话。我的写作大体上属于朴实清新一路。一方面自己的才力只能做到这地步，一方面也是国文教师的环境教我走这一路。我是个偏于理智的人，在大学里学的原是哲学。我的写作大部分是理智的活动，情感和想象的成分都不多。虽然幼年就爱好文学，也倾慕过《聊斋志异》[①] 和林译小说[②]，但总不能深入文学里。开始写作的时候，自己知道对于小说没希望，尝试得很少。那时却爱写诗。不过自己的情感和想象都只是世俗的，一点儿也不能超群绝伦。我只是一个老实人，或一个乡下人，如有些人所说的——外国文学的修养差，该也是一个缘故。可是我做到一件事，就是不放松文字。我的情感和想象虽然贫弱，却总尽力教文字将它们尽量表达，不留遗憾。我注意每个词的意义，每一句的安排和音节，每一段的长短和衔接处，想多少可以补救一些自己的贫弱的地方。已故的刘大白[③] 先生曾对人说我的小诗太费力，实在是确切的评语。但这正是一个国文教师的本来面目。

---

① 《聊斋志异》：清代小说家蒲松龄（1640—1715）创作的文言短篇小说集。

② 林译小说：清末民初著名翻译家林纾（1852—1924）翻译的西方小说，林纾翻译了《巴黎茶花女遗事》《黑奴吁天录》等 163 部作品。

③ 刘大白（1880—1932）：原名金庆棪，新诗运动倡导者，现代著名诗人、文学史家。著作有《旧梦》《旧诗新话》《白屋说诗》《白屋文话》《中国文学史》及旧体诗集《白屋遗诗》等。

朱自清

后来丢开诗，只写些散文；散文对于自己似乎比较合宜些，所以写得也多些。所谓散文便是英语里的"常谈"，原是对"正论"而言；一般人又称为小品文，好似对大品文而言，但没有大品文这名称。散文虽然也叙事、写景、发议论，却以抒情为主。这和诗有相通的地方，又不需要小说的谨严的结构，写起来似乎自由些。但在我还是费力。有时费力太过，反使人不容易懂。如《桨声灯影里的秦淮河》①里有一处说到"无可无不可"，有"无论是升的沉的"一句话。升的"无可无不可"指《论语》里孔子的话，所谓"时中"②的态度。沉的指一般人口头禅的"无可无不可"，只是"随便""马虎"的意思。有许多人不懂这"升的沉的"。也许那句话太简了，因而就太晦了。可是太简固然容易晦，繁了却也腻人。我有一篇《扬州的夏日》（在《你我》里），篇末说那些在城外吃茶的人回城去，有些穿上长衫，有些只将长衫搭在胳膊上。一个朋友说穿上长衫是常情，用不着特别叙出。他的话有道理。但这并不由于我的疏忽；这是我才力短，不会选择。我的写作有时不免牵于事实，不能自由运用事实，这是一例。

我的《背影》③《儿女》《给亡妇》④三篇，注意的人也许多些。《背影》和《给亡妇》都不曾怎样费力写出。《背影》里引了父亲来信中一句话。那封信曾使我流泪不止。亡妇一生受了多少委屈，想起来总觉得对不起她。写《给亡妇》那篇是在一个晚上，中间还停笔挥泪一回。情感的痕迹太深刻了，虽然在情感平静的时候写作，还有些不由自主似的。当时只靠平日训练过的一支笔发挥下去，几乎用不上力量来。但是《儿女》，还有早年的《笑的历史》，

---

① 朱自清与友人俞平伯同游秦淮河时所作的散文，该文于1924年1月25日发表于《东方杂志》。

② 时中，出自《周易》"蒙"卦的《象传》："蒙，亨。以亨行，时中也。"意思是说，蒙卦表示希望亨通。以通来行事，符合蒙这个时机。儒家认为，"时中"是要"合乎时宜"，"随时变通"。

③ 《背影》：朱自清的散文名篇，该文通过朴素真切的语言，表现了父亲的一片爱子之心和儿子对父亲的思念之情。

④ 《给亡妇》：朱自清的抒情散文，该文抒发了作者对亡妻的悼念之情。

白云山岳皆文章：大师的37堂写作课

却是费了力琢磨成的。就是《给亡妇》，一方面也是一个有益的尝试。那时我不赞成所谓欧化的语调，想试着避免那种语调。我想尽量用口语，向着言文一致的方向走。《给亡妇》用了对称的口气，一半便是为此。有一位爱好所谓欧化语调的朋友看出了这一层，预言我不能贯彻自己的主张。我也渐渐觉得口语不够用。我们的生活在欧化（我愿意称为现代化），我们的语言文字适应着，也在现代化，其实是自然的趋势。所以我又回到老调子。所谓老调子是受《点滴》等书和鲁迅先生的影响。当时写作的青年很少不受这种影响的。后来徐志摩先生，再后来梁宗岱①先生、刘西渭②先生等，直接受取外国文学的影响，算是异军突起，可是人很少。话说回来，上文说到的三篇文里，似乎只有《背影》是"情感的自然流露"，但也不尽然。《背影》里若是不会闹什么错儿，我想还是平日的训练的缘故。我不大信任"自然流露"，因为我究竟是个国文教师。

国文教师做久了，生活越来越狭窄，所谓"身边琐事"的散文，我慢慢儿也写不出了。恰好谢谢清华大学，让我休假上欧洲去了一年。回国后写成了《欧游杂记》和一些《伦敦杂记》③。那时真是"身边琐事"的小品文已经腻了，而且有人攻击。我也觉得身边琐事确是没有多大意思，写作这些杂记时便专从客观方面着笔，尽力让自己站在文外。但是客观的描叙得有充分的、详确的知识作根据，才能有新的贡献。自己走马看花所见到的欧洲，加上游览指南里的一点儿记载，实在太贫乏了，所以写出来只是寒尘。不过客观的写作却渐渐成了我的唯一的出路。这时候散文进步了。何其芳④先生的创作，

---

① 梁宗岱（1903—1983）：近代著名诗人、理论家、翻译家。代表著作有《梁宗岱选集》、诗集《晚祷》、词集《芦笛风》、译作《莎士比亚十四行诗》等。
② 刘西渭：近代著名作家、戏剧家李健吾（1906—1982）的笔名，著有《心病》《草莽》《这不过是春天》《青春》《山东好》《金小玉》等作品。
③ 《欧游杂记》与《伦敦杂记》是朱自清在留学美国、漫游欧洲后写成的游记散文。
④ 何其芳（1912—1977）：现代著名诗人、散文家，著有诗集《预言》《夜歌和白天的歌》，散文集《画梦录》《还乡杂记》，文艺论文集《论红楼梦》《文学艺术的春天》等。

朱自清

卞之琳^①先生的翻译，写那些精细的情感，开辟了新境界。我常和朋友说笑，我的散文早过了时了。既没有创新的力量，我只得老老实实向客观的描叙的路走去。我读过瑞恰慈^②教授几部书，很合脾胃，增加了对于语文意义的趣味。从前曾写过几篇论说的短文，朋友们似乎都不大许可。这大概是经验和知识还不够的缘故。但是自己总不甘心，还想尝试一下。于是动手写《语文影》。第一篇登在《中央日报》昆明版的《平明》上，闹了点错儿，挨了一场骂。可是我还是写下去。更想写一些论世情的短文，叫作《世情书》。试了一篇，觉得力量还差得多，简直不能自圆其说似的，只得暂且搁下。我是想写些"正论"或"大品文"，但是小品文的玩世的幽默趣味害我"正"不住我的笔，也得再修养几年。十六年前曾写过一篇《正义》（见《我们的七月》），虽然幼稚，倒还像"正义"，可惜没有继续训练下去。现在大约只能先试些《语文影》。这和《世情书》都以客观的分析为主，而客观的分析语文意义，在国文教师的我该会合宜些。

我的写作的经验有两点也许可以奉献给青年的写作者。

一是不放松文字，注意到每一词句，我觉得无论大小，都该从这里入手。控制文字是一种愉快，也是一种本领。据说陀斯妥也夫斯基^③很不讲究文字，却也成为大小说家。但是他若讲究文字，岂不更美？再说像陀斯妥也夫斯基那样大才力，古今中外又有多少人？为一般写作者打算，还是不放松文字的好。现在写作的青年似乎不大在乎文字。无论他们的理由怎样好听，吃亏的恐怕还是他们自己，不是别人。

二是不一定创作，"五四"以来，写作的青年似乎都将创作当作唯一的出路。不管才力如何，他们都写诗，写散文，写小说戏剧。这中间必有多数

---

① 卞之琳（1910—2000）：现代著名诗人，著有诗集《三秋草》《鱼目集》《汉园集》《数行集》《慰劳信集》《十年诗草》《雕虫纪历1930—1958》等。

② 瑞恰慈（1893—1979）：英国著名文学批评家，著有《美学原理》《批评原理》《实用批评》《科学与诗》等作品。

③ 陀斯妥也夫斯基：今译陀思妥耶夫斯基，俄国作家。

人白费了气力，闹得连普通的白话文也写不好。这也是时代如此，当时白话文只用来写论文，写文学作品，应用的范围比较窄。论文需要特殊的知识和经验，青年人办不了，自然便拥挤到创作的路上。这几年白话文应用的范围慢慢儿广起来了，报纸上可以见出。"写作"这个词代替了"创作"流行着，正显示这个趋势。写作的青年能够创作固然很好，不能创作，便该赶紧另找出路。现在已经能够看到的最大的出路，便是新闻的写作。新闻事业前途未可限量，一定需要很多的人手。现在已经有青年记者协会，足见写作的青年已找出这条路。从社会福利上看，新闻的写作价值决不在文艺的写作之下，只要是认真写作的话。

朱自清

关于写作答问

（选自《写作杂谈》开明书店 1945 年版）

（一）写作趣味的由来

读《聊斋志异》和林译小说都曾给我影响。家庭问题是我早年写作的主要题材。我的天性又自幼就爱好写作。

（二）写作年龄的开始

中学时代曾写过一篇《聊斋志异》式的山大王的故事，词藻和组织大约还模仿林译小说，得八千字。写成寄于《小说月报》①被退回。稿子早已失去。那时还集合了些朋友在扬州办了一个《小说日报》，都是文言，有光纸油印，只出了三天就停了。自己在上面写过一篇《龙钟人语》，大概是个侠客的故事，父亲讲给我听的。

大学时代受了《新青年》②的启示，开始学习白话文写作。但写得很少。记得曾仿效《新青年》和《新潮》③上的新诗写过一首，中间引了"逝者如斯夫！

---

① 《小说月报》：中国近现代文学期刊，1910 年 7 月于上海创刊，由商务印书馆主办印行。原为鸳鸯蝴蝶派刊物。"五四"后成为新文学刊物。

② 《新青年》：初名为《青年杂志》，是由陈独秀于 1915 年 9 月 15 日在上海创立的革命杂志，由群益书社发行。

③ 《新潮》："五四"时期由北京大学学生创办的新文化刊物。

白云山岳皆文章：大师的 37 堂写作课

不舍昼夜"①,别的却忘了。诗旨大概是人生的慨叹。大学毕业,做了国文教师,那时二十一岁。有一回寄了两首新诗给《小说月报》,主编给我登出,并来信鼓励,不久又发表了我的名字在特约撰稿人里。这些鼓励影响我极大,我后来的写作可以说都是从这儿来的。我很感谢该刊的主编。那时多写诗,也写了几篇小说样的东西,散文的写作略晚些。

（三）写作的生活叙述

写作时间,我爱晚间,晚上事情完毕,写作可以定心些。

写作时间抽烟,比平常多些。早年没有学会抽烟,每回停笔思索,便用笔尖在纸上尽蘸。一个朋友看了那些笔尖痕,替我着急。

（四）写作速率和作品修删

我写作很慢,平均每天只能写两千字,每次写作的持久力只有两小时左右。

我早年写作,都先起草,如《笑的历史》《桨声灯影里的秦淮河》都是逐节起草的。后来觉得起草太费工夫,做作气也重,便直写下去。因为得随时斟酌字句,所以写得很慢。既然随时斟酌,完篇后改动便少。但是我若能将稿件留两三天再看一回,往往也还有修删的地方。我觉得稿成后隔两三天复审一回是很有益处的。

（五）写作上的困难之点

早年作诗,因为自己想象力薄弱,常感到观念的推拓②的困难。

---

① 出自《论语·子罕》:"子在川上,曰:'逝者如斯夫!不舍昼夜。'"即孔子在河边说:"消逝的时光就像这河水一样啊,不分昼夜地向前流去。"

② 此处推拓应指推拓连字,又叫推展连字。连字能够起到"推开上文而展拓他意"的作用。常用的有"虽、纵、若、苟、使、如、设、会、果、即、假、犹、尚、况、而况、非惟、不惟"等。

朱自清

109

写作散文，很注意文字的修饰。语句的层次和词义、句式，我都用心较量，特别是句式。《欧游杂记》序里曾提到我怎样变换句式。

（六）写作完成的感觉

作品完成，了一桩事，总有些如释重负的愉快，却不一定是"胜利"的感觉。失败的感觉也有过。往年给《今日评论》写了一篇散文，一个朋友看了说不成，我将那篇稿毁了。

（七）《欧游杂记》发表后的感觉

《欧游杂记》里懊悔的地方很多，因为有些话，关于绘画的，太外行了。《滂卑故城》①那篇，我也很想删去。

（八）作品落选后的感觉

奋勉二字而已。

（九）对别人批评的观感

朋友的零星的批评对我很有益。别人的批评说到我的很少。有些概括的判断虽然确当，却不能使我改进，因为我的才力只能如此这般。

---

① 滂卑故城：今译庞贝古城，是亚平宁半岛的一座古城，始建于公元前6世纪，公元79年毁于维苏威火山大爆发。

剪裁一例

（选自《写作杂谈》开明书店 1945 年版）

文家的添注涂改的原稿可以见出写作的苦心，指示学习写作的途径，是大家都知道的。不过这种原稿总是随手散失，流传的极少。流传的往往只是关于这种原稿的故事，如欧阳修《画锦堂记》[1] 开端"仕宦而至将相，富贵而归故乡"，初稿没有两个"而"字；《醉翁亭记》[2] 开端"环滁皆山也"，初稿是二十多字，后来删剩了五个字，等等。这些故事或逸话也有启发的效用，但究竟是零星、片段的，不如成篇的原稿好。古人的原稿固然难得，近代人的也还是不容易。不过我们已有几部名人手写的日记，如《翁同龢日记》[3]《越缦堂日记》[4]《湘绮楼日记》[5] 可以观摩。关于白话诗的，我们也有一部《初期

---

[1] 《画锦堂记》：应为《相州昼锦堂记》，欧阳修的一篇记事散文，名为昼锦堂记，实际写了魏国公韩琦非凡的志向和功绩，赞扬了他"德被生民而功施社稷"的远大理想和"措天下于泰山之安"的丰功伟业。

[2] 《醉翁亭记》：欧阳修的一篇游记散文，表现了他随遇而安、与民同乐的旷达情怀。

[3] 《翁同龢日记》：晚清大学士翁同龢（1830—1904）的日记，记叙了咸丰八年（1858）至光绪三十年（1904）这一时期的许多重要史事和作者本人的思想、活动，内容相当丰富，反映了晚清思想风潮和社会生活。

[4] 《越缦堂日记》：晚清文史学家李慈铭（1830—1894）的日记，记载了朝野见闻、朋踪聚散、人物评述、古物考据、书画鉴赏、山川游历及各地风俗，足资后世学者参考，具有极高的学术价值。

[5] 《湘绮楼日记》：晚清经学家、文学家王闿运（1833—1916）的日记，王闿运曾是曾国藩幕僚。他的日记记叙了晚清覆灭和民国兴起期间社会民众的看法、心情和艰辛，具有重要的历史价值。

朱自清

白话诗稿》①；可是所存录的只有寥寥的几首。

友人浦江清先生前几年给清华大学编选大学一年级国文选，找出欧阳修的两篇《吉州学记》，其中一篇大概是初稿。将这两篇比着看，是很有意思的。原稿既不可见，这种初稿也是很宝贵的。现在先抄定本，次抄初稿。定本见于《居士集》②三十九卷（《四部丛刊》影元刊本，两篇都据此本抄录），《居士集》是欧阳修手定的。初稿见于外集十三卷后，有校语云，"与石本异"；《居士集》三十九卷末也有校语，说外集所收的一篇"疑是初稿先已传布"。本文想探求欧阳修删改的用意，作为一例，供中学老师和学生的参考。我并不鼓励学生作古文，却觉得学生欣赏古文的能力是应该培养的。

《吉州学记》③（定本）：

（一）庆历三年秋，天子开天章阁，召政事之臣八人，问治天下其要有几，施于今者宜何先，使坐而书以对。八人者皆震恐失位，俯伏顿首言："此非愚臣所能及；惟陛下所欲为，则天下幸甚！"于是诏书屡下，劝农桑，责吏课，举贤才。其明年三月，遂诏天下皆立学，置学官之员，然后海隅徼塞，四方万里之外，莫不皆有学。呜呼！盛矣。

（二）学校，王政之本也。古者政治之盛衰，视其学之兴废。《记》曰："国有学，遂有序，党有庠，家有塾。"此三代极盛之时大备之制也。宋兴盖八十有四年而天下之学始克大立，岂非盛美之事须其久而后至于大备欤？是以诏下之日，臣民喜幸，而奔走就事者以后为羞。

（三）其年十月，吉州之学成。州旧有夫子庙，在城之西北。今知州事李侯宽之至也，谋与州人迁而大之，以为学舍。事方上请而诏已下，学遂以成。李侯治吉，敏而有方。其作学也，吉之士率其私钱

① 《初期白话诗稿》：刘半农汇编，收录有李大钊、沈尹默、沈兼士、周作人、胡适、陈衡哲、鲁迅、陈独秀八人的白话诗作。
② 《居士集》：欧阳修撰，共五十卷，前列《苏轼序》及《年谱》。
③ 《吉州学记》：北宋庆历年间，皇帝倡导办学。吉州知州李宽扩建州学，并请欧阳修撰写《吉州学记》。《吉州学记》概述了州学的创建过程。

一百五十万以助。用人之力积二万二千工，而人不以为劳。其良材坚甓之用凡二十二万三千五百，而人不以为多。学有堂筵斋讲，有藏书之阁，有宾客之位，有游息之亭，严严翼翼，伟壮闳耀，而人不以为侈。既成而来学者常三百余人。

（四）予世家于吉而滥官于朝。进不能赞扬天子之盛美，退不得与诸生揖让乎其中。然予闻教学之法，本于人性，磨揉迁革，使趋于善。其勉于人者勤，其入于人者渐。善教者以不倦之意须迟久之功，至于礼让兴行而风俗纯美，然后为学之成。今州县之吏，不得久其职而躬亲于教化也，故李侯之绩及于学之立，而不及待其成。惟后之人毋废慢天子之诏而殆以中止，幸予他日因得归荣故乡而谒于学门，将见吉之士皆道德明秀而可为公卿；问于其俗，而婚丧饮食皆中礼节；入于其里，而长幼相教慈于其家；行于其郊，而少者扶其羸老，壮者代其负荷于道路。然后乐学之道成，而得时从先生耆老席于众宾之后，听乡乐之歌，饮献酬之酒，以诗颂天子太平之功，而周览学舍，思咏李侯之遗爱，不亦美哉！故于其始成也，刻辞于石而立诸其庑以俟。

又（初稿）：

（一）庆历三年，天子开天章阁，召政事之臣八人，赐之坐，问治天下其要有几，施于今者宜何先，使书于纸以对。八人者皆震恐失措，俯伏顿首言："此事大，非愚臣所能及，惟陛下幸诏臣等！"于是退而具述为条列。明年正月，始诏州群吏，以赏罚劝桑农。三月，又诏天下皆立学。

（二）惟三代仁政之本，始于井田而成于学校。《记》曰，"国有学，遂有序，党有庠，家有塾"，其极盛之时大备之制也。凡学，本于人性，磨揉迁革，使趋于善，至于风俗成而颂声兴。盖其功法，施之各有次第；其教于人者勤，而入于人者渐。勤则不倦，渐则持久而深。夫以不倦之意待迟久而成功者，三王之用心也。故其为法，必久而后至太平，而为国皆至六七百年而未已。此其效也。

（三）三代学制甚详，而后世罕克以举。举或不知而本末不备。又欲于速，不待其成而怠。故学之道常废而仅存。惟天子明圣，深原三代致治之本，要在富而教之，故先之农桑，而继以学校，将以衣食饥寒之民而皆知孝慈礼让。是以诏书再下，吏民感悦，奔走执事者以后为羞。

（四）其年十月，吉州之学成。州即先夫子庙为学舍于城西而未备。今知州事李侯宽之至也，谋与州人迁而大之。事方上请而诏下，学遂以成。李侯治吉，敏而有方。其作学也，吉之士率其私钱一百五十万以助。用人之力积二万二千工，而人不以为劳。其良材坚甓之用凡二十二万三千五百，而人不以为多。学有堂筵斋讲，有藏书之阁，有游息之亭，严严翼翼，壮伟闳耀，而人不以为侈。既成而来学者常三百余人。

（五）予世家于吉，滥食于朝廷。进不能赞明天子之盛美，退不能与诸生揖让乎其中。惟幸吉之学，教者知学本于勤渐，迟久而不倦以治，毋废慢天子之诏！使予他日因得归荣故乡而谒于学门，将见吉之士皆道德明秀，可为公卿；过其市而贾者不嚣其淫，适其野而耕者不争垅亩，入其里闾而长幼和，孝慈于其家，行其道途而少者扶羸老，壮者代其负荷于路。然后乐学之道成，而得从乡先生席于众宾之后，听乡乐之歌，饮射壶之酒，以诗颂天子太平之功，而周览学舍，思咏李侯之遗爱，不亦美哉！故于其始成也，刻辞于石以立诸庑。

这种"记"用意并不在记叙而在颂美。这两篇里只各有一段记吉州学兴建的情形（定本三，初稿四），却还是颂美李宽的口气。其余各段不外颂美天子兴学和祝望吉州学的成功两层意思。两篇里都有议论学制的兴废（定本二，初稿二、三）和教学之法（定本四，初稿二）的话。论学制的兴废是颂美的根据，论教学之法是祝望的根据，都不是为议论而议论。欧阳修提倡古文，是当时的文坛盟主。他不能轻易下笔，他的文多是有为而作，文中常要阐明一些大道理。这篇记里的大道理便是："学校，王政之本也"（定本二）或"惟三代仁政之本，始于井田而成于学校"（初稿二）。惟其如此，天子兴学才值

白云山岳皆文章：大师的37堂写作课

得颂美，李宽建学也才值得颂美。惟其如此，才需注重教学之法，才祝望吉州学之道之成。这篇记显然是欧阳修应了李宽和州人士的请求而作的。题目虽小，他却能从大处下笔；虽然从大处下笔，却还是本乡人的口气。

初稿繁，定本简，是一望而知的。细加比较，定本似乎更得体些，也更扼要些。论教学之法的话，初稿里和论学制兴废的话混在一起（初稿二），意在表明"以不倦之意待迟久而成功者，三王之用心也"（初稿二）。一方面跟下文"惟幸吉之学，教者知学本于勤渐，迟久而不倦以治"（初稿五）一层意思相照应。定本却将这番话挪到后面，作为祝望吉州学之道之成的引子（定本四），只是泛论，不提到"三王之用心"一层。这篇记原该以当时的吉州学为主，定本的安排见出这番话虽是泛论，却专为当时的吉州学而说，这番话的分量便显得重些。从组织上看，脉络也分明些。

初稿论学制的兴废甚详（初稿二、三）。定本只落落几句（定本二）；就中"古者政治之盛衰，视其学之兴废"二语，概括了初稿里"惟三代仁政之本，……成于学校""而为国皆至六七百年而未已。此其效也"（初稿二），"三代学制甚详"（初稿三）诸语的意思。不但节省文字，并且不至于将"三代"说得过多，使人有轻重失宜之感。初稿"三代"三见（初稿二、三），"三王"一见。定本"三代"只一见（定本二）；"古者"其实也是三代，但变文泛指，语气便见得轻了。初稿"三代学制甚详"下接"而后世罕克以举，举或不知而本末不备。又欲于速，不待其成而怠。故学之道常废而仅存。惟天子明圣，深原三代致治之本，要在富而教之，故先之农桑，而继以学校，将以衣食饥寒之民而皆知孝兹礼让"。这一节里"又欲于速"二语以及末一语，和上下文（初稿二、五）是照应着的。但定稿只说："宋兴盖八十有四年而天下之学始克大立。岂非盛美之事须其久而后至于大备欤？"（定本二）对照起来，初稿便显得拖泥带水了。再说初稿虽是颂美仁宗的明圣，而宋代在前诸帝为什么不曾兴学，却没有提及。这固然不算语病。可是像定稿那样用不定的语气解释一下，就圆到得多，而且也更得立言之体似的。而所谓"须其久而后至于大备"也

朱自清

115

是照应着下文"须迟久之功"（定本四）那一语的。

天子的诏也是这篇记的主要节目。这是颂美天子的节目，两稿中都各见了三次（初稿一、三、五，定本一、二、四），成为全篇组织的纲领。只在第三次见时，两稿都作"毋废慢天子之诏"，别的便都不大相同；而第一段里异同更多。第二次见时，初稿作"是以诏书再下，吏民感悦，奔走执事者以后为羞"（初稿三），定本作"是以诏下之日，臣民喜幸，而奔走就事者以后为羞"（定本二）。前者"再下"，针对上文正月三月两回诏书（初稿一）说，是纪实。后者"诏下"，针对上文"诏书屡下"说，却专指立学的诏而言。"吏民"改为"臣民"，为的更得体些。加"而"字，为的是声调柔和些，姿态宛转些。下诏的经过初稿里是这样："明年正月，始诏州郡吏，以赏罚劝桑农。三月，又诏天下皆立学。"（初稿一）这也是纪实，却将两回诏书不分轻重。下文也是将劝农桑和立学校相提并论（初稿三）。定本里是："于是诏书屡下，劝农桑，责吏课，举贤才。其明年三月，遂诏天下皆立学，置学官之员。然后海隅徼塞，四方万里之外，莫不皆有学。呜呼！盛矣。"（定本一）这儿便侧重到立学一边来了。第一回的诏书说是"屡下"，可见不止一遍，又用排语分列三目，都比初稿清楚。接着道，"其明年三月，遂诏——"，这是大书特书；初稿只作"三月，又诏"（初稿一），语气便轻缓得多。

定本"诏天下皆立学"下加"置学官之员"一语。"置学官之员"原是立学所必有的程序，可以不说出；说出只是加重分量，吸引读者注意。接着又添上"然后海隅徼塞，四方万里之外，莫不皆有学"三语。这三语其实只是天下皆有学的意思。既已"诏天下皆立学"，自然会天下皆有学的；是信其必然，不是叙其已然。天下皆立产学，不会那么快——吉州学不是到十月才成吗？"然后"是说将来；"莫不"是加强语气，表示信心。这几句话不但见出欧阳修的意旨侧重在立学一边，并也增加颂美的力量，"呜呼！盛矣"一结可见。

可是，初稿确说庆历四年"正月，始诏州郡吏，以赏罚劝桑农"，定本只说"于是诏书屡下"。"于是"是很含混的，可暂可久。接着说"其明年三月，遂诏——"，"其明年"原只是"那第二年"的意思，这里虽不一定涵蕴那"诏书屡下"的事是在庆历三年，可是就文论文，读者大概会这样解释的。这就不免为文字的强调牺牲了事实的清楚，不免是语病。

两稿开端都有"天子开天章阁，召政事之臣八人——"一节话。这表示郑重其事，也是颂美的意思。初稿说："八人者皆震恐失措，俯伏顿首言：'此事大，非愚臣所能及，惟陛下幸诏臣等！'于是退而具述为条列。"颂美之中，还以纪实为主。定本改作："八人者皆震恐失位，俯伏顿首言：'此非愚臣所能及，惟陛下所欲为，则天下幸甚！'"将功德全归到皇帝一人身上，颂美更到家，也就更得臣子立言之体了。这里却并不牺牲事实。皇帝决不至于自己起草条例，那还是八个人的份儿；这是常理，原不消说得的。"此非愚臣所能及"，省去初稿里"事大"二字，将两语缩为一语，还是一样明白。"失措"换成"失位"，是根据上文来的。初稿上文作"赐之坐""使书于纸以对"，定本并为"使坐而书以对"，自然简洁得多。因为"使书于纸"，所以说"失措"；因为"使坐而书"，所以说"失位"。

这篇记意在颂美仁宗兴天下学，李宽兴吉州学。定本第三段初稿第四段记吉州学兴建的经过，是以颂美李宽为主。两稿末段里说到"以诗颂天子太平之功，而周览学舍，思咏李侯之遗爱，不亦美哉！"将天子之功和"李侯之遗爱"并提，正是全篇主旨所在。篇中叙吉州学，说李宽原有立学之意，"事方上请而诏已下"（定本三，初稿四略同）；不谋而合，相得益彰。这表示他能见其大。但初稿说："州即先夫子庙为学舍于城西而未备。今知州事李侯宽之至也，谋与州人迁而大之。"（初稿四）定本却说："州旧有夫子庙，在城之西北。今知州事李侯宽之至也，谋与州人迁而大之，以为学舍。"（定本三）"迁而大之"就是"变而大之"。照初稿，吉州人本已将夫子庙改为学舍，李宽来，才"与州人迁而大之"。照定本，就夫子庙建立学舍完全出于他的意思。在定本里，李宽的功绩自然更大。但初稿所叙的好像是事实。大

朱自清

117

约欧阳修因为要颂美李宽，便将事实稍稍歪曲了一下。好在这一层关系本不大；而欧阳修是本州人，不提本州人这一层微小的功绩而将它全归到李宽身上，也许还算是得体的。

篇中可并没有忽略州人士的合作。只看叙李宽作学，第一件便是"吉之士率其私钱一百五十万以助"（定本三，初稿四）。以下三层排语，连说"而人不以为劳""而人不以为多""而人不以为侈"，这"人"自然是吉州人。这些话主在颂美李宽，而州人士的助成其事，也就附见。篇中叙李宽，只就他作学说。可是他的一般治绩也并没有阙而不书；这就是"敏而有方"（定本三，初稿四），四个字是尽够的了。若不插这一句，读者也许会疑心到李宽只是作学一事可取；那样，在作者方面，就算不得体了。

欧阳修世家于吉而官于朝（定本四，初稿五）。在他的立场，颂扬天子称美李宽是立言之体的当然。从现代的我们看，也许觉得无聊，但在当时他却只有这样做才合式。他又是以道自任的古文家，对于兴学怀抱着一番大道理。天下兴学，固然可以实现他怀抱着的那一番大道理；吉州兴学，也可以实现他怀抱着的那一番大道理。他便借记吉州学的机缘将那一番大道理倾吐出来，作为他对本州的学的关切和希望。这就是篇末的一段儿（定本四，初稿五）。他盼望能够"乐学之道成"。所谓"学之道成"就是"谒于学门"以下几层意思。这些只是表示理想，不是表示信心；可是只要"后之人毋废慢天子之诏而殆以中止"（定本四，初稿五略同），那些理想也未尝不可以实现。那些理想大概本于《孟子·梁惠王》篇里的话。这一段里主要的是勉励的口气。定本篇末一语作"故于其始成也，刻辞于石而立诸其庑以俟"，"以俟"二字初稿里没有。加上这两个字，更见作者对于州学的迫切的关怀和希望。

描写"学之道成"一节，两稿都用排语；排语紧凑些，复沓^①的组织使

---

① 复沓：又叫复唱，语出《庄子·田子方》，是诗歌或散文常用的一种艺术表现手法。复沓通过句子和句子之间更换少数词语起到突出思想、强调感情、分清层次、加强节奏和提醒读者等作用。

力量集中。初稿里排语从"谒于学门"到"行其道途"共五层。定本删去"过其市""适其野"两层，插入"问于其俗"一层。细看"过其市"一层不免琐屑，不如插入的一层浑括而大方，"适其野"一层，似乎已涵蕴在后二层里。在句式上，定本的四层是"谒于学门""问于其俗""入于其里""行于其郊"，也比初稿更整齐，更合于排语的组织些。定本末段里还有"今州县之吏，不得久其职而躬亲于教化也，故李侯之绩及于学之立，而不及待其成"一节。那时州县之吏是三年一任，所以才有这几句话，这一节话是很重要的；不说出来下文的"李侯之遗爱"便有点突兀了。这也是定本胜于初稿的地方。

文学与语言

（选自《写作杂谈》开明书店 1945 年版）

关于这个问题，今天讲的只是常识方面的几句话，打算分作五项讲：

（一）口语与写作

大家都知道，口语在前，写作在后，就是说先有语言，后有文字。口语记录便成为文字。口语跟文字不过是两种工具，用来发表思想表示感情。这两种工具有许多不同的地方，文言跟口语固然差别很多，白话跟口语也不尽同，言文一致只是一种理想，因为口语跟文言、白话的规则有差别，我们有所谓文法句法，应当还有语法。拿口语来讲："他没有来偕？"这句话在文字上须写成"他还没有来？"又如"你吃饭过吗？"要写成"你吃过饭吗？"才通。

在写作上散文与诗的句法也不相同。譬如"竹喧归浣女"①，意思就是"竹喧浣女归"。有些人往往把诗看得很神秘，以为诗不合逻辑就越好，诗人的态度应该是蓄长发穿破皮鞋的。其实诗并无神秘，不过写法不同罢了。最近死去的陈之原②，他在张之洞③幕府里的时候，有一次伴着张之洞重九登高，作了一首七言律诗，第七句是"作健逢辰领元老"，张之洞看了很不高兴，他以为元老怎么会被人领呢？一被人领了便不元不老了。这句诗的本意就是"作健逢辰元老领"，张之洞也是个诗人，但是他把诗法与文法混在一块了。

---

① 出自唐代诗人王维的山水诗《山居秋暝》。

② 陈之原：应为陈散原，即陈三立（1853—1937），号散原，近代同光体诗派重要代表人物。

③ 张之洞（1837—1909）：晚清名臣，洋务派代表人物之一。作品有《劝学篇》《广雅堂集》《輶轩语》等。

其次说到口语，口语的好处，活泼、亲切、自然，说时有姿态、手势来帮助表情。如中国人的眨眨眼，摇摇头，洋人的耸耸肩膀，都表示一种感情。声调语气也有种种变化，有轻重快慢的不同。但说话只能对少数人，广播的说话可以对多数人，不过姿势表情没有了，又少修饰，很使人听得不耐烦。还是不能代替文字的写作。

写作的好处在条理清楚。它没有声调姿势的帮助，便利用条理。文字的简洁或增加，是经过一种选择的。这种选择便是修饰功夫。写作不但条理清楚，而且比说话经济。说五分钟话，写成文字，两分钟就看完了。

（二）白话与文言

白话与文言可说是两种语言。这两种语言的分别，弄清楚了有很多好处。一般人以为文言的阅读须经过脑筋翻译成白话才能明了。写文言文要把白话翻译成文言而后能写成文字。这是一种错误观念。这种观念大概是从学习外国语而来的。因为初学外国语时，须先经过一种翻译才能阅读和写作。其实写文言不必翻译正如精通外国文的人写作和阅读不需要翻译一样。英文学得不好的人，写作时要先打中文稿子，结果便写成中国英文了。拿白话翻成文言，也就不能成真正文言。

有人说文言的好处在简单，白话太繁。这也是不对的，两者都有繁简。博士买驴，写完三纸，不见驴字。这不是文言的繁吗？繁简只是写作艺术上的问题，不是文言和白话的分别。

就语汇和字汇来分别也不好，白话文中免不了有用文言字的。但就方式说，白话和文言就大不相同了。譬如说，"听父亲的话"听来很顺耳，说"接受父亲的意见"，在一般年纪老一些的人听来便不大舒服了。"五四"以后，青年人的地位渐渐增高了，说"接受父亲的意见"便不觉怎样不对。"接受父亲的意见"这方式文言中是没有的。生活的改变，语言方式有了新的增加。

朱自清

韩愈讲文气①，他说："气，水也；言，浮物也。水大而物之浮者大小毕浮，气之与言犹是也。"②这里所谓气，应该是新的语式，韩愈讲究文气，就是用新的语式加入文章。有人说韩愈复古，作古文，我以为他是革新，作新文体。明清的古文家，描写人的对话时，也极力想接近当时说话的口气。原因是当时的生活渐渐改变了，旧文体不能胜任，不得不有变化。最明显的改变是清末梁启超所倡的新文体。

"五四"提倡白话到现在，就文学说，刚立好基础。应用则已很广。至于公文等的应用，仍旧用文言。因为其中好多语式未改变，用文言写来比较方便。譬如：文言中的"尊著"，用白话写就是"你的著作"。这似乎太不客气。写作"你的大作"，便客气些，但就带着文言的味道了。再如"仁兄"这个称呼也不易改变。固然，直呼名字，在"五四"时认为前进；"你我"相称，可以表示亲热，若用于尊长，便见得太亲热了。也可说不大庄敬。

语言是有许多阶层的，正如社会有许多阶层一样。语汇和谈话方式各阶层自成一套。因为教育和环境的不同，所以对语言的了解力也不同。此是纵的方面。横的方面看，散文与诗有着差别，前面已经说过了，而骈文散文也不一样。例如："远迹曹爽，洁身懿师。"③这句子，依散文的观点来看，像是说阮籍追随着曹爽，其实这是远避的意思。因为骈文与散文在组织与文法上有很大的差别。

① 韩愈、柳宗元倡导"古文运动"，反对骈文。韩愈认为作者学习古文，必须学习古道，读书养气，培养儒家道德仁义的思想气质。只要作者具有浩然之气，文章就能写好。文章的思想内容决定表现形式，所谓"气盛则言宜"。
② 出自韩愈的《答李翊书》，这句话的意思是：文章的思想修养好比是水，语言修辞好比是浮在水面上的东西，如果水大的话，大大小小的浮物都能浮起，思想修养和语言修辞的关系也是如此。
③ 出自清代诗人陈沆（1785—1826）的《诗比兴笺》。

专就散文而论，桐城派①的古文与从前的《大公报》的社评也不同。后者可称为新文言或变质的文言，其中夹上许多的新名词，而没有声调之美。古文读起来是可以摇头摆尾的，但读《大公报》的社评，头摇不起来，尾也摇不出来。所以我们必须用不同的眼光去观察，把它们看成两种东西。

（三）文字与文学

说到文字与文学，最好先从语言上着眼，语言可分表情的与达意的两种。譬如，你在食堂门口碰见朋友，问他"吃饭了没有？"不吃饭怎么到食堂里来呢？又如问外面进来的朋友："有太阳没有？"太阳当然不会没有的。意思是说看没看见太阳。这些话都是没有什么意思的，不过表示一种对朋友的关心。目的不是达意而是表情。

文学大多是偏重在表示感情的，有人说文字使人知，文学使人感。有把文字的功用分为四种的。一表达意思，二表达感情，三表示口气，四表示目的。其实严格分别是不可能的。大概说来，文字要注重条理，文学更要注重具体描写。例如："五月榴花照眼明"②；"枯藤老树昏鸦，小桥流水人家，古道西风瘦马。夕阳西下，断肠人在天涯"。③都是凑合许多形象，如给人一幅画图一样。这是文学，不是文字。

诗是最文学的，所表示的感情特别强烈。有人以为诗与散文的不同，是在韵脚和节奏的有无，但骈文有节奏，赋有韵脚，这并不是诗。用诗意来分别也不好，散文中也有富于诗意的。就形式来分也很难，现在的分行的新诗有许多并不像诗。我看，比较保险的分法就是诗的表情比文更强烈一点。

---

① 桐城派：清代散文流派。以其代表人物戴名世、方苞、刘大櫆、姚鼐的籍贯桐城而得名。其文章多是宣传儒家思想，尤其是程朱理学；语言力求简明达意，条理清晰，"清真雅正"。代表作品有方苞的《狱中杂记》《左忠毅公逸事》，姚鼐的《登泰山记》等。

② 出自唐代文学家韩愈的《题榴花》。该诗表达了诗人怀才不遇的愤懑心情。

③ 出自元散曲作家马致远的《天净沙·秋思》。这首诗描绘了一幅凄凉动人的秋郊夕照图，并且准确地传达出旅人凄苦的心境。

朱自清

（四）比喻与文学

比喻在口语中我们常常用到它，但在文学中，比喻尤其重要。山头，山脚，都是比喻，用惯了便不觉得。这种比喻是死的，还有活的比喻，如"这个人的舌头像刀一样""眼睛像星一样""日本人的泥脚"等等。

比喻是文学的重要的一部分，它的来源有二：改变旧的，或创造新的。诗人与文人必须常常制造比喻，改造比喻。典故也是一种比喻。放着许多典不用也觉可惜。不过典应有新的用法，偏僻的典不可用。

（五）组织与排列

这可分三节讲：

1. 颠倒：为了文字的经济，有时要改变普通的组织排列。如韦应物的诗："独夜忆秦关，听钟未眠客。"[①] 意思上的次序是说一个孤独的旅人，夜里听着钟声，想念秦关而不能入眠。小说中也常有颠倒的写法，劈空而来，再转头说回去，这样更见得有力。

2. 重复与夸张：重复就是兜着圈子说，表示加重意思。如古诗："行行重行行，与君生别离。相去万馀里，各在天一涯。道路阻且长，会面安可知……"

再如："东边一棵杨柳树，西边一棵杨柳树。南边一棵杨柳树，北边一棵杨柳树。任他千万杨柳树，怎能挽得离情住？"说来说去，只是一个别离而已。

至于夸张，例子多不胜举。就说四川的山歌[②]罢："你的山歌没得我的多，我的山歌比牛毛多。唱了三年六个月，没有唱完一只牛耳朵。"

3. 声律与排比：声律是使文学美化的一个要素，旧诗中的音调都是很美的。新诗则利用节奏。

---

① 出自唐朝诗人韦应物的《夕次盱眙县》，这是一首写羁旅风波，泊岸停宿，客居不眠，顿生乡思的诗。

② 山歌：指人们在田野劳动或抒发情感时即兴演唱的歌曲。

排比在古文学中甚占地位，白话文也少不了它。胡适之先生的文章大家说好，他就是喜欢用排比的，例如："写字的要笔好，杀猪的要刀好。"

　　今天讲的只是个大概，至于证例，诸位在阅读时常可找到的。

朱自清

诗的语言

（在昆明西南联合大学师范学院讲演，姚殿芳、叶兢耕记录，
原载于 1942 年 11 月 22 日《国文月刊》）

（一）诗是语言

普通人多以为诗是特别的东西，诗人也是特别的人。于是总觉得诗是难懂的，对它采取干脆不理的态度，这实在是诗的一种损失。其实，诗不过是一种语言，精粹的语言。

1. 诗先是口语：最初诗是口头的，初民的歌谣即是诗，口语的歌谣，是远在记录的诗之先的，现在的歌谣还是诗。今举对唱的山歌为例："你的山歌没得我的山歌多。我的山歌几箩筐。箩筐底下几个洞，唱的没有漏的多。""你的山歌没得我的山歌多。我的山歌牛毛多。唱了三年三个月，还没唱完牛耳朵。"

两边对唱，此歇彼继，有挑战的意味，第一句多重复，这是诗；不过是较原始的形式。

2. 诗是语言的精粹：诗是比较精粹的语言，但并不是诗人的私语，而是一般人都可以了解的。如李白《静夜思》[①]：

> 床前明月光，疑是地上霜。
>
> 举头望明月，低头思故乡。

这四句诗很易懂。而且千年后仍能引起我们的共鸣。因为所写的是"人"

---

① 《静夜思》：唐代诗人李白的诗作。抒发了作者在寂静的月夜思念家乡的感受。

的情感，用的是公众的语言，而不是私人的私语。孩子们的话有时很有诗味，如：

院子里的树叶已经巴掌一样大了，爸爸什么时候回来呢？

这也见出诗的语言并非诗人的私语。

（二）诗与文的分界

1. 形式不足尽凭：从表面看，似乎诗要押韵，有一定形式。但这并不一定是诗的特色。散文中有时有诗。诗中有时也有散文。

前者如：

历览前贤国与家，成由勤俭破由奢。（李商隐①）

向你倨，你也不削一块肉；向你恭，你也不长一块肉。（傅斯年②）

后者如：

暮春三月，江南草长，杂花生树。群莺乱飞。（丘迟③）

我们最当敬重的是疯子，最当亲爱的是孩子，疯子是我们的老师，孩子是我们的朋友。我们带着孩子，跟着疯子走向光明去。（傅斯年）

颂美黑暗。讴歌黑暗。只有黑暗能将这一切都消灭调和于虚无混沌之中。没有了人，没有了我，更没有了世界。（冰心④）

上面举的例子，前两个，虽是诗，意境却是散文的。后三个虽是散文，意境却是诗的。又如歌诀，虽具有诗的形式，却不是诗，如：

平声平道莫低昂，上声高呼猛烈强，去声分明哀远道，入声短促急收藏。

---

① 李商隐（约813—858）：唐代著名诗人。代表作有《无题》系列、《瑶池》、《樊南甲集》、《樊南乙集》、《玉溪生诗》等。

② 傅斯年（1896—1950）：中国近现代历史学家、古典文学研究专家，主要著作有《东北史纲》《性命古训辨证》《古代中国与民族》《古代文学史》《傅孟真先生集》等。

③ 丘迟（464—508）：南朝文学家。代表作为《与陈伯之书》。

④ 冰心：原名谢婉莹（1900—1999），中国近现代诗人、作家、翻译家。代表作《寄小读者》《小桔灯》，诗集《繁星》，译作《飞鸟集》等。

朱自清

谚语虽押韵，也不是诗。如：

　　　　　　　病来一大片，病去一条线。

　　2. 题材不足限制：题材也不能为诗、文的分界。"五四"时代，曾有一回"丑的字句"的讨论。有人主张"洋楼""小火轮""革命""电报"……不能入诗；世界上的事物，有许多许多——无论是少数人的，或多数人所习闻的事物——是绝对不能入诗的。但他们并没有从正面指出哪些字句是可以入诗的，而且上面所举出的事物未尝不可入诗。如邵瑞彭[①]的词：

　　电掣灵蛇走，云开怪蜃沉，烛天星汉压潮音，十美灯船，摇荡大珠林。（《咏轮船》）

　　这能说不是"诗"吗？

　　3. 美无定论：如果说"美的东西是诗"，这句话本身就有语病；因为不仅是诗要美，文也要美。

　　大概诗与文并没有一定的界限，因时代而定。某一时代喜欢用诗来表现，某一时代却喜欢用文来表现。如，宋诗之多议论，因为宋代散文发达；这种发议论的诗也是诗。白话诗，最初是抒情的成分多，而抗战以后，则散文的成分多，但都是诗。现在的时代还是散文时代。

（三）诗缘情

　　诗是抒情的。诗与文的相对的分别，多与语言有关。诗的语言更经济，情感更丰富。达到这种目的的方法：

　　1. 暗示与理解：用暗示，可以用经济的字句，表示或传达出多数的意义来，也就是可以增加情感的强度。如辛稼轩的词：

　　将军百战身名裂，向河梁回头万里，故人长绝。易水萧萧西风冷，满座衣冠似雪。正壮士悲歌未彻[②]。

---

① 邵瑞彭（1887—1937）：曾任同盟会浙江支部秘书。代表作品《蝶恋花》。
② 节选自辛弃疾的《贺新郎·别茂嘉十二弟》，这是一首抒发了作者忧国深情的送别词。

这词是辛稼轩和他兄弟分别时作的，其中所引用的两个别离的故事之间没有桥梁；如果不懂得故事的意义，就不能把它们凑合起来，理解整个儿的意思，这里需要读者自己来搭桥梁，来理解它。又如朱熹的《观书有感》[①]：

半亩方塘一鉴开，天光云影共徘徊。

问渠那得清如许？为有源头活水来。

也完全是用暗示的方法，表示读书才能明理。

2. 比喻与组织：从上段可以看出，用比喻是最经济的办法，一个比喻可以表达好几层意思。但读诗时，往往会觉得比喻难懂，比喻又可分：

（1）人事的比喻：比较容易懂。

（2）历史的比喻（典故）：比较难懂。

新诗中用比喻的例子，如卞之琳《音尘》：

绿衣人熟稔的按门铃，

就按在住户的心上；

是游过黄海来的鱼？

是飞过西伯利亚来的雁？

"翻开地图看"这人说。

他指示我他所在的地方，

是那条虚线旁那个小黑点。

如果那是金黄的一点，

如果我的坐椅是泰山顶，

在月夜，我要猜你那儿，

准是一个孤独的火车站。

然而我正对着一本历史书，

---

① 《观书有感》：南宋理学家朱熹的一首说理诗。这首诗是描绘其"观书"的感受，借助生动的形象揭示深刻的哲理。

朱自清

西望夕阳里的咸阳古道，

我等到了一匹快马的蹄音。

在这首诗里，作者将那个小黑点形象化、具体化，用了"鱼"和"雁"的典故，又用了"泰山"和"火车站"作比喻，而"夕阳""古道"，来自李白《忆秦娥》①——"乐游原上清秋节，咸阳古道音尘绝；音尘绝，西风残照，汉家陵阙"，也是一种比喻，用古人的伤别的情感喻自己的情感。

诗中的比喻有许多是诗人自己创造出来的，他们从经验中找出一些新鲜而别致的东西来作比喻的。

如：陈散原先生的"乡县酱油应染梦"，"酱油"亦可创造比喻。可见只要有才，新警的比喻是俯拾即是的。

（四）组织

1.韵律：诗要讲究音节，旧诗词中更有人主张某种韵表示某种情感者，如周济《宋四家词选叙论》②：

阳声字多则沉顿，阴声字多则激昂，重阳间一阴，则柔而不靡，重阴间一阳，则高而不危。

东、真韵宽平，支、先韵细腻，鱼、歌韵缠绵，萧、尤韵感慨，各具声响。

2.句式的复沓与倒置：因为诗是发抒情感的，而情感多是重复迂回的，如《古诗十九首》③：

行行重行行，与君生别离。

相去万馀里，各在天一涯。

---

① 《忆秦娥》：相传为唐代诗人李白的词，这首词描绘了一个女子思念爱人的痛苦心情。
② 《宋四家词选叙论》：即《宋四家词选目录序论》，清朝周济著。周济（1781—1839），清代词人及词论家。
③ 《古诗十九首》：南朝萧统筛选了汉朝无名文人创作的十九首古诗，编入《昭明文选》，人们称之为《古诗十九首》。《古诗十九首》被刘勰称为"五言之冠冕"。

道路阻且长，会面按可知。

············

这几句都表示同一意思——相隔之远——可算一种复沓。句式的复沓又可分字重与意重。前者较简单，后者较复杂。歌谣与故事亦常用复沓，因为复沓可以加强情调，且易于记诵。如李商隐诗：

君问归期未有期，巴山夜雨涨秋池；

何当共剪西窗烛，却话巴山夜雨时。①

这也是复沓，但比较的曲折了。

新诗如杜运燮②的《滇缅公路》：

⋯⋯路永远使我们兴奋，

都来歌唱呵，

这是重要的日子，

幸福就在手头。

看它，

风一样有力，

航行绿色的田野，

蛇一样轻灵，

从茂密的草木间盘上高山的背脊，

飘在云流中，

而又鹰一般敏捷，

画几个优美的圆弧，

降落下箕形的溪谷，

① 诗名为《夜雨寄北》，是晚唐诗人李商隐的一首抒情七言绝句。这首诗寓情于景，情景交融，虚实相生，用质朴无华的语言表达了对妻子（友人）的一片深情。

② 杜运燮（1918—2002）：现代诗人，著有诗集《诗四十首》《晚稻集》《南音集》《你是我爱的第一个》《九叶集》，散文集《热带风光》等。

朱自清

倾听村落里安息前欢愉的匆促，轻烟的朦胧中，

溢着亲密的呼唤，

人性的温暖。

有时更懒散，

沿着水流缓缓走向城市，

而就在粗糙的寒夜里，

荒冷而空洞，

也一样负着全民族的食粮，

载重车的黄眼满山搜索，

搜索着跑向人民的渴望；

沉重的橡皮轮不绝的滚动着，人民兴奋的脉搏，

像一块石子一样，

觉得为胜利尽忠而骄傲；

微笑了，在满足向微笑着的星月下面，

微笑了，在豪华的凯旋日子的好梦里……

一方面用比喻使许多事物形象化、具体化；一方面写全民族的情感，仍不离诗的复沓的原则：复沓地写民族抗战的胜利。

句式之倒置：在引起注意。如：

竹喧归浣女。①

3.分行：分行则句子的结构可以紧凑一点，可以集中读者的边际注意。诗的用字须经济。如王维的：

大漠孤烟直，长河落日圆。②

十字，是一幅好画，但比画表现得多，因为这两句诗中的"直""圆"

---

① 出自唐代诗人王维的山水诗《山居秋暝》，这首诗于诗情画意中寄托了诗人的高洁情怀和对理想的追求。

② 出自唐代诗人王维的边塞诗《使至塞上》，这首诗记述了诗人出使塞上的旅程以及所见的塞外风光。

是动的过程，画是无法表现的。

（五）传达与了解

1.传达是不完全的：诗虽不如一般人所说的难懂，但表达时，不是完全的。如比喻，或用典时往往不能将意思或情感全传达出来。

2.了解也是不完全的：因为读者读诗时的心情，和周遭的情景，对读者对诗的了解都有影响。往往因心情或情景的不同，了解也不同。

诗究竟是不是如一般人所说的带有神秘性，有无限可能的解释呢？这是很不容易回答的。但有一点可以说：我们不能离开字句及全诗的连贯去解释诗。

朱自清

133

文病类例 ①

（原载于 1940 年 6 月、12 月《国文月刊》第 1 期、第 4 期）

　　在中学和大学里连续担任了多年国文作文课程，养成了自己对于语言文字的特殊兴趣——也许是一种咬文嚼字的癖。从二十二年起，并摘抄学生作文；大部分是句子，也有些成段的，也有些是全篇或各段的大意。句和段是原文，各段大意却是我参照原文编的。这里大都是些文病。我觉得现在一般青年朋友对于作文——特别是文字的技术方面——犯了一个共同的错儿，就是那"不好不要紧"的态度。任何爱好的青年朋友，只要肯想一想，就会知道这个态度是要不得的。我现在将历年所抄的材料整理出来，分类选例，加以说明。希望我们的青年朋友看了这些，也许多少可以改变那要不得的态度。若是更能够让他们参考了这些，举一反三，在文字技术上得到一点进步，那却是望外了。所有的例子都是从大学一年级学生的作文里摘出来的；这里只选白话文的例子，我觉得现在的青年朋友只要能写通白话文就够用了。

词汇

　　一般学生的通病是词汇太窄狭，在那窄狭的词汇里，又有许多词的意义不曾弄明白，写作起来，自然教人看不顺眼。国文教学不重记忆不重练习的流弊，在这里最容易见出。

　　（1）（我）降生民国初年。

　　（2）晨曦，千余学生从住在不同的地方像潮涌一般向昆明大西门外

---

① 本文为作者未完稿。——编者

的云南省立农业学校来受课。

（3）淅历（沥）的折纸的各种声音响了。

这里只讨论词汇，别的毛病——假如有的话——暂且不谈。我们说"孔子降生""耶稣降生"，"降"有"（从）天（而）降"的意思。孔子、耶稣都是伟大人物，所以说是"从天而降"，所以用得上"降生"这个词。但"降生"并不限于伟大人物，对于稍有身份的人，也可以用；那却只是客气的字眼，没有特别崇敬的意味。说到自己，显然不能用；说到自己，只能说"我生在民国初年"，"我出生在民国初生"，或"我诞生在民国初年"。"出生"是个新词，但现在已经用得很熟了。"曦"是日色，是个名词。"晨曦"不成语，必得加"初上"一类助语才成；但那是文言，这儿不如说"早晨太阳刚出来的时候"。作者似乎是将"曦"字用成动词，似乎是将"晨曦"当作陶渊明《归去来兮辞》里的"晨光熹微"了。"淅沥"是形容小雨声和霰声的。作者许是不清楚这个词的意义，以为只是形容细碎的声音的；也许找不到适当的形容词，便将就着用它。其实"窸窣"两个字是可以用的。以上三例，概括的看，都可以说是不明词义的病。

（4）私塾中也有按时放假的习俗。

（5）牺牲了自己，损失了国家。

（6）大西门外的老乞丐，在紧缩苦叫。

（7）借着买东西来换散一下迟木的心情。

（8）我也要洒别我的教师和同学们。

"习俗"该是"习惯"，"损失"该是"损害"，"紧缩苦叫"该是"蜷缩着苦叫"。这是混用意义相近而不同的词；但"蜷缩"这个词，（6）的作者的词汇里也许压根儿就没有。"换散"大约是"涣散"，写别了，也用错了；该是"变换"或"舒散"两个词之一。但作者未必知道"舒散"这个词。这是混用声同义异或字同义异的词。"洒别"是"洒泪告别"这一仿语的缩短，这儿也许只是"告别"的意思。"握手作别"可以缩短成"握别"，"洒别"

朱自清

135

却不成语;若再用这"洒别"作"告别",那是将普通情形和特殊情形混为一谈,自然不妥而又不妥了。这些可以说是混淆词义的病。

（9）哭是情感的表现，在未表现之前是情感，既表现之后就是哭。

（10）迫得我脑袋产生了一种恼人的东西。

（11）现在天气已经是很和暖了，可是居然还会落这样大的雪，所以大家心里都有各不相同的心理。

"情感"的表现不必就是哭，"情感"太泛，该是"悲戚"。"恼人的东西"不明白，大约是"烦恼""恼恨"一类的意思。这句式根本不成，只消说"不由得我不烦恼（或恼恨）"就好。"各不相同的"也不明白，大约只是"惊疑"的意思。这句式也不成，只消说"大家心里都有些奇怪"就好。这些可以说是词义笼统的病。

（12）提起你麻木的脚步。

（13）忿怒的脚，将它踏得稀烂。

（14）沿街罗列小贩的叫喊声。

（15）我们知道一个身体不健全的人，极易受流行时疫的感冒。

（16）平常听见我说话，是很少见的。

（17）我虽然是工学院，但是是一年级。

"脚"可以是"麻木的"，但"脚步"不能;也许该说"滞重的脚步"。"脚"却不能是"忿怒的";（13）也许只能说"忿怒的用脚将它踏得稀烂"。"小贩"可以"罗列"，"叫喊声"不能;（14）可以换上"充满"两个字，或者"沿街罗列"下加"的"字。（12）和（14）是将形容有形物的词移用到无形物上;（13）是将形容有意志的人的词移用到他的无意志的脚上。"感冒"是自己"感冒"风寒，不是风寒"感冒"自己，"受感冒"不成语，这是将主动的词移用到被动语气里。但（15）即使改成为主动语气，"感冒"还是用不上;该说"感染"或"传染"才成。可是改成这两个词，句子的语气倒又没关系了。（16）说"平常很少见我说话"或"平常听见我说话，是很少的"，都成;

就是不能说"少见""听见我说话"。这是将表示视觉的词移用到听觉上。（17）"一年级"是学生的集体名词，可以用来指个体；"工学院"只是普通名词，不能用来指个体的学生。这儿得加上"学生"两个字。但在说话里，"工学院"一类普通名词有时确可用作集体名词，指称个体的人。言文不能一致，这是一例。若是对话的记录，这句子是成立的。但当作白话文，这便是将普通名词移用为集体名词。这和上面各例都可以说是迁移词义的病。

（18）墨水的沉淀和铜锈早已经笼罩了笔尖上的外国文。

（19）深深的寒意笼罩了整个的宇宙。

（18）"笼罩"其实只是"遮没""掩没"；说"笼罩"便有点儿夸张似的。（19）"宇宙"也是大而无当，其实只消"整个的城市"好了。这些可以说是词义浮夸的病。

（20）我们自备汽车的速度由缓而停了。

（21）他把两手托在桌上。

"由缓而停"还是直接叙述汽车的好；"的速度"三个字可以省去。说速度"缓"，口头常有，不过用的是"慢"字；说"停"，却不大听见。速度可"大"可"小"，可"加"可"减"，可"有"可"没有"；说它"缓"和"停"却都嫌不确切。它是抽象的观念，没有活动，无所谓"停"。"快""慢（缓）"虽然用得上去，但不如"大""小"确切。再有，说速度"缓"，字面上也不免矛盾；固然有些译名都免不了这种矛盾，如一个人的健康可以"好"，又可以"不好"之类，但能够避总是避掉的好。（21）"托"字不够清楚，可以说"他把两肘靠在桌上"，或改变句式说，"他托着两手，靠在桌上"。这些可以说是词义含糊的病。

（22）始终合不下眼。

这该是"合不上眼"。我们总说"合上"，如"合上书"，不说"合下"。"上""下"这类词有它们的用例。如"关上门""搁下""丢下他一个人""放不下心"，"上""下"都不能互易。这不是没有理由的。"合上眼"是将上眼

朱自清

137

皮合在下眼皮上；"合上书"是将这一半儿合在那一半儿上；"关上门"是在门上加上些东西——如门闩等。"搁下""丢下""放下"的"下"，都表示将事物安排在不消注意或不必注意的地方。忽略了这种习惯用法，可以说是不明词例的病。

（23）我应把它（笔）训练成一条不阿谀，不保守，不危难，而据（具）有百折不挠视死如归的一条战士。

（24）每一条友谊全是平平匀匀的。

（25）在一个风的怒号之下。

（26）黄莺儿有一张歌喉宛转的嘴。

"一条战士"从"一条好汉"变出，原也可用，但现在说"一个战士""一位战士"，觉得更郑重些；"一条好汉"虽然含着多少尊敬，可也夹带着一份儿轻蔑——"好汉"像脱不了跑马卖解一类流浪人的味儿。"友谊"却不能论"条"数，这不是具体的事物。（24）也许可以说"各方面的友谊全是平平淡淡"。（25）"风"不能论"个"，"怒号"也不能，这都是不能数的。说"一阵"就成了。（26）"一张嘴"不错，但"一张"紧接着"歌喉宛转的"，有些人会将"一张歌喉"连读；不但截断文义，"歌喉"也只说"一副""一串"，不说"一张"的。改为"歌声"，便不致误会了。这些可以说是滥用量词的病。

以上都是从词义着眼。

（27）几个月的积闷愁绪。

（28）英（国）兵身壮体伟。

（29）杂乱沉重的雨点。

（30）一个精邃多疑的青年。

（31）一颗玲俐（珑）无瑕的珠子。

这五例里，都将两个同类的词或短语（前文称为"仂语"）联用，中间不加连词。这是文言的影响，也是成语的影响。文言中四个字的成语确实很多，如"匣剑帷灯""天经地义""灯红酒绿""纸醉金迷""缠绵悱恻""悲壮苍凉""荒唐谬悠"等等。白话里也有这些个。如"头晕眼花""手忙脚乱""大呼大叫""乌烟瘴气""一五一十""气急败坏"等等。这里所引的成语都由两个短语和词联合而成，这些短语或词大都是同类的。这个暗示着一种普遍的语言格式；学生们造句，受着这种语式的影响，也是自然的。

  但这种语式上下两部分往往是对偶的，或者利用双声叠韵的字音（如"缠绵""荒唐""谬悠""败坏"）才能够使四字联成一语。不然，两部分间便得加上连词"与"字或"而"字。（27）的"愁绪"，若改为"闲愁"，和"积闷"对偶，便可联为一气，不像现在跛脚的样子；虽然文言的气味重些。若还留着"愁绪"，就得加连词；有人也许借用文言的"与"字，但是加上"和""同""跟"等词，更是白话些。"和"是北平话，是国语，用的最多。"跟"似乎是所谓官话区域的词，"同"似乎原是吴语区域的词；可是现在都通用。这几个连词，大概用在名词短语的中间。

  （28）若说是文言的句子也成，不过这一句是写在白话文里。"身壮体伟"虽然也是对偶，和"灯红酒绿"的构造差不多，可是"身""体"两个词用得不合适。古文里"身"这个词多半指"自己"，有时候指具体的"躯干"；我们所谓"身体"，似乎是应用的文言，古文只说"体"或"体气"。固然，"体"有时也指身躯的部分，如"四体""五体"；但不指躯干，只指部分。"身壮体伟"这一语，若是仿应用的文言作白话文句，可以说"身躯壮伟"；若是干脆用白话，只消说"英国兵个儿大"，就成。可是，如果一定要创造新语，将"身体"一词分开，作成"身壮""体伟"两个意义相似的短语，那也未尝不可容许；但这两个短语之间，得加上连词"而"字。加上"而"字，那联合的短语就见得是新联合起来的；不至于自己矛盾，像成语又不像成语。

  （29）"杂乱""沉重"也可以说是对偶，但是既然和白话的助词"的"字联起，变成一个形容性短语"杂乱沉重的"，似乎不宜再套文言的格式。这儿"杂乱"下得加上"而"字，也可以加"的"字。（30）"精邃"大约是"精细"，和"多疑"并不对偶；中间更得加"而"字或"的"字。（31）"玲珑无瑕"，

朱自清

139

似乎套用"洁白无瑕"那成语的格式。但在那成语中,"无瑕"似乎是表示"洁白"的程度;上下两部分贯穿成一语。"玲珑"和"无瑕"却是两回事,跟(30)同例,也得加"而"字或"的"字。

"而"字用在形容性的短语和句子样式的短语(如"身壮""体伟")之间,跟"和"字的效用不一样。"和"表示"并列"的关系;"而"表示"增加"的关系,有"又"的意思。"而"字还表示"转折"的关系,有"却"的意思,像(30)"精细而多疑的"便是。有些人表示这三种关系,都用"和"一个词;"和"字的任务太多,倒教人弄不清楚。"而"字虽是文言,我们口头上早就不时的用它;现在有意的取来作白话连词,在势也是很顺的。(29)"杂乱"下,(30)"精细"下若加上"的"字,语味又是不同。在每一句里,都是一个联合的形容性短语变成了两个独立的却叠用的形容词。这两个形容词之间的关系,只暗示在词义里。这样,分别指明两种属性,形式上虽然更清楚些,可是那"关系"往往容易被忽略过去。在这两例里,关系似乎比属性还要重点儿,我想还是加上"而"字强些。以上三例,概括的看,可以说是省略连词的病。

(32)可是现在它(凤翥街)变成了一条,繁华,操(嘈)杂,学生,文化交流的地方。

(33)我们都应当想到一般平民的食品饮料和他们的安眠处都是怎样的情形。

(34)还受到一般社会人士们的批评认为这富有爱国精神而无畏的学生运动简直是胡闹。

(35)我们现在所需要的是个清洁与滋养丰富的食堂。

(36)中年人则是保守的,镇定的,妥协的,强于理智的,自私的。

(32)"繁华""嘈杂"是形容词,"学生""文化"是名词,一是具体的,一是抽象的。从词义和词性上看,这些并列在一起,真是不伦不类;这些又怎样能够"交流"呢?这句话也许可以说:"可是现在它变成了一条繁华而嘈杂的学生街和文化街"。(33)只消说"一般平民的食品、饮料和住屋"就

白云山岳皆文章:大师的37堂写作课

140

好。按作者原意，并列的三项是平等的；第三项特别加上"他们的"一词，虽然只是来点儿花样，可是会教人误认作者是所侧重，倒不如整齐的好。（34）全句整扭。"富有爱国精神"和"无畏"都是句子样式的形容语，长短却相差很多。照我们诵读的节奏，长的放在短的后面顺口些。"无畏"其实只是"勇敢"的意思；我们可以说"这勇敢而富有爱国精神的学生运动"。但这里重在属性，怕还该叠用"的"字；不该说"勇敢而"，却该说"勇敢的"。（35）"与"字不如"而"字。但食品可以"滋养丰富"，"食堂"不能。"我们需要的是一个清洁而能供给滋养料的食堂"。（36）并列的各项属性，不免有点儿杂乱。删去"镇定的"，将"强于理智的"排在最后，条理也许清楚些。那样，"保守的"到"自私的"便是递升的并列式；"强于理智的"虽还不免畸零，但比同列的别的词和短语都长，让它独自挂脚，也可勉强过去。综括以上五例，可以说是词序不整的病。

以上都是从词的并列着眼。

（37）我同世（人名）舍了这里，踱上一条小径。

（38）过一会妹妹要吃糖，我斥道："这是给爹预备的。"

（39）读书最宜于春日，盖春日的天气，不冷不热，比较平日要长些。

（40）至于我们开膳的办法。

（41）菜不够吃，而且饭亦时告中断。

（42）我在下午温习功课告一段落的时候，乘兴兀自到翠湖公园闲逛。

（43）哈哈！不要闲磕牙了。

（37）"舍"，（38）"斥"，（39）"盖"，都是文言里的词，现在白话文没有这么用的。看上去文绉绉、酸溜溜，和上下文不能打成一片，有些碍眼。"舍了"换成"离开"，"斥"换成"喝"，"盖"换成"因为"，就行了。（41）"时告中断"，也是文言的短语，情形相同；可以说"饭也有时太少"，或"饭也有时来不及"。（40）"开膳"，是白话"开饭"和文言"膳食"的混合短语，显得不自然，不如直说"开饭"痛快得多。（42）"兀自"，（43）"闲磕牙"，

朱自清

141

都是元曲里的方言。"兀自"似乎是"还是""老是"的意思。（42）的作者却当作"独自"；不如便说"独自"好了。"闲磕牙"似乎是"闲撩"（"撩"又写作"聊"）的意思。（43）的作者却当作"瞎说"；不如就用"瞎说"好了。这种古白话，即使用得意思不错，也不合适，和掺用文言词语一样情形。这些是夹杂古语的病。

（44）又以国家衰弱，及自己无力抵御欺（外）侮，空（平）白生出许多奇异幻想。

（45）这以中年人说，他们是无进取的勇气。

（46）以我们平凡的眼光看来，并没有什么特别的地方。

（47）给我们以美感。

（48）北平有许多值得人们回忆的特点，而以风给予人的印象最深。

（49）一个在以强力侵略为能事的帝国主义的压制下的弱国。

（50）青年人的处世接物是忠实的，坦白的，中年人的处世接物则以圆滑为原则。

"以"和"则"都是文言的连词，白话文用的却非常多；好像就没有别的相当的词语，非用这两个词不可的样子。其实也不尽然。这里（44）的"以"字，可改说"因为"，（45）可以说"就"，（46）可以说"拿"或"照"，（47）和（48）都可以删掉"以"字。（49）按句义看，"以强力侵略为能事的"一语尽可删去；"以……为能事"这个熟语，白话文也用不着，但"以……为……"这句式用处很多，白话文里却没有相当的。如"本会以联络感情、交换知识为宗旨"原算文言，白话可也得这么说。若改成"本会的宗旨是联络感情、交换知识"，固然也明白，可就不够分量似的。（50）"以圆滑为原则"，若改成"是圆滑的"，分量也不同。但这例里的"则"字，尽可以改"却"字。白话文的"则"字，似乎都可以换成"却"字，或"就"字，或"那么"，那个短语，并没有困难，作白话文的爱多用"以"和"则"这两个连词，只是懒。这可以说是因袭文言的病。

以上都是从沿用文言着眼。

（51）他要训练大众，产造一个蓬勃的社会。

（52）兴盛多闹的街啊！

（53）一个丑貌的胖老妇。

（54）七嫂子越长越丰肥了。

（55）（风）一时从后面吹来，使你向前蹲上好几步。

（56）因为我口才的不好，说话总被人认为趣材。

（57）操着那急速而带有些气愤的步伐。

（51）"产造"，其实是"产生"或"创造"，（52）"多闹"，只是"热闹"。（53）"丑貌的"，其实是"丑的"或"丑陋的"；这句话也可以说，"丑而胖的老妇"。（54）"丰肥"，只是"胖"。（55）"蹲"，其实是"冲"（去声）。（56）"趣材"，其实是"打趣的材料"。（51）到（54）的作者，似乎都在有意避熟就生，创造新语。避熟和创新是好的；语言的生长，这是主要的力量。但得有必要才成。时代改变了，环境改变了，有些旧语不确切了，不适宜了，不够表现了，避熟创新是必要的。我们的时代显然是有这个必要的时代。但是像"产生""创造""热闹""丑""丑陋""胖"这些词，都还活泼泼的，用不着替身；这几例里所换的新词，反倒见得不亲切。其中"丑貌的"一语，更是文言白语的生凑。（55）的作者，也许不知道"冲"（去声）这个词，（56）的作者也许不知道"打趣"这个短语，他们觉得有必要创造新语。但按一般的标准看，这些并不是必要的。（57）"操"，在文言里原有"使用"的意思，如"操舟"之类；引申为"操练"，就是"练习"。我们说"体操""军操"，正用的这个意思。（57）是描写学生在阅览室里找不着空位子跑出去的情形。说"用着那急速而带有些气愤的步伐"，固然太松泛；说"走着那急速而带有气愤的步伐"，也还见不出那神气。只有"操着"，教我们联想到"体操"和"军操"，才能领会到那股劲儿。只在这种情势之下，避熟创新才是必要的。至于上面几例，都可以说是滥增新语的病。

朱自清

（58）散步可以说是我日常的功课，无论怎样忙，在饭后也要为它牺牲半个钟头。……它在富兰克林和爱迪生的养身秘诀（里）也占有很重要的地位。它不独在理论上是合法，而且实用起来，也的确够味。

（59）它们（指道德和体格的修养）是需相当长久的时间。

（60）和着恐怖奔腾澎湃呼呼的风声。

他称代词的"她""它"（同"牠"），都是适应翻译的需要而新造的词。白话文受翻译文体的影响极大，也便通用了这两个词。但在我们口里，女性的他称本来也说"他"，现在只是在写下来时换了偏旁，改变很小，所以"她"字到处好用。"它"便不一样。我们口语里向来大都只说"这""那""这东西""那东西""这件事""那件事""这些""那些"，唯有在"管他呢！""听他去好了！"一类句子里，"他"有时是指一件事，一种情形，似乎相当于"它"字。但都是轻读，没有重读的，和"它"字毕竟不同。现在的白话文，渐渐接受了"它"这个词。可是只在用作单数来指有形和无形的"物体"时，看着顺眼；若用着复数，或用来指事件、情形、抽象观念，就似乎太生硬、太拗了母舌①了。原来"它"和"他""她"读音相同，跟西文三词异音的不一样；有点限制，也是当然的。（58）的"它"若改为"这件事"，（59）的"它们"若改为"这些"或"这件事"，便不致像现在这样的别扭了。（60）"和着"，照原作上看，并不是"应和"的意思，而是连词。那么，只是说"和"就够了。作者用"和着"，是想教"和"字带动词性，造一个新语。但尽可说"夹着"或别的，用不着这么办。这些可以说是强变词例的病。

以上都是从创用新词着眼。

---

① 母舌：谓本民族的语言。

鲁迅

　　鲁迅（1881—1936），原名周樟寿，后改名周树人，浙江绍兴人。著名文学家、思想家、新文化运动的重要参与者，中国现代文学的奠基人之一。代表作品《呐喊》《彷徨》《朝花夕拾》《野草》《华盖集》《中国小说史略》等。

作文秘诀

（原载于 1933 年 12 月 25 日《申报月刊》第 2 卷第 12 号）

现在竟还有人写信来问我作文的秘诀。

我们常常听到：拳师教徒弟是留一手的，怕他学全了就要打死自己，好让他称雄。在实际上，这样的事情也并非全没有，逢蒙杀羿就是一个前例。逢蒙远了，而这种古气是没有消尽的，还加上了后来的"状元瘾"，科举虽然久废，至今总还要争"唯一"，争"最先"。遇到有"状元瘾"的人们，做教师就危险，拳棒教完，往往免不了被打倒，而这位新拳师来教徒弟时，却以他的先生和自己为前车之鉴，就一定留一手，甚而至于三四手，于是拳术也就"一代不如一代"了。

还有，做医生的有秘方，做厨子的有秘法，开点心铺子的有秘传，为了保全自家的衣食，听说这还只授儿妇，不教女儿，以免流传到别人家里去，"秘"是中国非常普遍的东西，连关于国家大事的会议，也总是"内容非常秘密"，大家不知道。但是，作文却好像偏偏并无秘诀，假使有，每个作家一定是传给子孙的了，然而祖传的作家很少见。自然，作家的孩子们，从小看惯书籍纸笔，眼格也许比较的可以大一点罢，不过不见得就会做。目下的刊物上，虽然常见什么"父子作家""夫妇作家"的名称，仿佛真能从遗嘱或情书中，密授一些什么秘诀一样，其实乃是肉麻当有趣，妄将做官的关系，用到作文上去了。

那么，作文真就毫无秘诀么？却也并不。我曾经讲过几句做古文的秘诀，是要通篇都有来历，而非古人的成文；也就是通篇是自己做的，而又全非自己所做，个人其实并没有说什么；也就是"事出有因"，而又"查无实据"。到这样，便"庶几乎免于大过也矣"了。简而言之，实不过要做得"今天天气，哈哈哈……"而已。

这是说内容。至于修辞，也有一点秘诀：一要蒙胧，二要难懂。那方法，是：缩短句子，多用难字。譬如罢，作文论秦朝事，写一句"秦始皇乃始烧书"，是不算好文章的，必须翻译一下，使它不容易一目了然才好。这时就用得着《尔雅》《文选》了，其实是只要不给别人知道，查查《康熙字典》也不妨的。动手来改，成为"始皇始焚书"，就有些"古"起来，到得改成"政俶燔典"，那就简直有了班马气，虽然跟着也令人不大看得懂。但是这样的做成一篇以至一部，是可以被称为"学者"的，我想了半天，只做得一句，所以只配在杂志上投稿。

我们的古之文学大师，就常常玩着这一手。班固先生的"紫色䵷声，余分闰位"，就将四句长句，缩成八字的；扬雄先生的"蠢迪检柙"，就将"动由规矩"这四个平常字，翻成难字的。《绿野仙踪》记塾师咏"花"，有句云："媳钗俏矣儿书废，哥罐闻焉嫂棒伤。"自说意思，是儿妇折花为钗，虽然俏丽，但恐儿子因而废读；下联较费解，是他的哥哥折了花来，没有花瓶，就插在瓦罐里，以嗅花香，他嫂嫂为防微杜渐起见，竟用棒子连花和罐一起打坏了。这算是对于冬烘先生的嘲笑。然而他的作法，其实是和扬班并无不合的，错只在他不用古典而用新典。这一个所谓"错"，就使《文选》之类在遗老遗少们的心眼里保住了威灵。

做得蒙胧，这便是所谓"好"么？答曰：也不尽然，其实是不过掩了丑。但是，"知耻近乎勇"，掩了丑，也就仿佛近乎好了。摩登女郎披下头发，中年妇人罩上面纱，就都是蒙胧术。人类学家解释衣服的起源有三说：一说是因为男女知道了性的羞耻心，用这来遮羞；一说却以为倒是用这来刺激；还有一种是说因为老弱男女，身体衰瘦，露着不好看，盖上一些东西，借此掩

鲁迅

147

掩丑的。从修辞学的立场上看起来，我赞成后一说。现在还常有骈四俪六，典丽堂皇的祭文，挽联，宣言，通电，我们倘去查字典，翻类书，剥去它外面的装饰，翻译成白话文，试看那剩下的是怎样的东西呵！？

不懂当然也好的。好在哪里呢？即好在"不懂"中。但所虑的是好到令人不能说好丑，所以还不如做得它"难懂"：有一点懂，而下一番苦功之后，所懂的也比较的多起来。我们是向来很有崇拜"难"的脾气的，每餐吃三碗饭，谁也不以为奇，有人每餐要吃十八碗，就郑重其事的写在笔记上；用手穿针没人看，用脚穿针就可以搭帐篷卖钱；一幅画片，平淡无奇，装在匣子里，挖一个洞，化为西洋镜，人们就张着嘴热心的要看了。况且同是一事，费了苦功而达到的，也比并不费力而达到的可贵。譬如到什么庙里去烧香罢，到山上的，比到平地上的可贵；三步一拜才到庙里的庙，和坐了轿子一径抬到的庙，即使同是这庙，在到达者的心里的可贵的程度是大有高下的。作文之贵乎难懂，就是要使读者三步一拜，这才能够达到一点目的的妙法。

写到这里，成了所讲的不但只是做古文的秘诀，而且是做骗人的古文的秘诀了。但我想，做白话文也没有什么大两样，因为它也可以夹些僻字，加上蒙胧或难懂，来施展那变戏法的障眼的手巾的。倘要反一调，就是"白描"。

"白描"却并没有秘诀。如果要说有，也不过是和障眼法反一调：有真意，去粉饰，少做作，勿卖弄而已。

十一月十日

做文章

（原载于 1934 年 7 月 24 日《申报·自由谈》）

沈括的《梦溪笔谈》里，有云："往岁士人，多尚对偶为文，穆修张景辈始为平文。当时谓之'古文'。穆张尝同造朝，待旦于东华门外，方论文次，适见有奔马，践死一犬，二人各记其事以较工拙。穆修曰：'马逸，有黄犬，遇蹄而毙。'张景曰：'有犬，死奔马之下。'时文体新变，二人之语皆拙涩，当时已谓之工，传之至今。"

骈文后起，唐虞三代是不骈的，称"平文"为"古文"便是这意思。由此推开去，如果古者言文真是不分，则称"白话文"为"古文"，似乎也无所不可，但和林语堂先生的指为"白话的文言"的意思又不同。两人的大作，不但拙涩，主旨先就不一，穆说的是马踏死了犬，张说的是犬给马踏死了，究竟是着重在马，还是在犬呢？ 较明白稳当的还是沈括的毫不经意的文章："有奔马，践死一犬。"

因为要推倒旧东西，就要着力，太着力，就要"做"，太"做"，便不但"生涩"，有时简直是"格格不吐"了，比早经古人"做"得圆熟了的旧东西还要坏。而字数论旨，都有些限制的"花边文学"之类，尤其容易生这生涩病。

太做不行，但不做，却又不行。用一段大树和四枝小树做一只凳，在现在，未免太毛糙，总得刨光它一下才好。但如全体雕花，中间挖空，却又做不来，也不成其为凳子了。高尔基说，大众语是毛坯，加了工的是文学。我想，这该是很中肯的指示了。

七月二十日　　　　　鲁迅

创作要怎样才会好？

——答北斗杂志社问

（原载于 1932 年 1 月 20 日《北斗》第 2 卷第 1 期）

编辑先生：

来信的问题，是要请美国作家和中国上海教授们做的，他们满肚子是"小说法程"和"小说作法"。我虽然做过二十来篇短篇小说，但一向没有"宿见"，正如我虽然会说中国话，却不会写"中国语法入门"一样。不过高情难却，所以只得将自己所经验的琐事写一点在下面——

一、留心各样的事情，多看看，不看到一点就写。

二、写不出的时候不硬写。

三、模特儿①不用一个一定的人，看得多了，凑合起来的。

四、写完后至少看两遍，竭力将可有可无的字，句，段删去，毫不可惜。宁可将可作小说的材料缩成 Sketch②，决不将 Sketch 材料拉成小说。

五、看外国的短篇小说，几乎全是东欧及北欧作品，也看日本作品。

六、不生造除自己之外，谁也不懂的形容词之类。

七、不相信"小说作法"之类的话。

---

① 模特儿，英语 Model 的音译。原意是"模型"，这里指文学作品中人物的原型。

② Sketch，中文意为：速写。

八、不相信中国的所谓"批评家"之类的话，而看看可靠的外国批评家的评论。

现在所能说的，如此而已。此复，即请编安！

十二月二十七日

鲁迅

不应该那么写

（原载于 1935 年 6 月 1 日《文学》月刊第 4 卷第 6 号"文学论坛"栏）

　　凡是有志于创作的青年，第一个想到的问题，大概总是"应该怎样写？"现在市场上陈列着的"小说作法"，"小说法程"之类，就是专掏这类青年的腰包的。然而，好像没有效，从"小说作法"学出来的作者，我们至今还没有听到过。有些青年是设法去问已经出名的作者，那些答案，还很少见有什么发表，但结果是不难推想而知的：不得要领。这也难怪，因为创作是并没有什么秘诀，能够交头接耳，一句话就传授给别一个的，倘不然，只要有这秘诀，就真可以登广告，收学费，开一个三天包成文豪学校了。以中国之大，或者也许会有罢，但是，这其实是骗子。

　　在不难推想而知的种种答案中，大概总该有一个是"多看大作家的作品"。这恐怕也很不能满文学青年的意，因为太宽泛，茫无边际——然而倒是切实的。凡是已有定评的大作家，他的作品，全部就说明着"应该怎样写"。只是读者很不容易看出，也就不能领悟。因为在学习者一方面，是必须知道了"不应该那么写"，这才会明白原来"应该这么写"的。

　　这"不应该那么写"，如何知道呢？惠列赛耶夫 ① 的《果戈理研究》第六章里，答复着这问题——

　　应该这么写，必须从大作家们完成了的作品去领会。那么，不应该那么写这一面，恐怕最好是从那同一作品的未定稿本去学习了。在这里，简直

---

① 　一译魏烈萨耶夫（1867—1945），苏联作家、文学评论家。

好像艺术家在对我们用实物教授。恰如他指着每一行，直接对我们这样说——"你看——哪，这是应该删去的。这要缩短，这要改作，因为不自然了。在这里，还得加些渲染，使形象更加显豁些。"

这确是极有益处的学习法，而我们中国却偏偏缺少这样的教材。近几年来，石印的手稿是有一些了，但大抵是学者的著述或日记。也许是因为向来崇尚"一挥而就"，"文不加点"的缘故罢，又大抵是全本干干净净，看不出苦心删改的痕迹来。取材于外国呢，则即使精通文字，也无法搜罗名作的初版以至改定版的各种本子的。

读书人家的子弟熟悉笔墨，木匠的孩子会玩斧凿，兵家儿早识刀枪，没有这样的环境和遗产，是中国的文学青年的先天的不幸。

在没奈何中，想了一个补救法：新闻上的记事，拙劣的小说，那事件，是也有可以写成一部文艺作品的，不过那记事，那小说，却并非文艺——这就是"不应该这样写"的标本。只是和"应该那样写"，却无从比较了。

四月二十三日

鲁迅

高 语 罕

　　高语罕（1888—1948），原名高超，安徽寿县人。担任过安徽青年军秘书长、黄埔军校政治教官。1939年参与翻译《大英百科全书》。著有长篇回忆录《九死一生记》。

文字的要素

（选自《国文作法》上海亚东图书馆1922年版）

目的

无论做什么事，皆要有一定的目的；有了目的才可以定计划，有了计划才可以按部就班地向前进行。作文也是这样，未提笔作文，先就得立下作文的目的。就是说，自己应该问一下自己，我为什么而作文？大致说来，作文的目的不外下列五种：

（1）发表自己对于某种问题的意见。

（2）发表自己对于某种现象的感兴。

（3）描写自己内心的生活现象。

（4）批评某种学理或某种社会。

（5）与人辩论——攻击或防御。

做文章的人，有时表明他作文的目的，读者一看便了然；有时不表明他的目的，要读者在它的字里行间去寻；有时虽然表明他的目的，却是瞎话，而在人人不经意的地方，又用他种寄托方式隐隐地表白他的目的，读者往往为他所骗。例如《托洛茨基自传》的"自序"说：

这本书是一部争论的书。它反映着那全部建筑在矛盾之上的社会生活的动力学。学生对于师长的无礼；会客室的交际中所隐藏的妒忌的刀剑；继续不断的营业竞争；技术、科学、艺术、运动等等一切部门中之狂赛；根深蒂固的利害冲突爆发于其中的国会的冲突；每日报纸上之剧烈之斗争；工人罢工；参加示威者之被屠杀；文明邻邦互相由空中传送的充满着毒气的包件；在我们的星球上，差不多永远不会停止过的国内战争的可怕的言语——所有这一切都是社会的"争论"之各种不同的形式——从日常的、普通的、经常的，无论它的强度怎样，然而几乎从不为人所注意的起，一直到那非常的、暴烈的、火山似的各种战争与革命争论止。我们的时代是这样，我们是同它一块生长起来的。

我们呼吸于其中，并且生活于其中。假使我们要忠于我们的时代，那我们怎样能以不争论呢？

（德文本序言，十一页）

这很明白说明此书的目的是在"争论"。《资本论》的最终目的是在于：

表暴现代社会之经济运动法则。

这是属于第一类的。至于文中或书中不说明它的目的的多，要在读者细细地体察才可领略。譬如小说吧，有的是描写自己或他人恋爱的历史，以发抒个人之喜剧的或悲剧的情感；有的是描写社会某一现象以表暴它的善与美的方面，或表暴它的丑与恶的方面；有的是描写宫廷的秽史；有的描写战争的残酷；有的描写资本家剥削工人的黑幕；有的描写工人阶级之困苦无告的情形；有的描写他们反对资本家社会的斗争。文学中以此类为最多，而小品文或短篇小说简直可以说没有例外。因为文学家运用他的天才的思想，锐利的眼光，卓越的想象力和为阶级利益而斗争的情绪，最精悍、最含蕴、最艺术的技术，把社会的某一部分、某一方面或它的全部分，各方面动象摄入一篇短文之中。它的目的不是浮在面上的。这是属于第二类的。

有的文学作品虽然说明它的目的，但是因为避免政治上的压迫，这类目的的说明大都是荒唐的无稽之谈，不可相信。如《水浒传》明明是深刻地描写宋元时代乡村中在流氓无产阶级领导之下的农民反抗地主阶级社会的斗争的历史，而作者偏偏说道：

吾友谈不及朝廷，非但安分，亦以路遥传闻为多，传闻之言无实，无实即唐丧唾津矣；亦不及人过失者，天下之人本无过失，不应吾诋诬之也。

这明明是他故意地弄玄虚，希图混过当权者的耳目，但同时他又怕读者不明白作者的苦心，当真把他的作品当作"灯下戏墨"，所以接着就说：

所发之言，不求惊人，人亦不惊，未尝不欲人解，事在性情之际，世人多忙，未曾常闻也。

这明明是在提醒世人要了解他作书的宗旨，但又预料"事在性情之际，世人多忙，未曾常闻"，卒亦不能了解。这是何等的痛苦呵！作者又怕读者不明白他的意思，所以在楔子里很郑重地提醒读者和听众道：

且住！若真个太平无事，今日开书演义，又说着些什么？

可见此书不是叙述"太平无事"的闲情逸致，而是记载天下乱离之作，用现代的话说，就是描写当时社会中阶级不平、阶级斗争的剧烈状况，且指出乱事原因在于统治阶级的压迫。金圣叹说得对：

一部大书七十回将写一百八人……而先写高俅者，盖不写高俅便写一百八人，则乱自下生也。不写一百八人先写高俅，则是乱自上作也……

圣叹真是一个天才的批评家，并且是一个了解阶级社会真实根源的天才的批评家（他的杀身，也是表现统治阶级的凶残面目，而他的批评之暴露统治阶级的罪恶，或许就是他的遭祸原因之一）。他能抉出作者作书的目的所在，《水浒传》之伟大精神因亦大白。

我们再看《红楼梦》。《红楼梦》明明是描写清初的宫廷贵族、地主阶族的腐败和地主贵族剥削农民、压迫平民、横行无忌与夫农民生活之痛苦，两阶级的生活悬殊的真实状况，然而它的作者偏偏地说道：

作者自云曾历过一番梦幻之后，故将其事隐去，而借"通灵"说此《石头记》一书也，故曰"甄士隐"云云。但书中所记何事何人？自己又云：今风尘碌碌，一事无成，忽念及当日所有之女子，一一细考校去，觉其行止见识皆出我之上；我堂堂须眉，诚不若彼裙钗，我实愧则有余，悔又无益，大无可如何之日也！当此日，欲将已往所赖天恩祖德锦衣纨绔之时，饫甘厌肥之日，背父母教育之恩，负师友规训之德，以致今日一技无成半生潦倒之罪，编述一集，以告天下知我之负罪固多，然闺阁中历历有人，万万不可因我之不肖自护己短，一并使其泯灭也。所以蓬牖茅椽，绳床瓦灶，并不足妨我襟怀；况那晨风夕月，阶柳庭花，更觉得润人笔墨。我虽不学无文，又何妨用假语村言敷衍出来，亦可使闺阁昭传，复可破一时之闷，醒同人之目，不亦宜乎？故曰"贾雨村"云云……

表面看来，这些表白好像是说《红楼梦》一书不过是在于"告天下知我之负罪固多，然闺阁中历历有人……亦可使闺阁昭传，复可破一时之闷，醒同人之目"，其实这是作者的瞎话，也是在混过统治阶级的耳目，避开统治阶级的注意，然而他却怕世人果真把它当作无关紧要之书，所以他在上述一段话语之中，既曰"甄士隐"，又曰"贾雨村"，这已经说明了书中所言完全是"假语村言"，提醒阅者应当了解其中真意。到后来，作者又愤然道：

……可惜世人只知看戏，未必能领略其中的趣味！

真是情见乎词了。总而言之，一篇文字必有一篇文字的目的，没有目的而作文，便是无的放矢，无病呻吟，失却文字的作用了，其实是没有这回事的。所以，作文必定先要有目的，先要打定主意，才是有用之文，这是文字的第一要素。

事实

文字的第二要素是事实，但是下面一段故事只是一种笑话，不是事实：

林子洞里原来有一群耗子精。那一年，腊月初七，老耗子升座议事，说："明儿是腊八儿了，世上的人都熬腊八粥，如今我们洞里果品短少，须得趁此打劫些个来才好。"乃拔令箭一枝，遣了个能干小耗子去打听。

事实总归是事实，但是，这里却也应得有下面两种的区别：

（1）科学论文中的事实，无论是社会科学也罢，自然科学也罢，无论是理论的文字也罢，叙述的文字也罢，它必须根据千真万确的实事。达尔文根据他的数年考察生物界演变的事实，得出生物进化的结论，笔之于书，就成了他的《物种源始》的划时代的名著；摩尔根根据他多年在未开化民族中的考察及考古学、地质学等多年发现的事实，发表他的极伟大的著作《古代社会》；马克思根据他多年研究现代资本主义社会之经济的运动法则，即根据现代资本主义社会之经济运动的事实所抽绎出来的法则，发表他的震古烁今、光照百世的著作——《资本论》。又如牛顿、开普勒、法拉第、富兰克林、爱迪生、庞加莱、爱因斯坦，其所发表的著述、论文，莫不是根据对自然界的事实的研究和对于自然界各种现象的观察而得到的结果。我们就拿爱因斯坦来说吧，爱氏的相对论本是一种理论的物理学，然而他的学说之成立，完全由他对于物理界所观察的事实为依归，譬如，他主张空间是弯曲的、有限的，光线一直发出去，可以兜一大圈子走回来……

可是现在爱因斯坦氏已放弃他的弯曲空间的观念了。据爱氏的意见，空间大概是无限的、三度的，光线一直发出去不会回来，和历来科学家所假设者相同。不过，此种观念的变动，对于相对论的真实性还是毫无影响。爱氏所以放弃他的弯曲空间观念，有几种原因：

第一，由威尔逊山天文台观测的结果，远处星云的光带向红端移动，星云越远，移动越大，这便是证明宇宙刻刻在膨胀，膨胀的速率异常惊人，每秒钟有十五万英里！爱氏从前以为空间是有定限的，所以他为完成其学说，假定空间是弯曲的，至于这膨胀空间，他却绝未想到。

第二，德国苟庭根大学海克门博士已证明膨胀的空间可以有物质在内，而且仍为欧几里得式。由此假设，爱氏遂放弃他的弯曲空间的主张。

（爱因斯坦氏《放弃弯曲空间》，此文载在五月七日美国的 *Literary*

白云山岳皆文章：大师的37堂写作课

*Digest*①，译文录自六月二十八日《申报》。）

若果这个消息是真的，那我们敢断定爱氏此后所发表的文字必然要根据空间无限的事实。

我们再看列宁的文章。他的文章的作风朴实无华，毫无一点矜持雕琢的痕迹，然而它的感人的力量却是非常之大，这是因为：

（a）他的文章中的一句一字，都是有千锤百炼的事实做骨子；既然是事实，所以用不着肤词滥调。

（b）他彻底地了解国际上极复杂的关系，俄国内各阶级间的比重与工农群众的急切要求，所以他所举的事实乃是社会的最复杂、最隐秘、最深奥，同时又是极普遍的社会现象。所以他说：

马克思主义者当做现状之分析的时候，不应该从可能出发，而应该从现实出发。

从"可能"出发分析现状就不免陷于幻想，那他的策略也就必然偏于主观；从"现实"出发，则分析现状的结果必可得到切乎实际的正确的策略。所以，事实一层在讨论政治问题、革命问题的文字上，意义尤为重要。

（2）文学上的事实与上面所述的社会科学与政治科学的事实稍微有点不同。

第一，历史小说的事实。这是根据历史上有名的史实加以敷衍，如《三国演义》的刘备、孙权、曹操及关云长、张飞、周瑜、鲁肃、诸葛亮等人，历史上实有其人，魏、蜀、吴的相争也是事实，但是其间人物穿插、情节交错，全由作者的历史的知识与构想能力以及他对于当时社会之客观的社会关系的观察，均为构成这部小说的条件。又如《水浒传》也是这样。《水浒传》中的宋江等三十六人也是载在历史的，宋江等聚众造反也是历史的事实，然而豹头林冲怎样在山寨火拼，梁山泊好汉怎样在江州劫法场，武松怎样打虎、

---

① *Literary Digest*，《文学文摘》，在当时的美国颇具影响力。由艾塞克·考夫曼·芬克（Isaac Kaufmann Funk）于 1890 年创办，芬克·瓦格诺（Funk & Wagnalls）公司出版发行。

怎样杀嫂，那也全是由作者研究历史、观察当时社会的阶级关系的结果。武松虽不必有其人，西门庆虽不必有其人，然而当时社会必常有此种现象是可以断言的。蔡知府之要斩宋江，与梁山泊好汉之劫救宋江等，虽不必实有其事，然而当时的统治阶级的压迫农民与夫农民群众因乡村流氓无产阶级的领导大起反抗，杀官劫库，与统治阶级的军队作战，必是常见的事实。又如，大仲马的《侠隐记》，所谓德拉费伯爵、达特安等虽不必实有其人，然而它叙述路易十四朝之史实与夫当时与英国之关系——战争、外交、宫廷、红衣主教等等，却是有它的历史来源，便应承认他的叙述有历史文学上的价值，因为它"没有时代错误"。至于《红楼梦》、《西线无战事》、鲁迅的《阿Q正传》等类的文学作品，它的作者或即是书中之主角，不然也是亲见亲闻的，所以它所描写的事实是逼真的，都是作者当时社会之全部的或一部的反映，自然不成问题。又如《西游记》一类的理想小说，云来雾去，海阔天空，好像谈不到什么事实，然而不管怎样，它总脱离不了作者当时所生存的社会之生活的反映。玉帝天宫虽然是琼楼玉宇，异草奇花，然而他们在那里养尊处优，一事不做，全赖四方供给，俨然一人间的剥削阶级；孙悟空虽然有偌大本领，只因为他的出身微贱，来自被压迫阶级，那就被上天一班贵族视为禽兽，视为奴隶，不能与他们等量齐观，不能与他们同格升进，等待老孙起来反抗，大闹天宫，天兵大败，玉帝宫廷惊惶失措，才来与老孙妥协，封他齐天大圣，欲以功名笼络他。凡此等等，皆是一股人间烟火气，也可作为寓言小说之一种事实。

还有一种文学，专以阿谀取容，欺世盗名，易黑为白，指鹿为马，替统治阶级辩护，古今中外，比比皆是。现在这类文字中国也不少，或则比西方的来得更赤裸裸的。那我们最客气，也只有请它到字纸篓儿里去，我且引陶行知先生的《字纸篓里的颂词》做个结论吧，他说：

中国无是非。世界无是非。如果有是非便是：强者是，弱者非；富者是，穷者非；胜者是，败者非；走运者是，倒霉者非。该说公道话的人不说公道话而说敷衍话，则是变为非，非反为是，而是非消灭了。

国民会议开幕时，蔡孑民先生写了一篇四言颂词，里面有两句是："济济一堂，农工商士。"我们按图索骥，会场里找不出一个靠自己种田吃饭的真农人，也找不出一个靠自己做工吃饭的真工人。该说公平话的蔡先生是和甘地先生敷衍法国人一样地令人失望。

假使五十年或一百年之后，有位小胡适，爱做考据工夫，误以德高望重的蔡先生的亲笔颂词做证据，岂不要弄假成真，变非为是？

到底是非也不易埋没。字纸篓里有时会跑出史料来。下面便是当时报章登不出来、火炉里幸而没有烧完的一篇文字，现给发表一下，谁是谁非，听读者自判吧。

> 孙公遗教：天下为公。国民会议，乐与谁同？
> 吾观代表：士商亨通。农不像农，工不想工。
> 农工皆士，士亦农工。公仆当国，僭主人翁：
> 国之大本，忍付东风。异己信徒，亡命西东。
> 青青年少，伐若枯松。民入地狱，自造天宫。
> 口谈革命，主义失踪。己不受训，训人谁从？
> 中山有灵，泪洒群雄。蔡子长者，后学所宗。
> 恕持异议，言出由衷。愿公登高，发聩振聋。
> 念头转处，书蛇成龙。云霓在望，草木重荣。
> 漫漫长夜，浩浩长空。亦孔之忧，吾望无穷。

（注）全文登载在民国二十年五月五日《时事新报》上，兹转载于下：

庆祝国议蔡元培亲笔颂词

新会任务	解决国是	遗教谆谆	瞬逾六祀
今幸统一	训政开始	时会既成	召集于此
济济一堂	农工商士	消弭众岐	指示正轨
力谋建设	公宏民社	制定约法	以张民纪

討論問題　得其神髓　主義實現　輝煌國史

使命不辱　上慰總理　憲政可期　兆民咸喜

据陶行知先生的意思，是说蔡孑民先生不说公道话，颂词所颂都非事实，因为变是为非，反非为是，那是绝对的正确。然而陶先生所认为"字纸篓里""跑出来的史料"的一篇四言词，是对蔡孑民先生这位"德高望重"的人陈述他的希望的。里面也有些似是而非的话，然而它仍然顶着那顶玄学鬼骗人的白帽子，把封建时代的乌托邦的理想，来做我们20世纪的反帝国主义、反军阀、反帝国主义走狗，资产阶级斗争的中国人的金科玉律，那岂不是如郑板桥所说的"起手便走错了路头，后来越做越坏，总没有个好结果？"此文稍微严格地说，也只有仍然请它到字纸篓里去，爽快一点，把它送到火炉里净化一下更好。至于陶先生对于蔡孑民的"济济一堂，农工商士"的反诘的理由："会场里找不出一个靠自己种田吃饭的真农人，也找不出一个靠自己做工吃饭的真工人"，这完全是形式逻辑。我们就不这样提出问题，我们应该问：

（1）这个国民会议的本身是不是由"靠自己种田吃饭的真农人"和"靠自己做工吃饭的真工人"选举出来的（由无条件的普通选举出来）？

（2）这些所谓国民会议代表有几个是能真正站在工农大众利益上发表意见的？

（3）这个会议背后是靠着"靠自己种田吃饭的真农人"和"靠着自己做工吃饭的真工人"做保障或受他们的严格的监督呢，抑或另有一种特殊势力牵着线在那儿玩猴人戏呢？

我们青年每逢作文下笔时，自己应该严格地问一问：这是"事实"吗？

我们青年每逢读人的文章时，也应该严格地问一问：这是"事实"吗？

"事实"还是事实，因为它不是空口说白话，它是要有铁一般的"证据"的！

语言

语言为文字的必要条件即要素，这是不待言的；现代的文字之必用现代的语言，即语体，又名白话，更是不待言的。但是现代的语言也有很大的区别，不可笼统一概而论，约略分之如下：

（a）现代统治者即士大夫的语言、买办商人的语言属之。

（b）被统治者的语言，即平民或贫民的语言。

（c）而被统治者又可分为工人社会的语言与农村中一般农民的语言。

（d）特殊社会的语言，如战争的士兵的语言与妓院中的语言之类。

（e）方言，例如：苏白、粤语、北京话、湖北话、宁波话。

（a）（b）（c）各种语言是因社会的分化的关系而发生的；（d）种语言是因特殊社会各自的实际生活而发生的；（e）种语言是因地域不同而发生的，而在方言之中，亦不能脱离社会阶层关系所发生的区别。你要描写统治社会，你就得用道地的统治者的社会中所流行的语言；你要描写工人社会，你就得用道地的工人社会中所流行的语言；你要描写农民社会，你就得用道地的农民社会中所流行的语言。不然，那你所描写的就不是逼真的、客观的事实，而是主观的矫揉造作。其他皆可类推。譬如，《官场现形记》写左杂一类的小官，写得逼真，极好，但是它写大官便失败了。因为他写小官时所用的语言确实是逼真的小官日常生活用的语言，写大官时所用的语言便不是逼真的一切合乎大官实际的日常用的语言。又如蒋光赤的《少年漂泊者》和《鸭绿江上》所描写的是学生的革命情绪、革命思想的转变，它的语言也是比较天真的学生的语言，所以在他个人的文字发展上还算是成功的；至于以后的作品如《最后的微笑》，其思想如何暂且不论，而就描写所用的工具言之，可算是完全失败，因为它所描写工人阶级的生活、思想、行动、感情、交际等等，都是用他自己的语言写的，不是用工人自身的语言写的。换句话说，是它的作者在窗明几净的书桌上，由主观的意识造作出来的，不是从工厂中、从鸽子笼中、从茶馆饭店中得来的语言写的。天才的文学家，他写哪一类的人就用哪一类人的语言，写哪一社会的人，就用哪一社会的语言，曹雪芹就是这样，他写刘姥姥，完全用乡村农民的语言，譬如：

……因此，刘姥姥看不过，便劝道："姑爷，你别嗔着我多嘴。咱们村庄人家儿哪一个不是老老实实守着多大碗儿吃多大的饭呢？你皆因年小时候，托着老子娘的福，吃喝惯了，如今所以有了钱就顾头不顾尾，没了钱就瞎生气，成了什么男子汉大丈夫了！如今咱们虽离城住着，终是天子脚下。这长安城中，遍地皆是钱，只可惜没人会去拿罢了！在家跳塌也没用。"

狗儿听了道："你老只会在炕头上坐着混说，难道叫我打劫去不成？"刘姥姥说道："谁叫你去打劫呢？也到底大家想个方法才好。不然，那银子钱会自己跑到咱们家里来不成！"狗儿冷笑道："有法儿还等到这会子呢！我又没有收税的亲戚、做官的朋友，有什么法子可想的？就有也只怕他们未必来理我们呢。"刘姥姥道："这倒也不然，'谋事在人，成事在天'，咱们谋到了，靠菩萨的保佑，有些机会也未可知。我倒替你们想出一个机会来。当日你们原是和金陵王家连过宗的，二十年前，他们看承你们还好，如今是你们'拉硬屎'，不肯去就和他，才疏远起来。想当初我和女儿还去过一遭。他家的二小姐着实爽快，会待人的，倒不拿大，如今现是荣国府贾二老爷的夫人。听见他们说，如今上了年纪，越发怜贫恤老的了，又爱斋僧布施。如今王府虽升了官儿，只怕二姑太太还认得咱们。你为什么不走动走动？或者她还念旧，有些好处，也未可知。只要她发点好心，拔根毫毛比咱们的腿还壮呢！"刘氏接口道："你老说的好！你我这样嘴脸，怎么好到她门上去？只怕她那门上人也不肯进去告诉，没的白打嘴现世的？"

（参看王灵皋：《国文评选》第三集《刘姥姥进荣国府》）

刘姥姥进荣国府两次都是用农村老妪的口语描写的，所以逼真，所以成功，但《红楼梦》的作者描写一班当差的、强奴健仆一种特殊社会人物的时候，则又用这一特殊社会的语言，故而有声有色。你看他写焦大写得多么好：

尤氏等送至大厅前，见灯火辉煌，众小厮们都在丹墀侍立。那焦大又恃贾珍不在家，因趁着酒兴，先骂大总管赖二，说他"不公道！欺软怕硬！有好差使派了别人，这样黑更半夜送人就派我！——没良心的忘八羔子！瞎充管家！你也不想想，你焦大太爷跷起一只腿，比你的头还高些！二十年头里的焦大太爷眼里有谁？别说你们这一把子的杂种们！"

这活画一个一般人所谓"下流社会"的情状。至于他用贵族的语言描写贵族的生活，那更是惟妙惟肖，不用赘话。又如吴敬梓的《儒林外史》描写胡屠户：

一个人飞奔去迎，走到半路，遇着胡屠户来，后面跟着一个烧汤的二汉，提着七八斤肉，四五千钱，正来贺喜。进门见了老太太，老太太哭着告诉了一番。胡屠户诧异道："难道这等没福！"外边人一片声请胡老爹说话。胡屠户把肉和钱交与女儿，走了出来。众人如此这般，同他商议。胡屠户作难道："虽然是我女婿，如今做了老爷，就是天上的星宿，天上的星宿是打不得的！我听得斋公们说，打了天上的宿星，阎王就要捉去打一百铁棍，发在十八层地狱，永不得翻身。我不敢做这样的事！"邻居内一个尖酸人说道："罢了！胡老爹！你每日杀猪的营生，白刀子进去，红刀子出来，阎王也不知叫判官在簿子上记了你几千条铁棍！就是添上这一百棍，也打什么要紧？只恐把铁棍子打完了，也算不到这笔账上来，或者你救好了女婿的病，阎王叙功，从地狱里把你提上第十七层来也未可知。"报录的人道："不要只管讲笑话。胡老爹这个事须是这般，你没法子权变权变？"

⋯⋯⋯⋯⋯

说着，一直去了。来到集上，见范进正在一个庙门口站着，散着头发，满脸污泥，鞋都跑掉了一只，兀自拍着掌，口里叫道："中了！中了！"胡屠户凶神般走到跟前，说道："该死的畜生！你中了什么？"一个嘴巴打过去。……不想胡屠户虽然大着胆子打了一下，心里到底还是怕的，那手早颤起来，不敢打第二下。

用胡屠户这一社会与其邻近一般所谓贫民社会的语言来描写范进发生痰迷这一故事，栩栩生动，而于当时一般社会对于科名思想中毒之深，亦可得到深切了解。至于《儒林外史》描写士者阶级、土豪劣绅及其希望爬到士者阶级的心理，那更是用的他们一种特殊的语言，这是《儒林外史》的最大部分、最主要部分的语言，我们在下篇专论中将要说到，现在只引下面一节做个例：

一会同幕客吃酒（指范学道同幕客吃酒——灵皋），心里只将这事委决不下，众宾也替他猜疑不定。内中一个幕客遽景玉说道："老先生这件事倒合了一件故事。数年前有一位老先生点了四川学差，在何景明先生处吃酒，景明先生醉后大声道：'四川如苏轼的文章，是该考六等的了。'这位老先生记在心里，到后典了三年学差回来，再会见何老先生说：'学生在四川三年，到处细查，并不见苏轼来考。想是临场规避了。'"说罢，将袖子掩了口笑，又道："不知荀玫是贵老师怎样向老先生说的？"

范学道是个老实人，也不晓得他说的是笑话，只愁着眉道："苏轼既文章不好，查不着也罢了。这荀玫是老师要提拔的人，查不着，不好意思的。"一个年老的幕客牛布衣道："是汶上县？何不在已取中入学的十几卷内查一查？或者文字好，前日已取了，也不可知。"学道道："有理，有理。"忙把已取的十几卷取了，对一对号簿，头一卷就是荀玫。

上面的幕客和学道的对话就是士者阶级的语言，它可以表示这一阶级的特殊生活与特殊心理。

以上还是说的描写时用的各种不同的社会所用的语言，至于作者叙述某一事件或批评某一问题，自然要有他的一种语言作为脉络，作为骨干。譬如《红楼梦》吧，它虽然是主旨在描写贵族社会的生活，其中贵族社会的语言占去大半，同时叙到农民社会，又有农民社会的语言，叙到流氓和奴仆之流，又有流氓和奴仆之流的语言，然而它的脉络和骨干却是当时流行的一种普通的语言，也可以说民间的语言。《儒林外史》也是这样：它叙述士大夫阶级则用士大夫阶级的语言，叙述流氓社会则用流氓社会的语言，叙述农民则用农民社会的语言，然而它本身却有一种作为脉络和骨干、借以穿插全体的语言，即当时江南一带的平民间一般流行的语言，即普通话。这是我们应当注意的。总而言之，我们无论做哪一种文字，批评论辩的文字也罢，叙述描写的文字也罢，总得有一种比较普通的语言（不是全国的便是某几省的，或是某一省、某一地方的方言）作为脉络和骨干，然后，叙到哪一社会的人的言语、行动，就用哪一社会的语言；叙到哪一地方的人的言语、行动，就用哪一地方的语言。这就难了。那么，怎样才可以达到这个目的呢？没有别的方法，只有：你要描写某一社会或某一地方的人或物，就得深深地熟悉和了解这一社会或这一地方人民的经济生活和他们之间的阶级关系，然后才可以得到他们这一社会或这一地方的语言的精髓。这一层，我们的中学校的青年们自然做不到，我们也卑之勿甚高论，只要能用他的普通话或比较普通的方言作文就得了；至于进一层的办法，则各视其力之所及，努力去做，能多进一步便得一步的妙处，便得一步的效用。

思想

语言是文字的一个必要条件，我们在前面已经说明白了，就是说，要用极普通、极平民化的语言即白话来写文章，同时尽可能地运用工农社会的语言以及其他特殊社会如流氓社会、官僚社会、统治阶级社会分别描写它们，并且尽可能地运用各地方言，以描写各地社会的生活，这是进一步的研究。但是，语言的问题虽然解决了，却同时又发生一个问题。用语体文作文的，不见得都是好文章，譬如，《红楼梦》《儒林外史》固然是用白话做的，《圣谕广训》《新旧约》不也是用白话文写或译的吗？这里就不单是文字的问题，

高语罕

而是思想的问题了。

文字必须含有思想，这是不成问题的，但是我们所要问的是一种什么思想。现在有些人当评论人物时常常说，某也有思想，某也没有思想。这句话的说法有两种意义：一是说，某也能思想，某也不能思想；一是说，某也思想新，思想好，某也思想旧，思想不好。前一个说法固然不是我们这里所论的意思，即是后一个说法，也为我们所不取。因为无论好思想、坏思想、新思想、旧思想，总归是一种思想。至于能思想与不能思想，只是程度上的不同，不是绝对的。因为能思想的，固然要思想；不能思想的，不是不思想，不过思想中枢的神经系统的运动不灵敏，感觉不能迅速集中于它的对象。这是心理学的问题，不是我们这里所应讨论的。

我们这里所讨论的思想，是就文字的内容所包含的作者对于他所叙述或所讨论的事实与问题的态度、意识、观点等等，没有一篇文章不表露它的作者的态度、意识和观点的。不管作者如何地"深藏若虚"，然而他的思想总要从字里行间流露出来，所以，思想是文字的第三个要素。我们且举几节文字来做个例子如下：

（1）君者，出令者也；臣者，行君之令而致之民者也。君不出令，则失其所以为君；臣不行君之令而致之民，则失其所以为臣；民不出粟米麻丝，做器皿，通货财，以事其上，则诛。

（韩愈）

（2）我想天地间第一等人只有农夫，而士为四民之末。农夫：上者种田百亩，其次七八十亩，其次五六十亩，皆苦其身，勤其力，耕种收获，以养天下之人。使天下无农夫，举世皆饿死矣。……工人制器利用，贾人搬有运无，皆有便民之处，而士独于民大不便，无怪乎居四民之末也，且求居四民之末，而亦不可得也。

（郑燮）

（3）单说那位劳工代表 Frahne 先生，他站起来演说了。他穿着晚餐礼服，挺着雪白的硬衬衫，头发苍白了。他站起来，一手向里面衣袋里抽出一卷打字的演说稿，一手向外面衣袋里摸出眼镜盒，取出眼镜戴上，他高声演说了。

他一开口便使我诧异。他说："我们这个时代可以说是人类有历史以来最好的最伟大的时代，最可惊叹的时代。"

这是他的主文。以下他一条一条地举例来证明这个主旨。他先说科学的进步，尤其注重医学的发明；次说工业的进步；次说美术的新贡献，特别注重近年的新音乐与新建筑；最后他叙述社会的进步，列举资本制裁的成绩，劳工待遇的改善，教育的普及，幸福的增加。他在十二分钟之内描写世界人类各方面的大进步，证明这个时代是人类有史以来最好的时代。

我听了他的演说，忍不住对自己说道："这才是真正的社会革命。社会革命的目的就是要做到向来被压迫的社会分子能站在大庭广众之中歌颂他的时代为人类有史以来最好的时代"。

（胡适）

（4）如托尔斯泰的"难道这是应该的吗？"全篇所描写的。

（《托尔斯泰短篇小说集》，耿济之等译）

（5）罗马奴隶为他的所有者的锁链所系，工银劳动者则为他的所有者的不可见的线索所系。不过工银劳动者的所有者不是个别的资本家，而是资本家阶级。

（《资本论》，[德]考茨基编）

自由劳动者有两重意义，即是：他们既不像奴隶、农奴等等那样，

高语罕

自己直接隶属于生产要具，也不像自耕农那样，生产要具隶属于他们，他们对于那些生产要具毋宁说是自由的、解放的并且是孑然一身的。

以上五个人——韩愈、郑燮、胡适、托尔斯泰、马克思的文章，都是关于工农阶级的状况和他们与统治阶级的关系，但是他们各人的文字内容却大不相同。

韩愈的话就是说，工农阶级应该白出劳力供养他们的统治阶级；不然的话，就应该吃官司、砍头，用现在的语言说就是"枪毙"。

郑板桥（郑燮）客气得多了，他把工农的地位抬高了，商人的价值也抬高了，尤其是替农民抱不平，摆出一副慈祥恺恻的面孔，所谓"仁者之言，蔼如也！"但是他所说的农民是富农、中农，顶多不过是自耕农，而且他虽然抱不平，却把农民穷年累月，自朝至暮，苦其身，勤其力，耕种收获，以养"其上"——地主阶级与夫适应这种封建阶级生产方法的统治者，变成了"以养天下之人"，轻轻地把地主阶级、封建阶级的剥削和压迫的罪恶一笔撇开，使问题的性质完全变了，使一般被剥削、被压迫的农民认不清症结所在，耳朵根子听着快活，好拼命地出力报效地主阶级，死而无怨。

托尔斯泰不同了，他虽然是衣租食税的大贵族，但他却义形于色地替农民、工人打不平，向着全人类提出"这是应该的吗？"的问题，但是他虽然提出问题，却没有透出他的解决方法来。有之，也不过是他全部人生观、全部哲学——不抵抗主义罢了。他虽然当贵族阶级没落的时候发出许多惊心动魄、惊风雨、泣鬼神的言论，然而他到底不能舍却他的本阶级的利益，转过身来，站在工农群众方面，积极地向地主、贵族阶级的社会组织进攻。这也不是偶然的呀！

马克思则不然。他完全献身给无产阶级，从历史的研究和资产阶级社会的生产关系、生产方法的分析，一方面，从事实上把资本主义的罪恶须眉毕现出来；一方面，从这种分析中，便自然而然地透露出解决的曙光来。他不像托尔斯泰那样情感地同情于工农群众，而是替无产阶级用极冷静、极博学的头脑去分析资本主义社会生产方法的运动法则。他把资产阶级对于工人、农民的极残酷的剥削与压迫的事实都放在他的冰冷的天平上，冰冷的解剖刀下，找出它的前因后果。

我们中国的胡适真特别乖巧！他把那位"穿着晚餐礼服，挺着雪白的硬衬衫"，在国际资产阶级及其走狗的大会里厮混的"头发苍白了的"朋友当作世界"劳工代表"！他听了这位"劳工代表"无耻地歌颂"这个时代"（资本帝国主义一方面利用它极高度的生产合理化极端地剥削世界工人，一方面利用它极高度的科学制造杀人机器，争夺殖民地，屠杀殖民地的工农群众，并且同时也一样地枪杀它本国工农群众的时代！！！）是"最可惊叹的时代！"于是我们这位大博士便一唱三叹，喜形于色地、"忍不住地……说道：'这才是真正的社会革命'"。他说："社会革命的目的就是要做到向来被压迫的社会分子能站在大庭广众之中歌颂他的时代为人类有史以来最好的时代。"大众听着！胡适眼中的社会革命"就是要做到向来被压迫的社会分子能站在大庭广众之中歌颂他的时代……"那么，我们中国早已实行过社会革命了，并且天天在实行社会革命，因为：

（a）在我们中国也可找到并且已经找到一些所谓被压迫的分子（我们说是"工农群众"）"穿着晚餐礼服，挺着雪白的硬衬衫"到大庭广众之中去歌颂"革命成功"！

（b）在我们中国也可找到所谓"工会"，时时在"大庭广众之中"用"等因奉此"的文字歌颂他们的"革命成功"。

无怪乎樊迪文、采特里、考茨基、麦克唐纳、赫里欧等一班国际工贼在那里耀武扬威，他们是由"穿着晚餐礼服，挺着雪白的硬衬衫"，从无产阶级队里跑到资产阶级的大庭广众，歌颂资产阶级的时代，认为是他们的时代。不错，到后来果真是他们的时代了，因为他们完全变了资产阶级的螟蛉子，那却不是国际无产阶级和其他一切劳动大众的时代！

你看！从韩愈到马克思，他们五个人同是谈的工农大众的问题，而他们的文字所包孕的思想真是相去天渊。韩愈完全代表地主贵族阶级统治鼎盛时期的统治阶级的思想；郑板桥却是代表乡村资产阶级或富农，并同情于商业资本主义的利益，挂着仁爱的面孔，去对被剥削阶级"假惺惺"，借以欺骗工农大众的思想；托尔斯泰是代表农奴解放以后，贵族地主阶级日趋没落，劳动运动正在发展时期的俄国贵族地主的矛盾思想；马克思完全是为无产阶级而斗争的理论指导者与行动指导者的思想；至于胡适，则完全是当代资产阶级麦克唐纳一流人的思想。

青年们作文时要如临深渊、如履薄冰地审慎自己的思想的出发点，应该严格地自己问问：我的思想究是哪一种思想呢？或去或从，或取或舍，你自己就有一点把握了。

读者

做文章有了目的、事实，又有了适当的语言和正确的思想，当然会做出好文章来，然而却不尽然。有时文章做得果然好，内容也充实，然而却是文不对题，或则对象不明。从前梁启超因清华学校学生留美，给他们开了一个"国学入门书要目"，把二十四史、《资治通鉴》、《文献通考》、《续文献通考》、《皇朝文献通考》以及其他四部之书中重要的都包括在内，这自然是梁启超主观地在那儿卖武艺，他一丝一忽也没有顾及他给开书目的对象，而且必须读了二十四史、十三经、诸子、群经，才算入了国学之门，那这个倒霉的国学还是把它丢到茅厕里去好，不然，它会葬送大多数有为青年的宝贵光阴，这就是没有认清文字的对象——"读者"的缘故。胡适比梁启超要乖巧些了，他在他的"一个最低限度的国学书目"的末尾开了十几部明清两朝的小说，算是有点意思；然而它前面包括经史子集四部之书的170余部"最低限度的国学书目"也就够吓煞人的了。清华学生批评得对——"不合于'最低限度'

四字"，他们并接着说道：

……我们以为定清华学生的国学的最低限度，应该顾到两种事实：第一是我们的时间，第二是我们的地位。我们清华学生，从中等科一年起，到大学一年止，求学的时间共八年。八年之内，一个普通学生，于他必读的西文课程之外，必肯切实地去研究国学，可以达到一个什么程度，这是第一件应该考虑的。第二，清华学生都有留美的可能，教育家对于一般留学生，要求一个什么样的国学程度，这是第二件应该考虑的。

总而言之一句话："要顾及读者的需要"，并且"要顾及读者的能力与时间"。不但对于清华学生开一书目应该如此，一切文字都要预先顾及它的读者。我们家乡有一句俗语："什么客，什么待；什么人，什么菜。"所以，文章应当顾及它的对象——"读者"。时代不同了，不但梁启超氏的"国学入门书要目"成了狗屁不通的东西，即使胡大博士的"一个最低限度的书目提要"，到了现在也一钱不值了。有一位朋友曾经谈及此事，他说，梁、胡的书目提要在现代青年的新要求之下，它们的地位就要被下面一篇书目录所代替了：

一、哲学

黑格尔：*Science of Logic* 2 Vols

恩格斯：*Feuerbach*

恩格斯：《自然界的辩证法》

普列汉诺夫：《马克思主义的根本问题》

普列汉诺夫：《史的一元论》

列宁：《唯物论与经验论评论》

二、政治经济学

马克思：《政治经济学批判》

马克思：《资本论》

希尔贵丁：《财政资本论》

卢森堡：*Die Akkumulation.des Kapital*

高语罕

列宁:《帝国主义》

列宁:《俄国资本主义之发展》

波格达诺夫:《经济学大纲》

·············

三、历史

克鲁泡得金:《法国大革命史》

马克思:《法国之阶级斗争》

马克思:《邦拿巴特之布鲁美尔月十八日》

恩格斯:《革命与反革命》

马克思:《法国之国内战争》

托洛茨基:《一九○五年》

托洛茨基:《俄国革命纪实》

约翰里德:《惊天动地之十日》

列宁:《列宁全集》第二十、二十一卷

托洛茨基:《我的生活》

托洛茨基:《俄国革命史》

恩格斯:《家庭、私有制和国家的起源》

莫根（摩尔根）:《古代社会》

以上书籍，我认为是青年应当用心地读的。但这不是说青年们必须将这些书读完，才算在马克思主义学校中毕业，这只是说我们在读书时应当首先从这些有思想的书中选择……

（神州国光社:《读书杂志》第二卷第一期）

刘先生给我们青年指定在"国难期中青年应读"之书样样都对。刘先生并给我们指教:"（一）读最有价值的书;（二）反对学院主义;（三）读书与札记与发表。"这些也都是金科玉律。刘先生的文章自然是有价值的，但是我觉得他写这文章时，未尝顾虑到他是对什么一种青年说话，就是说，他应该顾到：

（a）大学程度的青年与中学程度的青年的区别。

（b）中国缺乏图书馆；纵有，也没有刘先生所开的书籍供青年浏览。

（c）中国青年的经济状况是困难的，打算读到刘先生所开的书籍的青年，一百个就有一百〇一个穷，哪有钱去买《资本论》？（全部英文的约值国币四五十元；德文的稍廉，也要三十多块。近来德文本第一卷有了普及本，据说只需国币两块多钱）。

（d）一般青年的学力，不但中学程度的青年读《资本论》及黑格尔的《逻辑学》费力，即大学程度的青年，恐亦吃力。不比莫斯科列宁学院有很好的教授指导，他们可以很顺利地进行（最近罗森堡出一书，名《资本论的解释》，就是在列宁学院指导研究《资本论》第一卷的书）。

（e）我们对于青年，不应当专从低能的着想，也不应当专从天才的着想（对于低能和天才的青年，另有特殊的指导方法），因为他们是居少数；我们应从大多数也非低能、也非天才的青年着想，那才不辜负刘先生这一番苦心。

所以，无论做什么文章，首先就要顾虑到它的读者，犹之乎教员上教室和与人谈话，首先要顾及他的听众和对方的程度及其他一切应顾虑的情形，不然，就是闭着眼睛说话，文章做得虽好，也是无用。譬如，前天有某儿童杂志社找我做文章，我脱口答应了，但过后一想，倒为难起来，因为做儿童杂志的文章，是在对儿童说话，除却了其他文章所应具的条件都得具备以外，还须具备以下三个条件：

（a）深切地研究过儿童心理学，能以切实体察儿童社会的生活。

（b）深切地洞察中国现代社会一般家庭实际生活与其教育的状况，并深切地洞察中国小学生生活与其教育的实况。

（c）能极其天真烂漫地说儿童的话语，说原始人类的话语，因为儿童与原始人类的状态一样。周作人先生说，安得森的"独一无二的特色，就止在小儿一样的文章，同野蛮一般的思想上"，这话是对的。

　　这样一想，我呆了，自己埋怨自己道："这叫作'破船多揽载'！"要做童话，至少要做到安得森那样，然而在现在就是学到了安得森也还不够。因为小儿的生活状态，在文化发达的社会中的野蛮状态，与在文化落后的社会中的野蛮状态是不同的，不体贴到这一层是要失败的，而且这一阶级的儿童的生活与那一阶级的儿童的生活也是不同的，他们的野蛮状态自然也就要分别来看，不能一概而论。

文字的戒律

（选自《国文作法》上海亚东图书馆 1922 年版）

作文也和说话一样，最讨厌的是虚伪、夸大、模仿、轻薄、阿谀、傲慢，这些都是文字上的戒律。

虚伪

在不平等的社会中，即在有阶级的社会中，一方面是剥削阶级，一方面是被剥削阶级；一方面是压迫阶级，一方面是被压迫阶级。人们的生活自然是不能有真正的自由的，不但行动如此，就是在语言文字之间也是一样。这种社会的氛围中，在足以养成人们一种口是心非、言不顾行，或者是曹雪芹所说的"之乎者也，非理即文，大不近情，自相矛盾"的"虚伪"。虚伪的文章在现存的社会中及已往的社会中真是汗牛充栋，滔滔皆是，这是社会中有一种势力逼着人说话不得不虚伪，作文不得不虚伪。这种势力，一方面是刑戮，一方面是富贵功名、身家妻子。韩非形容得最好，他说：

凡说之难，非吾知之有以说之之难也，又非吾辩之能明吾意之难也，又非吾敢横失而能尽之难也。凡说之难，在知所说之心，可以吾说当之。所说出于为名高者也，而说之以厚利，则见下节而遇卑贱，必弃远矣。所说出于厚利者也，而说之以名高，则见无心而远事情，必不收矣。所说阴为厚利而显为名高者也，而说之以名高，则阳收其身而实疏之。说之以厚利，则阴用其言显弃其身矣。此不可不察也。

夫事以密成，语以泄败。未必其身泄之也，而语及所匿之事，如此

高语罕

179

者身危。彼显有所出事，而乃以成他故，说者不徒知所出而已矣，又知其所以为，如此者身危。……贵人有过端，而说者明言礼义以挑其恶，如此者身危。贵人或得计而欲自以为功，说者与知焉，如此者身危。强以其所不能为，止以其所不能已，如此者身危。

（韩非子:《说难篇》）

　　像这样去说话，哪能不虚伪？像这样去作文，又哪能不虚伪？虚伪成了习惯，习惯便是极大的权威，世间有几人能打破它？明朝的王阳明家里有亲丧，开吊，客人来了，赞礼者命之哭，阳明说：我这时不曾觉得伤心，哪有眼泪？怎样哭得出？（大意如此）江南一带，有钱有势的死了人，若是自家没有人哭的话，总要花几文钱买几个"叫花子"来哭。推而至于送挽联、做祭文，死者明明是个"一文若命"的守财奴，偏要说是"乐善好施"；明明是个"坏蛋"，是个"土豪劣绅"，偏要说他"急人之急""侠义可风"；明明是个卖国奴，偏要说他是"卫国御侮""武穆复生"；明明是个人类社会的蟊贼，偏要说他是"工农领袖"或是"革命伟人"。青年读者试翻开逐日的报纸一看，或把日常生活的见闻闭目一思，就晓得我这些话不是过激之谈了。白居易也说过："铭勋悉太公，述德皆仲尼。"就是给这种虚伪的文字写照。就我们的经验说，越是旧时的臭文人，他的文字越是虚伪。康有为就是一个好例。开封的"龙亭"上刻有康有为的一首诗，说：

　　　　远观高寒俯汴州，

　　　　繁台铁塔与云浮。

　　　　万家无树无宫阙，

　　　　但见黄河滚滚流。

　　"我看了这首诗，便在那儿呆望，勉仲问：'望什么？'我说：'看不见黄河，更看不见它滚滚地流。'"（《斋夫自由谈》）。既"看不见黄河，更看不见它滚滚地流"，偏要说"但见"，这不是康有为在那儿撒谎吗？撒谎的文字就是虚伪的文字。世上为什么有这许多撒谎的人、撒谎的诗文呢？假使你要拿这话去问陶行知，陶先生一定回答你道：都是因为"假人"太多。你且听他说：

> 世界如何坏？
>
> 坏在假好人。
>
> 口是而心非，
>
> 虽人不是人。

世间既有许多"假父子""假母女""假夫妻""假情人""假朋友""假师生""假军队""假官吏"，则做出关于父子、母女、夫妻、情人、朋友、师生、军队、官吏等等文字，又焉得不假？又焉得不虚？又焉得不伪？但是，陶先生自己虽勉力做真文字，却不能鉴别，或者说，有时不能鉴别人家的真伪。譬如，他对于蔡孑民氏颂扬由国民政府所召集的"国民会议"的文字，已经看出它的虚伪，但他却没有看出"孚勒普·密勒的《列宁与甘地》里关于列宁的教育政策"的诬蔑的文字。《列宁与甘地》说："列宁一方面攻打不识字，一方面却压迫自由科学……"陶先生看了这一句话，便义形于色地声言反对，用心还可原谅，然而陶先生却有点太相信孚勒普·密勒了。这部书的全体都是站在反苏联的立场上，一方面提倡甘地的不抵抗主义给帝国主义宣传，一方面又造列宁的谣言。列宁的社会主义的公式就是"Diklatur Des Proletariats+Elektrizierung"（无产阶级专政与电气化）。这种电气化当然不是官僚化的电气化，而是民众化的电气化。民众电气化了，难道还硬派列宁一个"压迫自由科学"的罪名？陶先生既然处处都以科学自命，那就请你拿证据来！曾记得五年前陶先生曾从我这儿借了一部叙述列宁对于国民教育的理论与设施的德文的小册子，至今未见归赵，不知道陶先生是否把它放到字纸篓里去了，未曾过目，还是读得烂熟，不忍释手呢？假使陶先生真正读过那本小册子，或许不会贸然相信《列宁与甘地》的著者这种撒谎的文字，撒谎就是天字第一号的虚伪！可见得我们不但要警告我们的青年自己作文应该力除虚伪的毛病，并且要警告我们的青年读人家的文字时，也要谨防为虚伪的文字所欺。老实说，现在的苏俄虽然不能尽满我们的意，然而它的国民教育的政治的水平线不但我们贵国是望尘莫及，就是美国，就我们的观点说，也还差得远。请陶先生读一读贵老师杜威的关于游俄的文字，便可废然而返。

袁简斋说："两眼曾将秋水洗，一生不受古人欺。"

我们希望现代的青年不但要把两眼洗得晶明，并且要把头脑养得冷静，胸中养得雪亮，不但不要受古人欺，也不要受今人欺，不但不要受中国人欺，也不要受外国人欺。

（王灵皋：《国文评选》序言）

我因要谈文字的"虚伪"的戒律，特为陶先生进一解，借此也就给青年读者指出一种虚伪文字之有害于社会的证据。不但一般糊涂虫易为所欺，即使少数明达之士也往往不免于受骗。但是我们首先要"尽其在我"，先要自己不做虚伪的文字，就是说，要说实话。

夸大

夸大也是一种虚伪的心理，但是虚伪与夸大的性质却有点不同，它们的社会来源也不一样。虚伪是社会不平的现象产生出来的，夸大则由于主观的或客观之文化程度太低或智识太浅、眼光太狭有以致之。譬如胡适吧，他的实验主义的方法论及一切的著作，虽然适逢其会，应了中国新兴工业即新兴资本主义社会的需要，而它的内容实在浅薄得很。但是，中国的文化落后，学术界太幼稚，也就和唱戏一样，好久没有好戏了，忽然来了一个差强人意的角色，便博得全场人喝彩，"饥者易为食，渴者易为饮"，于是大家就捧起场来，差不多什么戏儿非他不可，只要他一出台便一起叫"好"。这本来是群众无意识的心理的浪潮：本来只有一分好，它要看你到十分；本来只有某一部分好，它要把你当全体。这么一来，久而久之，在台上的人也就不知不觉地以为自己是难能可贵了，不自觉地便养成他一种夸大的心理。你若不信，请听胡适说吧：

西滢先生批评我的作品，单取我的《文存》，不取我的《哲学史》。西滢究竟是一个文人，以文章论，《文存》自然远胜于《哲学史》，但我自信，中国治哲学史，我是开山的人，这一件事要算是中国一件大幸事。这一部书的功用，能使中国哲学史变色。以后无论国内国外研究这一门学问的人，都躲不了这一部书的影响。凡不能用这种方法和态度的，我可以断言，休想站得住。

（《胡适文存》）

我们若是说，胡适的《中国哲学史》对于中国思想界，在某种限度与一定的时间内影响是很大的，这是一个事实；若是说，以后治哲学史的人，自然要光顾到它，参考到它，并且是从"五四"运动以后十五年中一部重要的参考书，这也是近乎情理的话。但是，若果说"以后无论国内国外研究这门学问的人……凡不能用这种方法和态度的，我可以断言，休想站得住"，那就是夸大了。假使胡适不能把最近的中国思想界中用另一方法——辩证法对于他的哲学史的批评，给它一个满意的答复，那就对不起，他的"夸大狂"的诊断便要被宣告为"缺席裁判"了。但是，犯这种夸大的毛病的，也不仅胡适一派，还有自称革命派的学者，也有许多人犯了这种毛病。第一个是郭沫若，他的《中国古代社会史研究》，我们在这里不能批评，但他下面的一段文字实在有点"夸大"，或许这种"夸大"的程度还可以说是很厉害。他说：

本书的性质可以说就是恩格斯的《家庭、私有制和国家的起源》的续编。

研究的方法便是以他为向导，而于他所知道了的美洲的红种人，欧洲的古代希腊、罗马之外，提供出来了他未曾提及一字的中国的古代。

恩格斯的著书中国近来已有翻译，这于本书的了解上，乃至在国故的了解上，都是有莫大的帮助。

（郭沫若：《中国古代社会史研究》序）

郭君在主观上也许是要把他这本书作为"恩格斯的《家庭、私有制和国家的起源》的续编",然而结果却完全失败;在主观上或许是"提供出来了"恩格斯"未曾提及一字的中国的古代"的材料,然而这些材料不是颠倒错乱,就是完全靠不住,结果也只有失败。[1]郭君的文字全部都代表他的性格,我每读他的著作,总觉得它的字里行间伏着一种夸大的成分!这是一。

另外,我们还有一个伟大的革命理论家(看他的口气,也许就是我们的唯一的革命理论家),他的伟大而正确的"革命理论"的程度,在他的主观上或许比郭沫若君更要高明,然而他的"夸大"也就和他自以为正确、自以为革命的程度一样高。孙君悼章做了一部书,名叫《怎样干?》,他在这本书的序言上说:

此书的写成,虽只两三月,而书中的意见和主张则不是此两三月的结果,乃是我十余年的研究和经验的积累的结果。此种意见和主张,不是我的创造,不是我的发明,乃完全是正确的马克思、列宁主义——布尔什维克主义的意见和主张,不过由著者十余年的研究和经验,证明其正确性罢了

既然是"正确的……主义",又是"完全"的,那当然又是一个百分之百的"马克思列宁主义",他这种夸大可以说,与郭沫若是"二难并美"!我们不要看别的,只要看他给某中委的信,就可以知道我们这位大革命理论

---

[1] 郭沫若说"墨子的思想和春秋战国时代的革命思想家反对",就是说,他的思想反动,是"反革命派",是"非辩证法的"。墨子的思想是否反动,是否反革命,这要从当时的社会分析周秦诸子之阶级的关系做起,是一个问题,而墨子的思想是否包孕着辩证法是另一个问题。因为在古代,辩证法的思想不必是创自那时的革命思想家。例如,辩证法的始祖海拉克励特,他本是当时一个贵族,因阶级的代表反对当时商业资本的统治,遂发生辩证法的思想。又如黑格尔,从他的政治学说、法律学说看来,他实在是反动的,所以恩格斯称他为"法利赛人",然而这却不妨碍他是唯心论的辩证法的"大成至圣"!由此一端,郭氏之误用唯物史观与辩证法亦可见一斑,至于郭氏之胎息摩尔根与恩格斯的方法亦有不少的错误,读者可参阅《读书杂志》第二卷第二、三期合刊李季的《对于中国社会史论战的贡献与批评》六〇页以后各页,杜畏之的《古代中国研究批判引论》八页以后各页。——原注

家的真面目了：

自满州事件发生之日，我即认定中国无产阶级——红军亦在内——应暂时放轻国内的阶级斗争——此系表面的，实际上是更进一步的阶级斗争——竭全力于反日帝国主义的运动……

（孙倬章：《怎样干？》附录）

我们真是浅见，到今天才看见我们中国的"暂时放轻国内的阶级斗争……竭全力于反日帝国主义的运动"，就是说，把民族斗争与阶级斗争分开的马克思列宁主义的理论家；到今天才看见在"表面上""暂时放轻国内的阶级斗争"掉花枪的马克思列宁主义的中国式的革命理论家……但不知"暂时"暂到什么地步？"放轻"又轻到什么地步？实在说来，这样把阶级斗争和民族斗争即反帝战争分成两段的所谓"正确的革命理论家"，也只有孙倬章君才当得起！严格的批评，这不仅是"夸大"，而是犯有严重的大战时代第二国际的错误——不是，罪过！夸大的人是以下两种事实形成，即欺世盗名的心理和"无知"或浅薄。

做文章是免不了错误的，我们这里所反对的是文字的"夸大狂"。

模仿

人类自儿童时就富于模仿性，但他在生活斗争、长期劳动的过程中，能以养成他自己的创造力，培植他的独立不倚的精神。

虽然如此，人类一方面为生活斗争所迫，不得不努力创造，努力自立，然而另一方面他又生来具有一种惰力，时时为因袭的生活方式所束缚，事事只管"依样葫芦"，依然脱离不了模仿的习性，在各种生活及事业方面是如此，在文字方面也是如此。文字的模仿的习惯之社会的根源，大致不外以下两端：

（1）社会生产关系之迟滞。农业经济和手工业经济的社会，人类生产方法长期没有多大的变动；生产方法既没有变动，其他一切建筑其上的文学艺术也就没有大变动，于是就养成人类一种世代相传的习惯，父亲如此，母亲如此，儿子如此，女儿如此，以至子子孙孙也往往如此，后一辈人只要照着前一辈人的方法去生活就得了，用不着"匠心独运""花样翻新"。这是模仿性养成的原因之一。

（2）政治上的原因。社会生产方法既然长期地保守，统治阶级对于一切新的萌芽尽力防止、尽力摧残，哲学、文学、美术、教育等一切文化遂不得不趋于保守，谁也不敢"自出心裁"，有所创造。这是模仿性养成的原因之二。

所以，在文学方面就极力仿古，所谓"非三代两汉之书不敢观，非圣人之志不敢存"，这是呱呱叫的模仿心理。就拿前清做比吧。桐城派有义法，极力模仿古人作文的组织、格调与形式，上焉者直追周秦，以《左》《骚》《庄》《孟》《国语》《国策》为典型；中焉者逼近两汉，以《迁史》《班书》为准则；下焉者亦得抗怀唐宋，以韩愈、柳宗元、欧阳修、三苏父子之文为依归。至于八股、试帖诗就更不用谈了。它的"起""承""转""合"，几乎字数都是一定的，声调格律都是一定的。试帖诗、八股文我都做过，可是我是没有一点心得，但模仿《目耕斋》、《周犊山文稿》（以上系八股文范本）、《青云录》（试帖诗范本）我也照样模仿得来。到了后来读《左传》《迁史》，则更进一步，差不多摇笔就梦想学步左丘明的辞令之妙与司马迁的笔锋之利。然而，到底是蠢材，"画虎不成反类狗"，我是失败了。然而古今来文人失败的，却不是我一人，大抵专心模仿古人之文，随着古人的脚跟转的，没有不失败的。最明显的是桐城派。他们只在古人的文字迹象中兜圈子，毕竟一点出息没有。我最讨厌桐城派的文字。曾国藩有些关于论事、论人的文字我却喜欢读，但是他的模仿古人的文字我也是一样地讨厌。譬如，他写他的先大夫某某公的神道碑，完全模仿欧阳修的《龙冈表》。《龙冈表》的确还有三分天真，老曾模仿的文字，那就仿佛看人家大出丧一样地"味同嚼蜡"了！

白话文的运动以后，文字上的模仿似乎要好得多了，因为中国新兴的资本主义要求这种于它有益的解放。但是这一解放，也和其他政治革命一样，只到一定程度为止。因为在资本主义的社会里，文化的享受只是资产阶级的专有物，它们的诗歌、小说等等，都是些有闲阶级的人儿吟风弄月，不然，就是咏他的鸟儿、松鼠儿、猫儿、狗儿，做他们享乐的材料。所以模仿的文字在现今的社会里还是不少的，陈梦家的《雁子》就是一个好例。陈氏是新月派的诗人，他的诗是模仿徐志摩的。徐志摩做了一首《雁儿们》，他也做一首《雁子》，徐志摩舒舒服服地看雁儿在云空里飞，看到它们的翅膀，看到它们身上的晚霞，听到它们的歌唱，问"它们少不少伴侣？"问"它们有没有家乡？"陈君也是在看雁子，也是在听它叫，听它歌，看它的翅膀，他并比志摩还坦白地说出他要"情愿是只雁子"，差不多完全一样。不过，志摩在那儿替雁儿担忧，怕它们或是自己在幻想那"昏黑里泛起的伤悲"，陈君则翻一个身，说是"不是恨，不是欢喜"。然而，在我们这些终日做苦工的人看来，实在是无聊；只有他们这些什么"秘书"，坐飞机来往，或大学教授或吃什么肉饭的人，才会有这些闲工夫，在那儿雁儿、云儿的，也只有他们才有工夫去模仿他们的典型。模仿，在我们眼中就是懒惰，没有奋斗的力量！模仿徐志摩，纵然模仿逼真，也不过是个徐氏作品的赝鼎；即使完全与徐氏的作品一样，也不如自己直抒胸臆、空无依傍的作品有价值。胡秋原君曾有一段批评钱杏邨先生的话，可以拿来做本节的结论，他说：

……钱先生只会皮毛地模仿。如福禄特尔说的，世上第一个以女人比花者，是头等的聪明，第二个再用女人比花者，则是头等的蠢材。他看了一篇卢那卡尔斯基的批评论文，他也来那样一手；看了朴列汉诺夫论艺术与友人书，他也来一次"敬爱的足下"。正如茅盾有三部曲，也有人来一个三部曲一样。

（胡秋原：《钱杏邨理论之清算与民族文学理论之迷妄》）

钱君的批评理论，我实在惭愧得很，没有读过多少，胡君对他的批评是否合理，我暂且不能下断语，然而把"钱君"这一名词抽出来"断章取义"，胡君所批评模仿的毛病对于一般模仿的批评家却是千真万确、应当记取的。

轻薄

记得从前樊樊山①做江宁藩司②时,曾批一件夫诉妻不贞被人强占一案的判词中有这么四句:

夫以有夫之妇,焉能视为长江流域,可以彼此通商?又安能认为公共码头,许其互相占领?

一个高级地方长官下判词竟这样开玩笑,这真是文人轻薄的积习。

亡友韩著伯,名重,又名衍,江苏海门人,曾受业于张季直,为文轻刀快马,笔锋犀利,袁世凯在北洋练兵,他曾做北洋督练公所入幕之宾,后以上书军机大臣,揭参某提督之子贪污不法事,获罪于袁,袁必得之而甘心。适杨士骧为北洋总督,其幕上客庐江吴葆初者,前清名将吴长庆之子,当时号为四公子之一者也,爱韩之才,言于杨,阴庇之。后来袁氏求之急,杨遂荐于冯梦华,冯时继恩铭抚皖,韩遂参皖督练公所文幕。他的短文揭载于上海《神州日报》花花絮絮的很多。他那时已出其天才,把他的旧文学的长处运用到一种似语录非语录的白话文里,短小精悍,光芒四射,他的诗近渔洋、定盦,而侠骨柔肠冶于一炉,铮铮作响,实为罕见。例如《感旧》二首:

珊珊碧水长成姿,憔悴人间第几枝!

知否黄金台下客,梦回灰冷十年时?

灯火凄凉旧事非,桃花如雪白鸥飞。

一从淮泗匆匆去,泪满关河不忍归!

又咏《小灵芝》二绝:

清歌入海百珠驰,绕国妖氛夜落时。

花傍战场红似火,满城争说小灵芝!

时在庚子兵败以后,所以有"花傍战场"之句。小灵芝继杨翠喜而起为

---

① 清代名吏樊增祥(1846—1931),字嘉父,号云门,别号樊山、樊樊山,湖北恩施人。

② 江宁布政使司,为清代江苏省级行政机构,全称"江南江淮扬徐海通等处承宣布政使司",简称"江宁藩司"。

北京名女伶，末后两句，忧时愤世之情不能自已，作者固伤心人也。其第二绝是：

秋娘死后废琵琶，城上空余北府鸦。

十载不谈乡国事，江风吹动女儿花！

自注说："或言灵芝丹徒产也。"这些诗都还不失诗人忠厚之旨，下面一首寄蒯若木的一绝便不同了：

身无余地是长安，旧事如灰火正寒。

车耳黄尘深一尺，入门作佛出门官！

这是骂蒯氏的。因为蒯氏平常好谈佛，然而他礼佛其名，钓誉其实，机会来了，便要去做官，故云。这已经有点轻薄了，然而还不失为友朋规劝之义。他有时作文却非常尖酸刻薄。他在安庆和我及其他几个朋友办白话报，竟以揭发省城某乡宦家庭隐私，被人戳了五刀。当时又有另一乡宦，以候补道员资格办理某要差。韩氏嫌其贪鄙，适逢新年，某乡宦请他做春联，他随笔替他诌了一幅大门春联道：

小人有母，

天子当阳！

某乡宦不知道他是在骂他，居然把它贴在公馆大门上，韩与我平居纵谈时，常引为笑柄。辛亥以后，我们又在省城办报，某乡宦仍在省城鬼混，韩做短文一篇以讥之。当中有这么两句：

天子不当阳矣，小人之母则何如？

这实在太轻薄了，因恶其人而迁怒于其老母，又以极烂污的话去骂她，实在有伤忠厚。有人问，胡秋原君下面一段文字算不算"轻薄"呢？他说：

其实，钱先生（杏邨）与其说是一个批评家，倒不如说他的"天才"更适于做编书匠。这只要看他的什么《新文艺描写词典》《青年文学自修读本》之类的大著就可以看得出来。他会抄书，也会把许多不相干的东西凑在一起，是一个"天才"的、优秀的 Copyist。钱先生的文字虽然不

高语罕

行，但在万事浅薄的中国，以他善于抄袭，善于"拼凑为文"，是可以做个 Journalist 的，何况又会玩弄马克思主义，玩弄似是而非的理论呢？如果为他创造一个新名字，可以说——他是一个"拟普罗的金鸡纳主义者"（Pseud Prolet-journalist）……

（胡秋原：《钱杏邨理论之清算与民族文学理论之批评》）

这不能说是轻薄，不过有点"挖苦"而已。因为编书匠也是一种正当的职业，如果钱先生的"天才"果适于此道，那就做个编书匠也无妨，也无所愧怍。胡先生这话并非完全"轻薄"，不然，你看胡秋原先生不是也正在那儿伙着一些"东西留学之士二十余人"编纂《世界人名大辞典》吗？不过这里有个条件，就是：必须要有"十八世纪笛德罗所编之百科全书，是十八世纪思想文化之总结晶，近世文明之先驱的纪念碑"那样的价值才行。可见，胡先生并不是绝对轻视编书匠。然而，也许胡先生眼中的笛德罗等不是编书匠的天才，而是"思想文化之总结晶"与"文化之先驱"，那就难乎其为钱先生的编书匠了。至于 Journalist，在中国虽是"抄袭与夸张"和"拼凑为文"的多，然而也不能一概而论。所谓 Journalist，就是"新闻记者"或"通信员"。马克思和恩格斯也曾做过新闻记者，也曾做过通信员。胡先生眼中的 Journalist 当然不是这样的，而是善于抄袭与夸张和拼凑成的下流东西。对于钱先生，这话固然有点难堪，实则这种编书匠真要不得，因此，胡先生的话也就不是"轻薄"，而为我们青年学生所应当服膺的。总而言之，挖苦文字，贤者所不能免，然须有一定的范围，不然便流于轻薄。我的意见，作文与其失之轻薄，毋宁失之严厉。杜工部说：

王杨卢骆当时体，轻薄为文哂未休。

尔曹身与名俱灭，不废江河万古流。

这真正是诗人忠厚之旨，而爱民、爱社会的热忱充满着它的全体，毫无一点轻薄之习，可为后人模范。"不废江河万古流"这句话诚然无愧，至于

白云山岳皆文章：大师的37堂写作课

190

前边所引的樊樊山之文实在要不得。轻薄至此,无怪乎他"身与名俱灭"了。

阿谀

"阿谀"也是虚伪之一种。虚伪是在言论行为上不露其真面目给人看。明明同那个人不好,表面上还故作一种要好的样子;明明是满肚子不高兴,表面上还是有说有笑;明明看不起那个人,表面上还是谦恭小意;明明对他没有什么感情,表面上做得好像是生死莫逆之交。这都是虚伪,在言论行为上如此,在文字上一定也是如此。所谓虚伪,就是不近人情;不近人情,鲜不为大奸慝。

虚伪是自己做假欺人,阿谀是替人做假欺人,替人捧场,在专制时代谓之"颂圣",或称"颂扬",又叫作"奉承"。为什么要做文章去奉承人?去阿谀人的,大致不外威逼与利诱两种。碰到有权有势的,你若要在他手下讨生活,那你不得不好话多说,不然的话,那你轻则打破饭碗,重则还有不可测的危险,这叫作"威逼"。有钱有势的人或阶级,他不一定要用权,权到必要时才用的;他还可以用钱去驱使人,无论什么人,就常理说来,都是"黑眼球见不得白银子",或是"哈巴狗儿看见穿红的摇尾巴",所以现在的报纸和其他一切所谓机关文件,大都不外此两种性质。做这种文字的,可以说是"奴隶的文字";说这种语言的,可以说是"奴隶的语言"。奴隶的语言文字却也有两方面的意义。在阶级的社会中(譬如封建社会和资本主义社会中),被压迫阶级或个人,如果要明白表示反抗主人的意思,那就要被屠杀,至少也要受鞭笞或牢狱的苦头,所以就想出一种语言文字,罕譬而喻地,隐约之间流露出不满或反抗的意思,这叫作奴隶的语言文字。还有一种语言文字,专门对于统治阶级和个人歌功颂德,如胡适在欧洲所看见的那位所谓劳工代表,他就是专门歌颂资产阶级时代的,这种人说出话来也是奴隶的语言,做出文来也是奴隶的文字。但是这两种奴隶的语言文字是不同的:前一种是不甘做奴隶,希图解放的语言文字;后一种则是摇尾乞怜、甘愿做奴隶的语言文字。周作人有一篇短文形容得好，特引在下面：

斯忒普虐克（Stepniak，字义云大野之子，他是个不安本分的人，是讲革命的乱党，但是天有眼睛，后来在大英被火车撞死了！）在《俄国之诙谐》序中说，息契特林做了好些讽刺的譬喻，因为专制时代言论不自由，人民发明了一种隐喻法，于字里行间表现意思，称曰奴隶的言语。

（周作人：《谈虎集》上卷，《奴隶的语言》）

这种奴隶的语言，就是我们所说的前一种奴隶的语言，是积极的、反抗的、含有革命的意义的。周先生又说：

……中国自己原有奴隶的言语，这不但是国货，而且还十全万应，更为适用，更值得提倡。东欧还是西方文明的地方，那种奴隶的言语里隐约含着叛逆的气味，着实有些赤化的嫌疑，不足为训。而中国则是完全东方文明的，奴隶的心是白得同百合一样的洁白无他，他的话是白得同私窝子的脸一样的明白而——无耻。天恩啦，栽培啦，侍政席与减膳啦，我们的总长啦，孤桐先生啦，真是说不尽，说不尽！你瞧，这叫得怎样亲热？无怪乎那边的结果是笞五百流一万里，这边赐大洋一千元。利害显著，赏罚昭彰，欲研究奴隶的言语以安身立命者，何去何从，当已不烦言而喻矣乎？

（同前引文）

这就是我们所说的后一种奴隶的语言文字，是消极的，觍然无耻、甘心为奴的语言文字。这一种语言文字就是阿谀的真正精神。不过，周先生对于章秋桐做总长的时代的奴隶的语言已经深恶痛绝，自今思之，实在不甚公道。因为由我们现在所流行的语言文字（自然是一方面的）看来，觉得章先生时代还是唐虞三代。

青年诸君不要误会，以为我梦想"执政"政治的清明，其实大大的不然。

我们是要教人晓得，执政时代一般士大夫的语言文字固然是无耻的奴隶的语言文字，现在所流行的语言文字更是无耻的奴隶的语言文字，不过形式不同罢了。从前说"天恩"，现在变了什么"参加工作"；从前说"栽培"，现在变了什么"追随革命"了；从前说"总长"，现在变成什么"某某同志""某某主席"了。有人说，阿谀不尽然施之于有钱有势的，即朋辈之间气味相投的，也有变相阿谀的，那么怎样能以看作"奴隶"呢？其实这也是形式逻辑的看法。我们要问：我们为什么要阿其所好呢？还不是为的争权夺利！争什么领导权（譬如文学界的一部分私人团体的争论）？还不是互相标榜，口中说的是"革命""革命"，心里想的是"金钱""金钱"，眼中看的是"势力""势力"！他还是在做奴隶，所以他的语言文字依然是奴隶的语言文字。其无耻一也，其腔子里的隐微不可告人亦一也。陶行知所谓"不转弯的笔"，也就是劝诫青年不要做阿谀的文字，他说：

我的同辈朋友，许多都做了官，而且是做了大官，有几位做得还不错；有几位未免大事糊涂，小事不糊涂。我写了一首诗劝他们留心董狐复活。可是天下的官多着咧，糊涂的何止是我的朋友！我现在愿拿这首送朋友的诗，献给普天下之做官的。大家努力吧！

> 做官莫做糊涂官，
>
> 万人愁苦一人欢。
>
> 董狐有笔钢于铁，
>
> 只写是非不转弯。

所谓"只写是非不转弯"，就是不事阿谀，用我们的话说，就是要用"批评的武器，对着一切黑暗的势力"。

这话后来再谈，现在只要记得不要"阿谀"就得了。

傲慢

文字还有一件应当引为戒律的，就是傲慢。固然，我们不是资产阶级，我们更不是英国的绅士，说话作文板规要摆 Gentleman 的架子，斯斯文文地嚼咀，然而也不可无理由地傲慢。傲慢本不是绝对的恶德，我们对于敌人的傲慢，正是我们不屈的精神。不过我们要晓得光是傲慢的词句和傲慢的态度不能代替理论的斗争，不能解决你应当解决的问题。我现在又要说到孙倬章君了，孙君的思想是否混乱，文字是否通顺，这是另一问题，不过他的作文的态度实在不足为训。他在《读书杂志》（神州国光社出版）第二卷第二、三两期合刊做了一篇答复胡秋原君的文字，题目就是"秋原君也懂得马克思主义吗？"你看这多么傲慢？他的全文不过七个 Pages，然而，"秋原君不免太粗鄙、太武断"等类的谩骂字样总有好几十次，我现在只引它一节做个例：

　　不过由秋原君批判拙著的意思看来，秋原君不免太粗鄙、太武断，"政治经济的修养，过于缺乏。"——秋原君自己的话——马克思、列宁主义的修养过于缺乏，所以他的批判完全错误。

　　秋原君只说他一句"政治经济的修养，过于缺乏"，倬章君便报他许多的"……过于缺乏"还不快意，还要加上一些"太粗鄙、太武断""太不了解"等等，这在秋原君的主观上看来，实在我可以替他代答一句："其自为谋也，则过矣；其为人谋也，则忠。"但是倬章君和秋原君，我们都是素昧平生。听说，倬章君曾经在法国做过勤工俭学生，年纪有四十上下了；秋原君是日本的学生，年纪不过二十多岁。倬章君的态度，老实说，真有点"粗鄙"，有点"武断"（我这话唐突了，恕罪！恕罪！），为什么呢？倬章君是苦学出身，应该晓得学问的艰难，纵或读了几百卷书，在我们四十岁左右的人并算不得什么奇事，也并不能以此骄人，况且书虽读在肚子，究竟是否消化了呢？这也是大大的问题。即使倬章君真正"懂得马克思主义"，那对于秋原君的态度也不应这样地"粗鄙""武断"，这样地傲慢！

　　我这样想，假使秋原君做文章指摘我的文章有什么不对，或竟说我"政治经济的修养，过于缺乏"的话，我先应当反问自己一下，神明上觉得有点惭愧吧？不对，应该先虚心地检举自己的文章在理论上是否站得住。如果站不住，那秋原君的箴规是不错的，我应该明白承认秋原君的指正；若果站得住的话，那也只应平心静气地和他辩驳、讨论，他的善意依然是可感的。至于秋原君本身是否对于"政治经济学"有甚"修养"，那也需从事实、从理论上去证明。果真秋原君本身的政治经济学的修养还不甚充足，那也不是什么"粗鄙"不粗鄙的问题，应当好好地在理论上去说服他；徒事谩骂，徒然摆出一个"只此一家，别无分店"的面孔，冀以堵塞人口，虚张声势，企以掩饰自己的短处，那是怯懦的行为、可鄙的心理，纵使我的理论是"天字第一号"的"正确"，对于胡君也还应该抱着一个"将顺"和"匡救"的希望。若是不论三七二十一，开口粗鄙，闭口武断，那正是"雷不打自抬"，于人何尤？于人又何损？而且在我这个政治经济学真正"缺乏修养"的人看来，秋原君所批评倬章君的话，是的地方实占大部分，即如倬章君引任曙君的"帆船"与"轮船"比较，做中国已成为资本主义社会的证明，这种"读死书""死读书"的书呆子（得罪！得罪！）实在好笑。任曙君已经是错了，倬章君还跟在他的脚跟转，那更是错中错。然而他不认错，还是狡辩：

秋原君谓余不应采此材料，不过以严灵峰君批评了任君的此种比较，谓帆船也载资本主义的商品，为资本主义服务罢了。其实，帆船是封建社会的交通工具，轮船是资本主义的交通工具，这是无法否认的事实。

（孙倬章:《秋原君也懂得马克思主义吗？》）

帆船既为资本主义服务，那它就不能再与资本主义的轮船对立，便成了轮船的附属品，即资本主义的附属品，我们便不应当再拿它当作一部分封建社会的生产势力来与资本主义的势力对抗，因为它的生命已经操在资本主义手里，不再有对抗的资格了。倬章君还在那里断断置辩，说什么事实，要知道，这一事实已经退处于极不重要甚至等于零的地位了。实则资本主义的生产侵入社会以后，所有以前所遗留的资本及其他经济形式，皆变作资本主义生产方式的附属而与之共生死，所以马克思说：

在资本主义的生产所支配的社会状态里面，就是非资本主义的生产者，也为资本主义的观念所支配。

（马克思：《资本论》第三卷上册，德文本十四页）

照这样说法，不仅轮船应属于资本主义，即帆船在现在也应属于资本主义的范围之内，倬章君固执着什么不可否认的事实，他不知道，他已陷到形式逻辑的泥淖中去了。然而，倬章君不承认自己的错误，反而左一个"太粗鄙"，右一个"太武断"，其实这都是"夫子自道也！"由此，我们知道徒然傲慢是不能解决问题的。或者倬章君又要骂我"太粗鄙、太武断"，因为他紧接着前文曾经这样地说过：

帆船为封建的工具是一事，为资本主义服务又是一事，不能因封建的工具为资本主义服务，即变为资本主义的性质了。犹如英、日两国的皇帝为封建社会的遗物，不能因他们现在为资本主义服务，即谓他们不是封建社会的遗物了。

（同前引文）

这更使我们这些"粗鄙"的人无从索解了。工具就是替人服务之具体的名词。我们现在打个比方：假定倬章君原来是为无产阶级革命服务的，那孙君就是无产阶级革命的工具；假使不幸，倬章君（这自然是假设，是impossible）跑到资产阶级的阵营里去了，去替资产阶级服务去了，那我们就大着胆子说，倬章君已做了资产阶级的工具，这在理论上恐怕是没有什么错误吧？在事实上更不用谈了。倬章君咬着"工具"和"服务"两个名词妄生分别，而又固执"遗物"这一个古典，实在有点太吃力，更是不讨好。譬如，英、日皇帝原来是封建社会的遗物，也可说曾经是封建社会之主要的工具，因为他代表封建社会的利益，倬章君若是这样说，我们双手赞成。但是现在呢，英、日皇帝是代表英、日两国资产阶级的利益，就完全变成资产阶级的工具，早已失去他们封建时代的作用和意义了。若果不懂得这一点历史的转变过程，老实说，就把马克思列宁主义的书统统读完也没有用处，也还是不曾敲开马克思主义的大门。

俗话说得好："江湖跑老了，胆子跑小了。"这句话有两方面的意义：一方面可以走到阅历多而趋避速，变成了"乡愿""滑头"；一方面可以走到研究愈深，见理愈真，越觉得不敢自信，越知道学问世界之无尽藏，不敢夜郎自大，以此骄人，而睥睨一切。倬章君既然读书甚富，又在中年，当然要知道此道不易，对于比我们年轻而有点天才的作家，更应抱着很诚恳、很敬爱的态度，虚心与之商榷，如果自己脚跟站得稳，理论有根据，足以折服他，那岂不是"吾道不孤"了吗？从前列宁对于青年的托洛茨基是多么爱护呀！即承认你是闻道在先、研究有素，要想教育我们这些"未闻道"的后生（不以年龄论），那光靠"粗鄙""太粗鄙"等等这些谩骂的字眼儿也不是教育的方法！那我们只有给你上一个尊号——"傲慢"！倬章君对人虽然傲慢，责备虽然严厉，然而他对于自己却很能原谅，譬如他说：

……著者那篇拙著，是整部书中的一章，著者当时，竭精力于全部的结构，对于此章，是最短时写成，以分析最重大、最复杂的问题，在方法和材料方面都不免有不完满或错误的地方；著者现在看来，即有很多应修改的地方，不过大意敢自信是正确的，完全是根据马克思列宁主义研究的结果。

既说是"完全是根据马克思列宁主义研究的结果"，为什么又说"在方法和材料方面都不免有不完满或错误的地方"？这是一。人家有错误或不完全（假定的话），就骂他太粗鄙、太武断，"不懂得马克思主义"，而自己的错误和不完全，不但不承认自己粗鄙、武断，不懂得马克思主义，反而说依然是完全根据……主义研究的结果，这是二。自己宽恕与对人傲慢，是一种怯懦心理的两方面，我们青年做文字，万不可再蹈这种恶习。我们要把它倒转过来，对自己要严厉地督责，明白地承认过失，对人在理论斗争上，态度要严正但又要公平，切忌谩骂，因为斗争上的不妥协与无情（Unversohulich-keit und erbarmungslosigkeit）和空洞无用地用谩骂代替真理的傲慢的词句简直是两个极端。

高语罕

文字的质力

（选自《国文作法》上海亚东图书馆 1922 年版）

漂亮

"漂亮"是文字的一种质力；文字有了这种质力，很足以吸引读者。但什么叫作"漂亮"呢？我想，这个名词一般青年皆可以耳入心通。我们拿一个人做比吧。他年纪不过二十上下，面孔雪白干净，衣服入时，而身段又活泼，举止动作都很摩登，说出话来又干脆又清楚，写几句普通文字也不讨厌，件件拿得起来。这些性行举止的总和就是漂亮。现在文字写得漂亮的，第一要数胡适，他的文字的全部精彩就是漂亮，譬如他的《新生活》那篇文字就是一个好例。假使你要给它一个批评，那除了"漂亮"，还有什么最适当的字眼儿呢？胡适的文字，不但散文如此，就是诗也是这样。例如他的《明月》一首：

> 也是微云，
>
> 也是微云过后月光明。
>
> 只不见去年的人伴，
>
> 只没有当日的心情。
>
> 不愿勾起相思，
>
> 不敢出门看月！
>
> 偏偏月进窗来，
>
> 害我思想一夜。

自然这诗里的境界当然与散文不同，然而它通体透明，好像从大门一直看到后堂，虽然也有点想象力，然而并没有多大含蓄，这在文字上却是一个美质和力；尤其是在现代社会中，我们要和最大多数的平民说话，并且要替最大多数的平民说话，这种美质和力确实是必要的。不过我们只是拿它来做个例，说明文字上的漂亮大致如是，并不一定是称赞它的内容；若是说到内容，那就另是一个问题。

生动

文字固然要写得漂亮，就和人要漂亮一样，但是光是漂亮，内里没有真正的生命力，那也不过是一架装潢得很好的活机器而已，它本身并没有什么生命力，而它的动作行为也就好像是一个绣花枕头一样；或是像一个富贵人家的公子哥儿一样，他懂得应对进退；或是像一个学生会里好出风头的代表一样，他惯于说几句漂亮话，其实都只是表面，纵或也有它的内容，但这种内容也禁不起人家的追求，因为稍一追求，它的漂亮便成了索然寡味的空壳。所以，我们除了漂亮之外，还要使文字具有一种生动的质力。现在我们要问，怎样才谓之生动呢？

譬如，说一件事，能把作者对于这件事的意见或把他人的心思、他的深处掘发出来，活泼泼地跃然纸上，无论善与恶、美与丑，都具有它的全部生命，从他的笔端透露到我们的眼底，打进了我们的心坎，这就叫作"生动"。例如，郑燮给他弟弟墨第四书说：

十月十六日得家书，知新置田获秋稼五百斛，甚喜；而今而后，堪为农夫以没世矣。要须制碓，制磨，制筛箩簸箕，制大小扫帚，制升斗斛。家中妇女率诸婢妾，皆令习舂揄蹂簸之事，便是一种靠田园长子孙气象。天寒冰冻时，穷亲戚朋友到门，先泡一大碗炒米送手中，佐以酱姜一小碟，最是暖老温贫之具。暇日咽碎米饼，煮糊涂粥，双手捧碗，缩颈而啜之，

高语罕

霜晨雪早，得此周身俱暖。嗟乎！嗟乎！吾其长为农夫以没世乎！

（《郑板桥集》，参阅王灵皋编：《国文评选》第一集）

寥寥数行，把三百年前中国地主阶级的生活与其思想表现得很清楚，同时并表现像板桥这样的地主，似乎已经感觉到农民的破产和痛苦，是当时社会的一个深切的裂痕，于是才有"暖老温贫"的慈善举动，而板桥老人急于挂冠归隐去享那开明地主的安逸幸福的一腔心事，真是跃跃纸上，这便是文字的生动的质力。又如左宗棠《答刘霞仙》书有云：

……吾非山人，亦非经纶之手，自前年至今，两次窃预保奏，过其所期。来示谓涤公拟以蓝花翎尊武侯，大非相处之道。长沙、浏阳、湘潭凡颇有劳，受之尚可无怍。至此次克复岳州，则相距三百余里，未尝有一日汗马之劳，又未尝偶参帷幄之议，何以处己？何以服人？方望溪与友论出处：天不欲废吾道，自有堂堂正正登进之阶，何必假史局以起？此言良是。吾欲做官，则同知，直隶州亦官矣，必知府而后为官耶？且鄙人二十年来，所留心自信，必可称职者，惟知县一官。同知较知县，则"贵而无位，高而无民"，实非素愿。知府则近民而民不之亲，近官而官不禀畏。官职愈大，责任愈重，而报称为难，不可为也。此上惟督抚握一省大权，殊可展布，此又非一蹴所能得者。以蓝顶尊武侯而夺其纶巾，以花翎尊武侯而褫其羽扇，既不当武侯之意，而令此武侯为世讪笑，进退均无所可。涤公质厚必不解出此，大约必润之从中怂恿，两诸葛又从而媒蘖之，遂有此论。润之善牢笼，喜妖术，吾向谓其不及我者以此。今竟以此加诸我，尤非所堪。两诸葛懵然为其颠倒，一何可笑！幸此意中辍，可以不提。否则，必乞为涤公陈之：吾自此不敢即萌退志，俟大局戡定，再议安置此身之策。若真以蓝顶加于纶巾之上者，吾当披发入山，誓不复出矣。

你看他直抒胸臆，毫无隐饰，有声有色；读了这种文字，真好像我们现在看有声电影似的，多么生动啊！又如大仲马的《侠隐记》，每叙一人都叙得生动有力，尤其是它叙述达特安，真是生龙活虎。就拿《雪耻》一篇（《侠隐记》上册第五回）做比吧，它叙述达特安、阿托士、阿拉密等须眉毕现，活生生地腾跃纸上，不但表现他们的勇敢，并且表现他们的果决；不但表现他们的果决，并且表现他们虽在决生死的时候，犹能体贴人情，从容不迫。达特安之始而道歉，继而拔剑决斗，继而于俄顷之间，决定站在阿托士他们三人方面，可算得有勇知方；而阿托士于伽塞克劝达特安不要参加时，与达特安握手，拉住了他，得了一个极有力的援助，给他们此后的事业另开一个新局面，也是胆识过人。文字写得如许生动，真是少有的啊！

简劲

文字若要真正有力，不但要漂亮，要生动，并且要简劲。因为必须简劲，才可算得真正漂亮，真正生动。有许多人做文章，欢喜拉长篇幅，敷衍成文。本来几行就可写了的，他可把它说一大篇。本来几句就说了的，他竟把它写成多少行，这叫作"冗"。就是说，不应长而长的东西，是多余的长度。好比人穿衣服，本来三尺八寸的袍子正合身，然而裁缝司务却把它做成四尺长，不但无用，而且有害，因为不但显得难看，并且使他行动不便。冗长的文字也是这样，不但使本文的好的部分显得无精打采，反引起读者许多厌恶和烦倦的心理。要医这个病，只有反其道而行之，那就是"简劲"。能简斯有"劲"，故谓之"简劲"。所谓"简"，就是凡于一句话说了的，绝不用两句话；凡于一个字说了的，绝不用两个字。有人说，这在文言里很多，白话文中恐怕难找，其实不然，文言中固然找到很好的例子，白话文中也是一样。文言中如《左传》：

王曰："骋而左右，何也？"曰："召军吏也。"

"皆聚于军中矣？"曰："合谋也。"

"张幕矣？"曰："虔卜于先君也。"

"彻幕矣？"曰："将发命也。"

"甚嚚且尘上矣？"曰："将塞井夷灶而为行也。"

"皆乘矣，左右执兵而下矣？"曰："听誓也。"

"战乎？"曰："未可知也。"

"乘而左右皆下矣？"曰："战祷也。"

这样一问一答，不但简劲有力，并且把当时两军阵前观察敌军行动的仓皇戎马的情形表现得逼真。你看它的问语，除了"战乎"一句，完全不用问语的助词（"乎""何"等字），更是绘影绘声，惊心动魄。白话文中如《水浒传》：

王婆道："大官人，你听我说：但凡挨光的，两个字最难，要五件事俱全，方才行得。第一件，潘安的貌；第二件，驴儿大的行货；第三件，要似邓通有钱；第四件，小就要绵里针忍耐；第五件，要闲工夫。——此五齐，唤做'潘，驴，邓，小，闲'。五件俱全，此事便获着。"

好一个"潘，驴，邓，小，闲"，五个字结束上边五件事，简直是一字一刀，这才真是"简"到无可简，所以它的"劲"也就比这五件事还有力量！我们再看武松杀嫂之前，见他的嫂子在他哥儿的灵前假哭的时候，他道：

"嫂嫂，且住。休哭。我哥哥几时死了？得什么症候？吃谁的药？"

这也就够简劲的了。又如马克思的女儿劳拉和她的长姐燕妮对他们的父亲提出一组问题嬉戏为乐，她们的父亲一一地答复，遂成如下之"自白"（Bekenntnisse）：

你喜欢的道德——单纯。

你喜欢的男性的美德——力。

你喜欢的女性的美德——温柔。

你的主要特性——努力之集中（据英文，则应译为"目的之单纯"）。

你的幸福观——斗争。

你的不幸观——屈服。

你深恶痛绝的恶德——轻信。

你最厌恶的恶德——卑屈。

你不喜欢的东西——Martin Tupper（英国无能而成名的通俗诗人）。

你喜欢的工作——咀嚼书籍。

你的诗人——Shakespear，Aischylos，Goethe.

你的散文家——Diderot.

你的英雄——Spartakus Kepler.

你的女英雄——Gretchin.

你的花——月桂。

你的色——红。

你心爱的人名——劳拉、燕妮。

你心爱的食品——鱼。

你心爱的教条——未有反乎我者。

你心爱的箴言——怀疑一切。

这种一问一答之简而有力，完全与前所引左氏之文一样的神情如画。这种简劲的文字，就是单刀直入、斩钉截铁的文字。《水浒传》叙述活剐王婆一段，也是同样的简劲：

大牢里取出王婆，当厅听命。读了朝廷明降，写了犯繇牌，画了伏状，便把这婆子推上木驴，四道长枷，三条绑索，东平府尹判了一个字"剐"！上坐，下抬，破鼓响，碎锣鸣；犯繇前引，混棍后催，两把尖刀举，一朵纸花摇；带去东平府市心里吃了一剐。

只一个"剐"字以后，马上跟着"上坐""下抬""破鼓响"……一直到"吃了一剐"，活画了一个阴风惨惨、杀气腾腾的刑场，真正令人毛骨悚然！

譬喻

譬喻就是打比方。我们说话的时候，常常用譬喻来帮助我们的语意的说明或补足我们的语气，这是极普通、极寻常的事。在文字上，也同说话一样，是常常离不了譬喻的。东西的哲学家、文学家、历史学家都常惯用譬喻，中国如庄子、墨子、荀子、司马迁、曹雪芹、施耐庵、吴敬梓，西方如莱辛格（Lessing）、歌德（Goethe），都很重视譬喻，马克思的著作中，尤其是他的《政治经济学批判》当中，包孕着很丰富的譬喻，即他的《资本论》中，也是常见的。譬喻约略可分为三种，特分条举例说明如下。

（一）运用俗语的譬喻

这种譬喻最多，它可以在语句中插进去，所用的都是俗话，本来不相干，而引用来了以后，便觉得好像天然造成的一样，例如：

（1）那妇人道："亏杀了这个干娘。我又是个没脚蟹，不是这个干娘，邻家谁肯来帮我！"

（《水浒传》）

（2）众囚徒道："好汉！休说这话！古人道：'不怕官，只怕管。''在人矮檐下，不敢不低头！'只是小心便好。"

（《水浒传》）

（3）王德道："你有所不知。衙门里的差人，因妹丈有碗饭吃，他们做事，'只拣有头发的抓'……"

（《儒林外史》）

（4）严贡生发怒道："放你的狗屁！……你这奴才！'猪八戒吃人参果，全不知滋味！'说的好容易：是云片糕！……半夜里不见了枪头子，攮到贼肚里！"

（《儒林外史》）

（5）差人道："先生，你是一个'子曰行'的人，怎这样没主意？自古'钱到公事办，火到猪头烂'。只要破些银子，把这枕箱买了回来，这事便罢了。"

（《儒林外史》）

（6）差人恼了道："这个正合着古语'瞒天讨价，就地还钱！'我说二三百银子，你就说二三十两！'戴着斗笠亲嘴，差着一帽子！'怪不得人说你们'诗云子曰'的人难讲话！这样看来，你好像'老鼠尾巴上害疖子——出脓也不多！'倒是我多事，不该来惹这'婆子口舌'！"

（《儒林外史》）

（7）那刘姥姥先听见告艰苦，只当是没想头了；又听见给她二十两银子，喜得眉开眼笑道："我们也知道艰难的，但只俗语说的'瘦死的骆驼比马还大呢！'凭他怎样，你老拔一根寒毛，比我们的腰还壮哩！"

（《红楼梦》）

（8）金荣笑道："我现拿住了是真的！"说着，又拍手笑嚷道："贴的好烧饼！你们都不买一个吃去！"

（《红楼梦》）

（9）凤姐道："我哪里管得上这些事来！……你是知道的，咱们家所有的这些管家奶奶，哪一个是好缠的？错一点儿，他们就笑话打趣；偏一点儿，他们就'指桑骂槐'地抱怨。'坐山看虎斗''借刀杀人''引风吹火''站干岸儿''推倒了油瓶儿不扶''都是全挂子的本事'。"

（《红楼梦》）

高语罕

（二）运用简单的事物做譬喻

这更是日常的语言文字所不可须臾离的东西。上边所述的是俗语（即孟子所谓"挟泰山以超北海"和"为长者折枝"，荀子所谓"蓬生麻中，不扶自直"，也是古人常用的俗语），此处所谓以简单的事物做譬喻，这种事物亦多为人习见之物或习知之事，然却为一般社会，尤其是乡曲里巷、愚夫愚妇所不会常用的。而且，俗语与简单事物的譬喻还有一个大区别，就是俗语与所喻之事物成为各自独立的两事，其性质简直是天南地北，两不相干，而一经运用，便使语言文字特别生动有趣。简单事物的譬喻，往往只是它所描写或叙述的事物的形容词或形容动词，纵有整个的事物做譬喻，也没有用俗语做譬喻那样新鲜活泼。若是运用得好的话，却亦足以增加文字的质力，况且它又为行文说话所必不可缺的东西。因为人类的语言还有许多缺点，不能完全素朴地、白描地叙述事物或表达思想，一定要借助于其他事物，从旁做譬，才可敷词达意、毫发无憾。兹举例如下：

（1）那双眼睛，如秋水，如寒星，如宝珠，如白水银里头养着两丸黑水银，左右一顾一看，连那坐在远远墙角子里的人都觉得王小玉看见我了。

（刘鹗：《大明湖畔》——参看王灵皋：《国文评选》第二集）

（2）咳巴黎！到过巴黎的，一定不会再希望天堂；尝过巴黎的，老实说，连地狱都不想去了。整个的巴黎就像是一床野鸭绒的垫褥，衬得你通体舒泰，硬骨头都给薰酥了的。——有时许太热一些。

（徐志摩：《巴黎鳞爪》）

在文学方面这样地运用事物为譬喻，算是用活了。但是《红楼梦》用事物做譬喻去描写人物便死板了，把活人物变成死人物了。例如，它写王熙凤道：

这个人打扮得与姑娘们不同：彩绣辉煌，恍如神妃仙子，……一双丹凤三角眼，两弯柳叶掉梢眉……

　　一个生龙活虎似的王熙凤，这样一描写，便好像戏台上的一个武旦差不多，所以不成功。又如它用譬喻的方法描写宝玉也是失败，它说：

　　……面若中秋之月，色如春晓之花；发若刀裁，眉若墨画，鼻若悬胆，睛若秋波；虽怒时而似笑，即瞋视而有情……

　　又：

　　……越显得面如傅粉，唇若施脂；转盼多情，语言若笑；天然一段风韵，全在眉梢；平生万种情思，悉堆眼角。

　　一个一往情深、翩翩浊世之佳公子的贾宝玉，变成了戏台上一个做配角的小生。这种譬喻的技术真是拙劣之至。马克思在他的科学著作中，是善于用譬喻疏证和发挥他的理论的，譬如：

　　（1）一盎司黄金，一吨铁，一卡特小麦和二十码丝帛是同等交换价值。它们在作为这样的等价物上，其使用价值之质的差别是消灭了的，是表现着同种劳动之同一的分量。在此等物品中，平等地具象化了的劳动，其本身当得是同形态的、无差别的纯一的劳动，这劳动不问是现在金里、铁里、小麦里还是丝棉里，它是无可无不可的，就如像氧气之或在铁锈里，或在大气里，或在葡萄汁里，或在人血里一样。

　　　　　　　　　　　　（郭沫若译，马克思：《政治经济学批判》）

　　（2）所以，假如可以说，交换价值是个人与个人之间的一种关系，那却须加上一句：是在物的包覆之下隐藏着的关系。就如一磅铁与一磅金，虽然有种种物理与化学的性质之不同，而其表现着同一的重量一样，在其中有同等的劳动时间，包含着的两种商品之使用价值，是表现着同一的交换价值。

　　　　　　　　　　　　（郭沫若译，马克思：《政治经济学批判》）

（3）在这种关系当中，衣服是当作价值的存在形态，当作价值物，是适当的，因为它只有当作这样一种东西，才是和麻布一样的东西。另一方面，麻布固有的价值存在也在这个关系中显现出来，即保有一个独立的表现。因为麻布只有当作价值，才与那当作等价的衣服或那种可以与麻布交换的东西发生关系，乳酸和蚁酸就和这种情形一样，它是一个和蚁酸不同的体质。但是两者都是从同样的化学实体——炭素（C）、水素（H）与酸素（O），并且是以这些原素之同一的百分比，即 $C_4H_8O_2$ 成立的。所以，若是假定乳酸等于蚁酸，那么，蚁酸在这种关系之中：第一，只是 $C_4H_8O_2$ 的存在形态；第二，或许可以说，乳酸也是从 $C_4H_8O_2$ 成立的。所以，乳酸和蚁酸的化学实体，只要把蚁酸与乳酸置之相等的地位，便现出它们的体质形态的区别。

（马克思：《资本论》）

第（1）是以"氧气"之在铁锈、大气、葡萄汁，或在人血里都是一样，说明劳动之在各种物品中都是一样；第（2）是以"一磅铁、一磅金""表现着同一的重量一样"，说明"两种商品之使用价值"的不同而"表现着同一的交换价值"；第（3）以乳酸与蚁酸的化学上的关系说明麻布与其等价物的衣服的关系。这种譬喻含有严密的科学的意味，运用是很不容易的。

（三）用简短的故事做譬喻

用简短的故事做譬喻也是文学上及普通应用文字上所常有的，这种譬喻以《庄子》一书为最多，例如：

惠子谓庄子曰："魏王贻我大瓠之种，我树之成而实五石；以盛水浆，其坚不能自举也，剖之以为瓢，则瓠落无所容；非不呺然大也，吾为其无用而掊之。"

庄子曰："夫子固拙于用大矣。宋人有善为不龟手之药者，世世以洴澼为事。客闻之，请买其方百金。聚族而谋曰：'我世世为洴澼，不过数

白云山岳皆文章：大师的37堂写作课

金；今一朝而鬻技百金，请与之。'客得之，以说吴王。越有难，吴王使之将；冬与越人水战，大败越人，裂地而封之。能不龟手，一也；或以封，或不免于洴澼，则所用之异也。今子有五石之瓠，何不虑以为大樽而浮乎江湖？而忧其瓠落无所容，则夫子犹有蓬之心也夫！"

（庄子：《逍遥游》）

"宋人有善为不龟手之药者。……则所用之异也"，一段故事譬喻惠子之"拙于用大"。又如：

　　……何谓朝三？曰：狙公赋芧曰："朝三而暮四。"众狙皆怒。曰："然则暮四而朝三。"众狙皆悦。名实未亏而喜怒为用，亦因是也。

（庄子：《齐物论》）

用"狙公赋芧"的"朝三暮四"与"暮四朝三"的欺骗手段做譬喻，说明"因"而不作的道理。《左传》上常有这样的譬喻，如：

　　冬，楚子为陈夏氏乱，故伐陈……申叔时使于齐，反，覆命而退。王使让之曰："夏征舒为不道，弑其君，寡人以诸侯讨而戮之，诸侯、县公皆庆寡人，汝独不庆寡人，何故？"对曰："犹可辞乎？"王曰："可哉。"曰："夏征舒弑其君，其罪大矣，讨而戮之，君之义也。"抑人亦有言曰："牵牛以蹊人之田而夺之牛。牵牛以蹊者，信有罪矣；而夺之牛，罚已重矣。"

（《左传》宣公十一年）

用"牵牛以蹊人之田而夺之牛"做譬喻，以形容楚子伐陈因而"县陈"之不当，辞婉而义正，是何等巧妙！

左宗棠答胡润之的信有这么一段：

　　鄂中官吏多湘官湘人，往往以湘之利献于鄂，为自媚计而不顾大局。湘之木税，征于湘，则为横征暴敛；征于鄂，则为名正言顺。乡中有一

高语罕

笑话，与此正相似。有两昆同立门前，弟持一莱菔生嚼之，甫入口，乃兄自旁批其颊詈曰："清晨不宜吃生冷物。"夺而啖之。此一事也。川盐官运，我为划策，而阁下采之，乃常德设栈，尽笼湘省盐厘之利，使我为湘人所不容。此又有一笑话：有两人商偷其邻之牛者，一人为之划策曰："吾邻牛圈与吾牛圈比，凿墙而入，吾先之，子为吾洞。"及偷者方牵邻牛，而人已牵偷者之牛遁矣。凡此皆瘠人以自肥者之资也。

前一个故事是形容"以湘之利献于鄂"的譬喻，后一个故事是形容"瘠人以自肥"的譬喻。

重点

作文字和打仗摆阵势一样。打仗要把军队的主力放在适当的地方，然后才可以遣兵调将，出奇制胜。作文字也要把它的重点，即中心思想或最精彩的部分放在适当的地方，然后才可以章法不乱，引人入胜。但是：

（1）重点有放在前面的。

如陶行知的《活吃丈夫》：

昆虫中活吃丈夫的有螳螂、蜘蛛、蝎子等，而以螳螂吃得最残酷。法国昆虫学家法勃耳观察螳螂之恋爱，有如下之叙述：

试看它们交配，为了避免群众的捣乱，我们叫它们一对一对地分居。每对夫妻各有一个小家庭，没有闲人进来闹新房。食物也多多地备好，使它们要吃什么就有什么吃，不至于有丝毫之饥荒。

将近八月底了。雄螳螂，苗条的情郎，以为时机成熟，便向他的胖姑娘瞄准。它弯着头颈，挺出胸膛，小而尖的脸上表现出热烈的情感。他一点儿不动地对着它的意中人呆望。伊并不惊动，仿佛是表示一种不在意的样儿。雄的得到这点默许的暗示（我实不知其中的奥妙），便走近伊，忽然展开两翅，浑身都抖了起来，这大概是求婚吧。它身体虽小，一冲便冲上它的胖老婆的背上,稳稳地抱住。它们筹备了好久才实行交配，而交配的时候有时竟需五六点钟之久。

这一对没有动静的配偶是值得注意的，它们分开一忽儿，便再结合，比从前还亲密。这位太太所以爱伊的可怜的丈夫，不但是因为它能使伊的卵巢受精，而且是因为它的肉很合乎伊的口味。早则当天，迟则明日，它必定要被老婆捉着，照例在头颈上一口咬下，细细地吃，除两翅外，都被伊吃得精光。

我抱了一个好奇心，要看看第二个丈夫介绍给一个新近受精的雌螳螂会受何等待遇。调查的结果令人惊悸。唯螳螂对于食色两欲是不会满足的。不论下蛋与否，伊休息一忽儿，久暂各个不等，便能接待第二个丈夫并同第一个一样把它吃掉。第三个接上来，尽了传种之责，是被吃掉，踪迹毫无。第四个的命运也是这样。在两个星期之内，我亲见同一只雌螳螂吃掉七个丈夫。伊欢迎它们投入伊的怀抱，叫每一个都拿生命来缴付爱情之代价。

人总以为在大自然里雄的可以自由逃避，其实不然。我在那儿亲眼看见一对配偶干出这种可怖的勾当。那雄的，全副精神都用于尽它的天职，紧紧地把雌的抱着。可是它已经没有头，连颈子也没有，身体也不完全。那雌的，嘴儿伸过脖子，正在那儿吃伊没有吃完的温柔的情人哪……

我们有一位朋友的夫人很厉害，他当伊的面不敢说什么，背后常喊伊为雌老虎。我劝他达观些，便把螳螂的家庭生活讲给他听，他说："我果然是比上不足，比下有余了。"

诸位若不信法勃耳的话，可以养些螳螂试试看。何必要信他的话呢？最好是亲自试一试吧。

（《斋夫自由谈》）

这篇文章的重心在要叙说"螳螂吃丈夫"的故事，一开首就把它揭出，使读者知道重点所在。其事既奇，文字又来得突兀，自然可以吸引读者。

（2）重点有放在文章后面者。

高语罕

例如，托尔斯泰的《难道这是应该的吗？》那篇小说，它的重点就是放在后面的：

……这几位先生（指托氏在他这篇小说的前半篇所叙述的几个人——灵皋）是三家，全住在乡下别墅里：一个是乡下的绅士，手下两千多亩田地；一个是做官的，每月得着三千卢布的薪水；还有一个是富家，是大厂主的子弟。

那些人看见围着他们吃食和苦工的样子，一点也不觉得奇怪，一点也不动心。他们以为这是应当有的事情。骑在马上的那个妇人看着那只狗，忽然说道："不，这是不能，我一点也看不见这个。"她就让马车停住，大家聚在一块说了几句法国话，笑了笑，把那狗放在马车里，重新又往下走；那石灰层好比云雾似地飞起来，喷在石工和走路人的身上。

一会儿，马车、马、自行车都一瞥而逝，好像成了别一世界的东西，然而那工厂里的工人和石工、农夫，还在那替别人家艰苦无味地工作，直到他们的死去。

他们目送那些贵人过去，自己却想道："人类是为这样才活着的吗？"他们心里更觉得一阵阵的难受。

难道这是应该的吗？

这一篇作品是从田野中看见工人在厂里工作，在矿山中工作，看见乡下人在耕田，在那儿打石块等等的痛苦，又在田野中和工厂附近看见那有钱有势的人高车驷马、风驰电掣的情形说起。到了后来，总结一笔"这几位先生……"。以后四段总结其事，看出"好像成了别一世界的东西"，自然要在工农群众眼中、心中或是作者的心中逼出下面一个问题来："难道这是应该的吗？"文字重点在后面。像这篇文字，叙述的声势是一步紧一步，大有"群山万壑赴荆门"之势。篇末，煞手一句，戛然而止，余音绕梁，三日不绝。这是重点在篇末的好处。

（3）重点有在一篇之中的。

如《西厢记》中《拷艳》一篇的最精彩的部分就在当中一段，如下：

夫人：问候呵，他说什么？

红娘：他说道（唱）：

　　夫人事已休，

　　将恩变为仇，

　　着小生半途喜变作忧。

他道：红娘！你且先行！

　　教小姐权时落后。

夫人：她是女孩儿家，着她落后怎么？

红娘（唱）：

秃厮儿

我只道神针法灸，

谁承望燕侣莺俦？

他两个经今月余，

只是一处宿！

何须一一问缘由？

圣药王

他们不识忧，不识愁，

一双心意两相投。

夫人！得好休！便好休！

这其间何必苦追求？

常言道："女大不中留！"

夫人：这桩事都是你个小贱人……

红娘：非是红娘之罪，亦非张生之罪，乃是夫人之过！

夫人：这小贱人倒拖下我来！怎么是我之过？

红娘：信者人之根本。人而无信，大不可也。当日军围普救，夫人

高语罕

许退得军者以女妻之。张生非慕小姐颜色，何故无干建策？夫人兵退身安，悔却前言，岂不为失信吗？既不允其亲事，便当酬以金帛，令其舍此远去。却不合留于书院，相近咫尺，使怨女旷夫各相窥伺，因而有此一端。夫人若不遮盖此事，一来辱没相国家谱；二来张生施恩于人反受其辱；三来告到官司，夫人先有治家不严之罪。依红娘愚见，莫若恕其小过，完其大事，实为长便。（唱）：

么

世有便休，罢手！

大恩人怎做敌头？

被白马将军故友，

斩飞虎叛贼草寇。

络丝娘

不争和张解元参辰卯酉，

便是与崔相国出乖露丑。

到底子连着自己骨肉！

夫人！休穷究！

《拷艳》一篇是《西厢记》的最精彩的部分，这一部分又是《西厢记》的中坚，所以写得有声有色，可泣可歌，把一个红娘写得那样有胆有识，有气魄，有担当，显得她"胸有千秋""目无余子"，只有《红楼梦》里的尤三姐和《警世通言》中的杜十娘足与比肩。王灵皋说："世果有其人者，吾裹粮挟贽从之矣！至于张生、莺莺，则贾琏、尤二姐之流亚，滔滔者天下皆是也，又安足道？"（参看王灵皋的《国文评选》第二集）这是著者倾注其全力的地方，故说它是重点所在。

（4）重点有分置在篇首与篇末的。

说话要有头有尾，作文亦然。普通作文，尤其是论说文字，总是起首把全篇主旨虚虚地或大概地说一说，或者，很坦然地、坚决地把所讨论的问题先下一个断语，然后才慢慢地条分缕析地说明这种论断的理由；到了末了，再来一个总结收束全篇，便是重点分在首尾。譬如徐玉诺的《十一个人犯》，开首是：

铿叱哗啦，铿叱哗啦，他们十一个——他们十一个囚犯，被八个武警押着，正在筑路，这路是从洛阳直通到西工的。

煞尾又是：

哗啦铿叱，哗啦铿叱，他们十一个囚犯，被八个武警押着，正在筑路，他们不曾吸烟，他们不曾喝茶，他们不曾休息。

这是描写十一个犯人不休息的劳动，被武装警察押着，给那些"收税自由，法权独裁"的人们筑路的情形，开首一段与结尾一段都详细点明题旨，提醒人们注意本篇的重点所在。这种首尾注重的写法，论说辩难的文字中最多。因为他同人讨论问题，首先就要简单地表示自己的意见，或是首先否定了对方的意见，这叫作"一针见血"，又叫作"开门见山"，或叫作"当头一棒"。因为一件事体本已被人视为情理之常，而今忽做翻案，恰似冷不防照着人头上给他一棒一样，哪能不令人吃惊、令人注意？迫到后来，一桩桩、一件件解释明白以后，你再总括全篇给它一个结论，向来惊讶不止、怀疑满腹的人，到此自然涣然冰释，这叫作"画龙点睛"。读者最好再去把胡适的《孙行者与张君劢》一文（王灵皋：《国文评选》第二集）翻出来读一读，你看他那开首一段与末尾一段的呼应，当更了然。

统一

"统一"这两个字，我们青年们一定是听惯了的，吴佩孚不是曾经做过几年"武力统一"的迷梦吗？现在的权力阶级不是在那一方面高叫他的"和平统一"，一方面实行贯彻他的"武力统一"的政策吗？和平统一也罢，武力统一也罢；鬼来统一也罢，人来统一也罢；资产阶级的政权来统一也罢，工人阶级的政权来统一也罢——总归是统一罢了。统一就是把全国人的心思

高语罕

财力，不然，就是最大多数人的心思财力，集中于国家改建与社会改造的目标，无论是工人做工也罢，农民种田也罢，商人买卖也罢，文学家的描写或歌唱也罢，军事的行动和准备也罢，教育与文化工作的设施也罢，总而言之，一齐都向着一个方向，所谓"百川汇海""殊途同归"，这就叫作"统一"——政治上的统一。老实说，真正的政治上的统一还在将来，这不是我们在此地所应讨论的问题。我们此地所讨论的是文字上的统一。

文字上的统一也和政治上的统一一样。假使你作一篇文字，本来是说张三的，忽而又谈到李四，本来是说上海的，忽而又谈到香港，那便乱七八糟，不像东西，读的人也摸不着头脑。所以，作文字一定要把它的意思集中，把它的主意拿定，从头到尾，处处要顾到作这一篇文字的本旨，然后目光四射，放手作去，才不致漫无归宿。譬如，题目本说的是李四，忽而说起张三也不妨；明明说的是上海，忽而又说到香港也不妨；不但不妨，反而文字因从旁面衬托起来，愈益有力，越发生动。《聊斋志异》说："口有道，道四娘也；目有视，视四娘也；耳有听，听四娘也。"这就是统一的确切的注脚。

欲保持文字上的统一，必须严格地保持作者的观点。一个人作一篇文字，叙事必须要认定所叙之事物的关键所在，论说必须要认定所讨论的问题的重心所在，而作者的立场、作者的身份，讨论或叙述的目的，均应刻刻在心，丝毫不可越出范围。要达到这个目的，就得保持作者的两种观点：

（1）形式上的观点。

所谓形式上的观点，就是从文字的外形上保持作者对于所作的文字的统一。譬如，你要记看花，那你处处就得在文字上表现出看花的情形，却不可表现出"葬花"或"种花"或"卖花"的意思来；你要说游山，那你就得处处在文字上顾到游山的意思，不要弄出"跑山""登山"或"爬山"的意思来。我们现在先拿杜甫的一首长歌——《奉先刘少府新画山水障歌》——写在下面，做个例子：

> 堂上不合生枫树，怪底江山起烟雾！闻君扫却《赤县图》，乘兴遣画

沧州趣。画师亦无数，好手不可遇。对此融心神，知君重毫素。岂但祁岳与郑虔，笔迹远过杨契丹。得非悬圃裂？无乃潇湘翻！悄然坐我天姥下，耳边已似闻清猿。反思前夜风雨急，乃是浦城鬼神入！元气淋漓障犹湿，真宰上诉天应泣！

野亭春还杂花远，渔翁暝踏孤舟立。沧浪水深青溟阔，欹岸侧岛秋毫末。不见湘妃鼓瑟时，至今斑竹临江活！

刘侯天机精，爱画入骨髓。自有两儿郎，挥洒亦莫比。大儿聪明到，能添老树颠崖里；小儿心孔开，貌得山僧及童子。

若耶溪，云门寺，吾独何为在泥滓？青鞋布袜从此始！

杜工部这篇诗的观点是在他的朋友的堂上看见他所画的山水障，从这一点去描写。所谓"画师亦无数，好手不可遇"，所谓"对此"哪，"知君"哪，"岂但"哪，"远过"哪，"得非""无乃""悄然坐我""耳边已似""反思""乃是""障犹湿""天应泣""不见""至今""能添老树颠崖里""貌得山僧及童子"，哪一句离开了这一观点？——《奉先刘少府新画山水障歌》开首一句"堂上不合生枫树，怪底江山起烟雾"，破空而来，突兀异常；紧接两句"闻君扫却《赤县图》，乘兴遣画沧州趣"，轻轻入题，天衣无缝；末后"若耶溪，云门寺"一长句，悠然遐想，大有"画龙点睛，破壁飞去"之概，也是欣赏艺术品之后应有的感想。（参看《国文作法》）

我们再拿《劫法场》一篇来看一看。不过太长了，我们不能全引，现在只把它写梁山泊好汉劫法场的情形数段做例：

那知府勒住马，只等报来。只见法场东边，一伙弄蛇的丐者，强要挨入法场里看，众士兵赶打不退。正相闹间，只见法场西边，一伙使枪棒卖药的，也强挨将入来。士兵喝道："你那伙人好不晓事！这是哪里，强挨入来要看！"那伙使枪棒的说道："你倒鸟村！我们冲州撞府，哪里不曾去！到处看出人！便是京师天子杀人，也放人看，你这小去处，砍得两个人，闹动了世界，我们便挨出来看一看，打什么鸟紧！"正和士兵闹将起来。监斩官喝道："且赶退去，休放过来！"

　　闹犹未了，只见法场南边，一伙挑担的脚夫又要挨将入来。士兵喝道："这里出人，你挑那里去！"那伙人说道："我们挑东西送与知府相公去的，你们如何敢阻挡我！"士兵道："便是相公衙里人，也只得去别处过一过！"那伙人就歇了担子，都掣了扁担，立在人丛里看。只见法场北边，一伙客商推两辆车子过来，定要挨入法场上来。士兵喝道："你那伙人哪里去？"客人应道："我们要赶路程，可放我们过去？"士兵道："这里出人，如何肯放你！你要赶路程，从别路过去！"那伙客人笑道："你倒说得好！俺们便是京师来的人，不认得你这里鸟路，只是从这大路走。"士兵哪里肯放。那伙客人齐齐地挨定了不动。——四下里吵闹不住，这蔡九知府也禁治不得。又见这伙客人都盘在车子上，立定了看。没多时，法场中间，人分开处，一个报，报到一声"午时三刻。"监斩官便道："斩讫报来！"两势下刀棒刽子便去开枷，行刑之人执定法刀在手。说时迟，那伙客人在车子上听得"斩"字，数内一个客人便向怀中取出一面小锣儿，立在车子上，当当地敲得两三声，四下里一齐动手；那时快，却见十字路口茶坊楼上一个虎形黑大汉，脱得赤条条的，两只手握两把板斧，大吼一声，却似半天起个霹雳，从半空中跳将下来，手起斧落，早砍翻了两个行刑的刽子，便望监斩官马前砍将来。众士兵急待把枪去搠时，哪里拦挡得住。众人且簇拥蔡九知府逃命去了。

　　只见东边那伙弄蛇的丐者，身边都掣出尖刀，看着士兵便杀；西边那伙使枪棒的大发喊声，只顾乱杀将来，一派杀倒士兵狱卒；南边那伙挑担的脚夫抢起扁担，横七竖八，都打翻了士兵和那看的人；北边那伙客人都跳下车来，推过车子，拦住了人。两个客商钻将入来，一个背了宋江，一个背了戴宗。其余的人，也有取出弓箭来射的，也有取出石子来打的，也有取出标枪来标的。

　　原来，扮客商的这伙便是晁盖、花荣、黄信、吕方、郭盛；那伙扮使枪棒的便是燕顺、刘唐、杜迁、宋万；扮挑担的便是朱贵、王矮虎、郑天寿、石勇；那伙扮丐者的便是阮小二、阮小五、阮小七、白胜。

以上几段是《劫法场》一篇叙得最精彩的部分，而它的统一的精神也就充分地表现出来。第一段（原文第一九段，以下类推）以"法场东边"与"法场西边"做统一的线索；第二段以"法场南边"和"法场北边"做线索，并且在中间又以"四下里吵闹不住"，总束上边的"东西南北"；第三段却以"十字街口"做中心，有了中央，始成系统，复从这十字路口杀将出去，于是"只见东边那伙……""西边那伙……""南边那伙……""北边那伙……"一齐从四面杀来；第四段便显得"谋定后动"的本领，也显得叙述的手段不凡。第五段又以"扮客商的这伙便是……""那伙扮使枪棒的便是……""扮挑担的便是……""那伙扮丐者的便是……"，把前面各段文字的东西南北四面来的好汉交代清楚，真有一线穿珠之妙，这便是在文字的形式上做统一功夫的，即从形式的观点努力于文字的统一的。（参看王灵皋：《国文评选》第一集）

（2）思想上的观点。

文字不但要在形式上要求统一，并且要在精神上要求统一，即在思想上要求统一。譬如前面所说的杜甫的《奉先刘少府新画山水障歌》，不但在文字的形式上组成一个匀称的机体，即在思想上，它也有它一个始终一贯、无懈可击的观点。他描写刘少府画的山水障始终从疑它是真的，因疑它是真的，显示它的作者的艺术的高超，不但刘少府自己的艺术好，即他的两个儿郎都是"聪明到""心孔开"，益显得刘少府自己的本领。末后露出他的"青鞋布袜"的出尘超世之想，益见刘少府的艺术之超凡入圣、引人入胜的妙处。这就是思想上的观点之统一。

思想的统一在文字上最为重要，因为它是文字的主要的目的。有时在形式上虽若五花八门，参差不齐，但在思想上却是文字的统一之上乘功夫，譬如高尔基的《拆尔卡士》一篇，明明是在描写现代流氓无产阶级之特殊心理与特殊伦理观念，他开首却写了一段插话。（《高尔基小说集》，上海民智书局）这段插话从表面上看来似乎与下面的本文不相干，实则本文所包含的思想，有了这一篇插话，格外显得它与社会的深切的关系，格外显得它对于现代社会是"一篇完全的、残酷冷峻的讽刺诗"的重要意义。就是说，形式上不统一，思想上却是极其统一的。

匀称

态浓意远淑且真，

肌理细腻骨肉匀。

…………

背后何所见？

珠压腰衱① 稳称身。

（杜甫：《丽人行》）

我们从前面看美人，自然希望看到她的"态浓意远"，得了这一点，已经是我们的眼福。然而在美人方面，若果没有"淑且真"做她的骨子，那这个美人至多也不过是个做电影的明星，或者是个唱新戏的女伶，甚至被人认为是一个销魂尤物罢了。这是一。"肌理细腻"在人的肉体美上固然是一个必要的条件，然而光是"肌理细腻"而没有曲线美，或是全体的配合不适当，那也不过是普通的美色而已，还不配算是真正的理想上的肉体美。所以，在艺术家的要求看来，一定要具备"骨肉匀"这一条件。这是二。

上面并不是说的裸体美，只是对面的看法，看她的肌理和骨肉。但是，果真是一个美人，不但要看她的骨肉、肌理，并且要看她的身段与装束；不但要有珠宝金玉、绫罗绸缎做装饰，并且要戴得称、着得称，所以"珠压腰衱稳称身"也不能不说是美人的一个条件。我们看了日本妇人腰间束着的那一匹宽长的锦带，格外领会"珠压腰衱稳称身"的"称"字是如何贴切、如

---

① 衱，衣裾，这里指裙带。

何地深合人体美的描写！人体的美要"匀"，装束的美要"称"，前者是先天的美，自然的美；后者是人为的美，修饰的美。两美融合，就是"匀称"。但是我们要"匀"，不是要千篇一律、千人一样，或是肌理、骨肉都是平平整整的"匀"，而是要于参差不齐、错综不一中显出它的各部分都恰到好处的"匀"。我们要"称"，也不是人人都得"珠压腰衱"才算是"称"，而是要于"淡妆浓抹""布裙荆钗"，或是"珠宝压身""绮罗被体"，无施而不可、无往而不与她的自然的身段、骨肉肌理相调和，这才叫作"称"。

我现在拿这两个字——匀称——来论文字的组织，也就是这个用意。假使你描写一个英雄：用你的轻描淡写的笔墨把他的本色烘托出来也好，只要匀称；用你的雷霆风雨的笔墨渲染他出来也好，只要匀称。譬如，胡适的《梦谒四烈士墓》，他用那种斩钉截铁的文字来写这几位放炸弹的烈士，实在称。这篇诗第一首说明四烈士的来历；第二首叙述四烈士的炸弹的功效；第三首叙述四烈士之倔强不肯屈服，不做无益之悲，而决志牺牲以惩奸慝的情形；第四首写四烈士之所为，完全为行其心之所安，未尝计及身后之名，而通篇以"干！干！干！"做煞，这就叫"匀"。假使你描写一个美人：用你的吟风弄月的笔墨把她飘飘然绘出也好，只要匀称；用你的如泣如诉、如怨如慕的笔墨把她曲曲地传出也好，只要匀称。譬如老残写白姐：

王小玉便启朱唇，发皓齿，唱了几句书儿。声音初不甚大，只觉入耳有说不出来的妙境：五脏六腑里像熨斗熨过，无一处不伏贴；三万六千个毛孔，像吃了人参果，无一个毛孔不畅快。

唱了十数句之后，渐渐的越唱越高，忽然拔了一个尖儿，像一线钢丝抛入天际，不禁暗暗叫绝。哪知她于那极高的地方，尚能回环转折。

几转之后，又高一层，接连有三四叠，节节高起，恍如由傲来峰西面攀登泰山的景象：初看傲来峰削壁千仞，以为上与天通；及至翻到傲来峰顶，才见扇子崖更在傲来峰上；及至翻到扇子崖，又见南天门更在扇子崖上——愈翻愈险，愈险愈奇！

那王小玉唱到极高的三四叠后，陡然一落，又极力骋其千回百折的精神，如一条飞蛇在黄山三十六峰半中腰里盘旋穿插，顷刻之间，周匝数遍。从此以后，愈唱愈低，愈低愈细，那声音渐渐地就听不见了。满园子的人都屏气凝神，不敢少动。约有两三分钟之久，仿佛有一点声音从地底下发出。这一出之后，忽又扬起，像放那东洋烟火，一个弹子上天，随化作千百道五色火光，纵横散乱。这一声飞起，即有无限声音俱来并发。那弹弦子的亦全用轮指，忽大忽小，同她那声音相和相合，有如花坞春晓，好鸟乱鸣。耳朵忙不过来，不晓得听哪一声的为是。正在缭乱之际，忽听霍然一声，人弦俱寂。这时台下叫好之声轰然雷动。

这两段用大明湖畔的本地风光形容王小玉的妙技，十分匀称。在这两段之前，配合着下面写王小玉的玉貌也十分匀称：

正在热闹哄哄的时节，只见那后台里又出来了一位姑娘，年纪约十八九岁，装束与前一个毫无分别，瓜子脸儿，白净面皮，相貌不过中人以上之姿，只觉得秀丽不媚，清而不寒，半低着头出来，立在半桌后面，把黎花简丁当了几声，煞是奇怪：只是两片顽铁，到她手里便有了五音十二律似的！又将鼓槌子轻轻地点了两下，方抬起头来，向台下一盼。那双眼睛，如秋水，如寒星，如宝珠，如白水银里头养着两丸黑水银，左右一顾一看，连那坐在远远墙角子里的人都觉得王小玉看见我了。那坐得近的，更不必说。就这一眼，便鸦雀无声，比皇帝出来还要静悄得多呢！连一根针跌在地下都听得见响！

这种描写完全是动的写法，活的写法。写王小玉的面孔相貌都是很朴素的，然而这却有北方女孩儿的本色；写她的一举一动又都只用白描的写法，更觉得意趣天成。比之《红楼梦》上写贾宝玉怎样"面如傅粉"，怎样"唇若施脂"，写王熙凤怎样"眉如墨画"，怎样"鼻似悬胆"的呆板古董，把一个活泼的女人、一个翩翩公子写得像死人一样，真是有天渊之别——没有别的，只是老残写得匀称，《红楼梦》写得不匀称。但是那紧接着"台下叫好

白云山岳皆文章：大师的37堂写作课

之声轰然雷动"的下面一段，闹出什么湖南人的一篇大道理，什么"三月不知肉味"，什么"三日不绝"等等赞扬，便是"狗尾续貂"，一点也不匀称；不但不匀称，连前面的妙处也减少了趣味。假使到了"忽听霍然一声，人弦惧寂"，戛然而止，不再续以下数段，那才妙咧！妙在什么地方呢？也就是匀称呵！（参考王灵皋：《国文评选》第二集，《大明湖畔批评》）然而，我们写作时要匀要称，究竟匀到怎样程度，称到怎样的程度呢？只有像杜甫说的"美人细意熨帖平，裁缝灭尽针线迹"那样的匀，那样的称。

文字的内容

（选自《国文作法》上海亚东图书馆 1922 年版）

辩证的逻辑

青年的读者或许要疑惑，客观的分析已经说得很圆满了，写作时能做到这一步，已经是至矣尽矣、蔑以加矣，为什么又要谈到什么辩证的逻辑？这却有充足的理由。因为，"客观"这一名词已经被人滥用了，形式逻辑也讲客观，实验主义也讲客观。譬如，上海市社会局的各种统计是一种客观，胡适的"美国人每人有三十个机械奴隶，中国人每人只有一个机械奴隶"也是一种客观。根据市社会局的统计，说是上海人自杀的原因，有"家庭问题""生计问题""被冤抑"等等；又说，因某种原因而自杀的占全数百分之几，某种占百分之几，这也是一种客观的分析。胡适根据他所引的美国人的统计材料做了一个结论，替中国人找得一面镜子，教我们要学美国的金元主义，这在他当然也说是一种客观的分析。这在上一节我们已经指出它的错误，并且告诉大家像他们所说的那种客观是靠不住的，他们据以分析而得出的结论也是靠不住的。为什么呢？他们用的方法是"形式逻辑"，我们用的方法是辩证的逻辑。那么，形式逻辑与辩证逻辑的区别是在什么地方呢？只要把我在第三章第三节所介绍的社会科学的书籍，如《马克思主义根本问题》、《宗教哲学社会主义》和《辩证法经典》读了之后，你就会恍然大悟，在这儿，我只能解释一个大概。总而言之，它们的区别是在：形式逻辑的公式是："是是，非非";辩证法的公式是:"是非,非是"。

我们先说"是是,非非"。所谓"是是,非非"就是说,张三就是张三,李四就是李四。因为张三就是张三,所以就形成形式逻辑的"同一律",如甲者甲也。那么,张三既是张三,就不是李四,李四既是李四,就不是张三,于是就形成形式逻辑的"矛盾律",如"甲不是非甲"。那么,凡于一个命题,若果发生有两个矛盾的判断,如说(一)甲是乙,(二)甲非乙。这两个判断之中不能二者俱是:若果"甲是乙"是对的,那"甲非乙"就是错的;若果"甲非乙"是对的,那"甲是乙"就是错的。两者是非,断不容他徘徊,也不容你折中,于是就形成形式逻辑的"不容间位律"——这就是形式逻辑的三个"推理的基本律"。然而,追本穷源都是由"是是,非非"这一公式敷衍出来的。

辩证的逻辑则恰恰相反,它的基本原则却是"是非,非是"。就是说,甲是甲同时又是非甲;非甲同时又是甲。形式逻辑在某种限度之内,对于思想的推理是有相当作用的,然而超过此种限度,便要陷于绝地,完全暴露它的短处。譬如,形式逻辑说,张三是张三,李四是李四,或说甲者甲也或乙者乙也;辩证法的逻辑则说,是的,张三就是张三,然而同时又是非张三;李四是李四,然而同时又是非李四。这话怎讲呢?张三在他娘肚子里的时候,不过是一包脓血,当他从他的爸爸的肾囊的输精管里跑到他娘的子宫里去的时候,不过是几百兆的精子中的最侥幸的一个,那时只是浑然一物,算不上张三。这且不说,张三到了翘辫子的时候变成了一个僵尸,放进棺材,送到土里,他的尸体便分解而为各种质素,那便不是张三。就是尸体被狗吃了,做了狗先生的营养品,便变成了狗先生的身体中一种质素,那时张三便变成了狗四了。这都是铁一般的事实,谁都会承认的。但是我们晓得,张三之变为棺材里的僵尸或狗四的身体的营养品,达到这一境地的这种大变化不是一朝一夕之故,其所由来者渐矣。他从他的娘胎里生下地,便一天一天地长大,由幼而至壮,由壮而至老,由老而至死;可以说,天天生长,也可以说是天天在老死，天天在往死路上走，一天一天地接近死期；张三的乌黑的头发，不久变成霜雪满头了；从前的牙齿，现在脱落了；从前运动自如的四肢骨节，现在变成石灰质而僵化了。这就是张三变为非张三，就是张三天天在变为非张三。所以说，张三同时又是非张三，这丝毫不是诡辩，而是规规矩矩的自然现象的科学的解释。我们若果稍一留心体察，随时随地皆可看见这种现象。由此看来，我们可以暂做一个结论：形式逻辑说"是是，非非"，故视万物皆是一成不变；辩证逻辑说"是非，非是"，故视万物皆在变动不居之中。辩证法本来是集大成于黑格尔，但黑格尔的辩证法是唯心论的，他以为世界一切精神现象的变化、生灭皆是精神变动的表现，马克思把它与十八世纪的法国唯物论及费尔巴哈的唯物论联合起来，遂成为唯物论的辩证法，马克思说：

……辩证法在黑格尔手中的神秘，绝不妨碍他是一个包举一切而且意识地表现辩证法的一般作用形态之第一个学者。黑格尔把辩证法倒置了，我们应当从神秘的外壳之内看出合理的核心，把这个倒置的辩证法翻转过来。

……不然的话，若果就合理的形式说，辩证法对于资产阶级和它的偏颇的辩护人是一种苦恼和恐怖，因为它于现存的事态之理解中，同时就包含着对于现存事态之否定的理解，又包含着必然消灭的理解，它对于在不断的动流中各种生成的形态，从其经过的方面去观察它，任何恐惧也没有，因为它的本质是批评的而且是革命的。

（德文《资本论》第二版序言）

这是辩证法的根本原则，由此推演它的主要法则约有三种：

第一个法则是在矛盾及对立物的斗争中去研究世界，其方式如下：

位置 Position

对立 Oposition

构成 Komposition

这就是说，凡是一个东西，既然在空间占了"位置"，一定就有和它的位置相摩相荡的东西，所以叫作"对立"。位置与对立既然相摩相荡相冲突，一定要形成新的现象。所谓"构成"，这是黑格尔的用语，依希腊语则为：正（These）反（Anthese）合（Synthese）。若是一般人不惯用这种用语，则可用下式：

肯定 Afirmation

否定 Negation

否定之否定 Negation Der Negation

这一方式就是证明一切现象的矛盾律，在生之中看出死来，在死之中又看出生来；在存在之中看出它的消灭，在消灭之中又看出它的新的存在。譬如：

种子应该是死的（肯定）；

然而，撒在地里便生长起来，开花结果（否定）；

农人收获，储之仓库，复变而为种子（否定之否定）。

第一次（肯定）的种子与第二次（否定之否定）的种子不同，辗转变化，形似循环。然而，这种循环不是重叠式的而是连环式的，不是回复旧观的而是向前发展的。又如：

古代的社会是原始共产主义（肯定）；

其后变而为私有制度，由封建私有制度进而为资本主义的私有制度（否定）；

再由资本主义变而为现代或将来的共产主义（否定之否定）。

私有制度的资本主义固然反乎古代的共产主义，即现在或将来共产主义的社会也是和古代共产主义的社会两样，因为它是向外扩大、向前发展的。它们的否定之否定不是退转而是进展，而是更高的发展。这是辩证法的第一个法则。

辩证法的第二个法则是在世界的全体性中、在它的联系中、在它的变化

227

与发展过程中去研究世界。前面我们已经说过，在大宇长宙之间，森罗万象，横说竖说，没有一个东西是孤立的，没有一样东西和其他一切东西有绝对的差异，没有一个东西能逃出矛盾法则以外的。它们既不能孤立，自然发生联系，发生冲突，联系、冲突而变化起，发展也就随之。世界的全体性是怎样说法呢？张三和李四虽然有高矮胖瘦的不同，然而他们同是男子；密斯张与密斯特李虽有性的差别，然而他们同是人类；两条腿走路的东西与四条腿走路的东西，或是用翅膀"走路"的东西虽然有人禽之别，然而他们都是动物；有腿能走、有翅能飞的东西与生根结蒂、开花落实的花草树木虽然有动植物之不同，然而同为生物则一也；生物、矿物虽有灵冥之不同，然而同为物，即同纳诸"物"的范畴之内则一也。归根结底，万物皆是物；就其形式或动作言之，虽万有不齐，然而就其生成之源与其变易过程言之，则实有一个共同的性质存乎其中。笛池根说：

水定然是有许多种类，但一切的水都必定有一定一般的水性（Water Nature）。不具有这种水性的就不是水，也就不能称它为水。同样的，油是有许多种类的：橄榄油、煤油、蓖麻油等等，而每一种油又可再分为许多种类。但凡有同一名称的，都是一个单位。

（笛池根[①]：《辩证法的逻辑》）

然而，单知道"同一性"即普遍性是不够的：蔡廷锴和张学良固然同是中国人，而一则曾做激烈的抵抗，一则拥兵自卫，坐失三省，我们不能因其所同而忽其所不同；日本帝国主义者也是人的集团，中国被压迫的民族也是人的集团，我们不能因其所同而忽其所不同；日本的法西斯蒂[②]的侵略内阁一派的军人也是日本人，负债六十万万的日本农民（富农、中农）也是日本人，一无所有、债无可负、只余两手的千百万日本的工人与乡村的无产阶级也是

---

① 笛池根，今译约瑟夫·狄慈根（1828—1888），德国和国际工人运动活动家、哲学家。
② 法西斯蒂，指法西斯主义的组织或成员。

日本人，然而我们不能因其所同而忽其所不同；从前北洋封建阶级是中国人，现在掌握政权的资产阶级也是中国人，嗷嗷待毙、求死不得的百分之八十的农民也是中国人，终日勤勤于工厂，累死不能活其妻若子或竟无所业，漂流于车马如云、崇楼齐天的大都市如上海、天津、汉口、贵州、香港诸地的劳动者也是中国人，我们更不能因其所同而忽其所不同。不然，那就不能理解自然界与社会上的任何现象，所以我们要于纷纭不齐、森罗万象之中，看到它的同一性，即普遍性，我们更不能不于普遍性即同一性中看到它的异，看到它的具体性，看到它的差别性。乌理耶诺夫就是主张这种见解最厉害的一个人，他说：

无论在自然之中和在社会之中，"纯粹的"现象是不常有的，而且也是不能有的，这正是马克思的辩证法——就是明明白白地告诉我们：人类的认识不能在它的全体的复杂性中毫发无遗地理解对象，所以纯粹的概念之为物既已是表示关于人类之认识的一定的限制性与片面性那样的马克思的辩证法——所教导我们的。所谓"纯粹的"资本主义，在这个世界中是不会有的，而且是不能有的。在其中常常存有封建制度、小市民制度和其他种种的什么制度的残余。

(Debarin: *Lenin als revolutionarer Dialektider*)

这就是说，知道一般的、抽象的、单纯的原理是不够的，必须理会一般的现象之中各种特殊的、具体的事实。一般的现象之中既然有它的各个特殊的、具体的事实，譬如，列宁和卢森堡争论的时候，他就极力主张："马克思斗争主义的辩证法要求各个特殊的历史的情势之具体的分析。"就是说，要在一般的工人运动中找到它各种特殊的具体的事实，用特殊的、具体的方法来解决。

有了特殊的和具体的事实，就不能没有差别性，但是，它们的差别不是绝对的，而是相对的，不是孤立的，而是直接间接或隐或现地联系着的。谁晓得十八世纪英国一架纺织机的改良能改变人类历史的性质？又谁晓得"马铃薯散置的结果，每每会引起一种病症？但在十九世纪中，欧洲各国因了岁收不丰引起一般居民生活之恐慌与夫一八四七年爱尔兰大饥年，于是努力种植。后来仅以马铃薯为食物的爱尔兰人，因受食物恐慌之牺牲，饥寒至死者达百万人，移居于海外者达二百万人。当亚剌伯①人发明酒精的时候，他们做梦也不曾梦到未发现以前的美洲的土人将因酒精所制的工具而遭受不测的祸患的"。凡此皆足以证明自然与社会之中一切事物都息息相关，往往竟非常人所能洞悉的道理。

　　既然知道万物是互相联系的，又须知道它们不是静止的（从辩证法的观念出发，绝对的静止是没有的），而是运动的。既然运动就必有变化，既有变化又必有发展。我们要在它的变化与发展过程中认识世界的同一性，我们尤要在它的变化与发展过程中认识它的差别性。就是说，在特殊的、具体的事物中抓住它的同一性，即普遍性；在一般的或普遍的现象中，找出它的特殊性或具体性。在社会中，每一个特殊的历史阶段都有其特殊的社会法则。譬如说，生产合理化，在资本主义的社会中必然地要造成失业恐慌、人口过剩的现象，但在共产主义社会中，则正是推进人类的物质生活与精神生活向着更高度的发展阶段之必要条件。又如，信用制度在资本主义社会中是剥削工人阶级的极集中、极巧妙的方法，但在共产主义的社会中则又为工人阶级管理生产、分配生产之最合理的形式。"对于在不断的动流中各种生成的形态，从其经过的方面去观察它"，必然要得出这种结论。这是辩证法的第二个法则。

　　辩证法的第三个法则是在质量转换过程中认识世界、研究世界。黑格尔在他的《逻辑学》中所发明的法则是"只有量的变化到了一定点就转变而为质的差异"。量变而为质的变化的法则在社会科学上和在自然科学上是一样地适用。我们先从自然科学讲起，就拿我们房间里煤炉上的圆水锅里的水做例吧。假使这种水在通常的气压之下到了 100 ℃（即摄氏表一百度）时，则

① 亚剌伯即阿拉伯。

它就从液体转变为瓦斯体的状态。从这两个转换之点，就可看出量的变化到了一定程度就变而为质的变化。

Lenin 说："赤色的感觉是反映着每秒钟约四百五十兆的速度而发生以太的波动，淡青色的感觉是反映着每秒钟六百二十兆的以太波动。"以太的波动的次数不同，到了一定程度便生出感觉上的性质的差别，这都是物理学上辩证法的现象。至于化学上的辩证法的现象更多；数学到了高等数学也随时都可看到辩证法的理路，这一层高中的学生只要稍微留心，便可得到不少的受用。

现在只拿社会科学来讲一讲，有主张社会进化说的，以为社会是可以和平进化；有主张社会革命说的，以为社会现象必须经过革命才有进步。主张前说的人反对社会革命说，主张后说的人则反对社会进化说。各持一端，都是只知其一，不知其二。社会有进化也有革命，进化是渐变的革命，革命是突变的进化。这话怎讲呢？譬如说，前清自鸦片战争以后，富强思想进入中国青年的脑海之中，始而少数人，继而人数渐多；始而在南方流传，继而传播到北方；始而只是一部分知识分子、青年学生，继而兵士，继而士大夫，数量上愈加愈多，增加到一定程度，于是遂有"戊戌的政变"。其后，清廷下诏兴学，学校愈多学生愈多，学生愈多则民族革命的思想愈加激烈，加之清室腐败日甚一日，一方面愈腐败，一方面愈激进，积之既久，达到一定的程度即行爆发，于是就有辛亥革命。又如，中世纪的手工业生产关系的经济制度所形成的封建社会到了机器工业发明以后，机器的工具渐渐地代替手工业的生产工具，因此手工业生产方法已不适用，而手工业的生产关系所形成的社会制度即发生矛盾。机器工业的数量越增加，则与旧生产方法、旧生产关系、旧社会制度越发不相容。到了一定的程度，则新的生产方法所形成的社会势力必取旧生产方法、旧生产关系与其社会制度而颠覆之，代之以新的生产方法、新的生产关系与适应这种关系的新的社会制度，即资本主义社会制度。就是说，资本主义从封建制度的母胎里长大起来，否定了封建制度。

赶到资本主义代之而兴以后，势必要聚集多数的劳动者于大工厂中，乡村的手工业经济破产，农民失业者麇集于城市，供给资本的劳动力，于是资本统治了一切，资本于是完全集中在极少数的人手里。资本越集中，劳动者的团聚的人数越多，他们打破了从前孤立的习惯，练习群居生活，他们的情感互相款洽，他们的利害彼此共同，于是同资本家就成了对立的形势。资本家要想维持他的资本势力，必须尽力地剥削劳动者；要想维持他对劳动者的剥削，必须把握国家的武装力量。结果，资本家与劳动者的斗争就是武装斗争。到了此时，劳动者就要抛弃"批评的武器"来干"武器的批评"，这就是社会主义的革命，就是工人阶级否定资产阶级，就是"否定之否定"。无论否定也罢，否定之否定也罢，它的交替必须以暴力为依皈，就是说，是渐进过程中之必然的阶段——突变，即进化过程中之必然的阶段——革命。乌理耶诺夫说得对：

德谟克拉西①是一种国家的形式——是它的各种形式之一。因此，同一般的国家一样，它也是一种强力加于人类之有组织、有系统的实施。这是从它的一方面说的。可是从它的另一方面来讲，德谟克拉西是在形式上承认一切公民的平等，就是说，一切公民都有平等的权利，来决定国家建设和国家的行政。而从这一点又跟着发生了德谟克拉西发展的一个阶段，它首先就使普罗来塔利亚特②紧密地联合起来，成为一个革命的阶级，以反抗资本主义，而且使它有机会能够去打毁和破坏资本主义而使之成为片屑般的，并且从地面上扫除一切波尔若阿的国家机关（不管它是共和政体的）常备军、警察机关和官僚机关，而代之以更德谟克拉西化的机关，可是这依然是一个国家机关，不过它是由工人阶级的武装群众所组织的，这个武装组织到了那时已经成为全体人民参加军事的

① 英文 democracy 的音译。民主。
② 英文 proletariat 的音译。源出拉丁文 proletarius，原指古罗马社会的最下等级，今指无产阶级。

组织了。

　　此时就发生"从量改变到质"的情形了。德谟克拉西发展到了这个阶段时，它就脱去了资本主义的社会的框子，而开始它的社会主义改造。

　　唯物辩证法大致如此，这节材料大半是取自《辩证法经典》和《理论与实践》（亚东图书馆出版）。辩证法当然也有各式各种说法，有反对它的各种说法，也有赞成它的说法。读者若果要知道它的根本理论，最好是读马克思、恩格斯、列宁、普列汉诺夫、笛池根诸氏的著述。

　　再进一步，还可以研究黑格尔一派唯心论的辩证法，这自然非中学青年所能得到的。那只有熟读《辩证法经典》、《辩证法的唯物论》、《宗教》、《哲学》、《社会主义》及恩氏的《自然的辩证法》。若果你要研究应用辩证法讨论中国哲学问题的著作，那就请你读李季君的《辩证法还是实验主义》。懂得辩证法之后，你再去分析你所要对之发表的意见，形诸文字的各种问题，你会觉得和从前大不相同，你会把死板板的问题看成活生生的问题；你会给你的文字以无限天机、无穷生意，总而言之："受用不尽！"至于实验主义的逻辑，表面上虽然异于形式逻辑，实则和形式逻辑只有形式上的差别，若果用唯物的辩证法去分析它，推到终极，也是资产阶级的主观的唯心论的方法论，碰到实际问题它也只有碰壁——和形式逻辑只是"二五犹一十也"。读者可参看前面所说的李季君的《辩证法还是实验主义》，并参看王灵皋的《中国思想界的奥伏赫变》（亚东图书馆出版），此处恕不赘述了。

超越的想象力

　　"儿童具有一种伟大的想象力。"(Trotzki: *Mein Leben*) 他的想象力就是他的天才的火焰的发射。它是承袭人类极悠久的进化的智力与一切经验的遗产，它是儿童天才之萌芽与将来一切智力的发轫。许多做父母或师长的，尤其是中国人之做父母或师长的，不顾及儿童的天才，不晓得培养儿童的想象力，也不晓得戕折了几多成千累万的天才。

少年人的想象力虽然不及儿童，然而却比成年人富于幻想力或想象力。这种幻想力或想象力在文学中是非常重要的因素。任他什么样的文学家，若果他没有超越的想象力，那他的作品的内容，虽有很好的背景，结果必然是很可怜。我平常很喜欢读高尔基的小说，因为它除了对于社会之深刻的描写与伟大的提示而外，还因为它包容着作者超越的想象力。我们可以说，它对于社会之深刻的描写和伟大的提示，得了作者超越的想象力的贯串，格外显得它深刻和伟大。我又喜欢鲁迅的小说，也是因为它富于想象力。现在我们又要提到前面已经说过的杜甫的那首山水障歌——《奉先刘少府新画山水障歌》，你看他的想象力多么伟大哟！又如《子恺画集》之所以引人入胜，也是因为他的想象力的超越。他的想象力直透过儿童的灵魂，直透过现在社会的现象的深处。许多说不出的苦楚，许多扬不出的黑幕，却都从他那粗粗的几笔画儿曲曲地传出。有人说过："《子恺画集》的《检查》（四）、《伴侣》（五），这两幅画用意略同，亦可以互相发明。我从前不懂得中国许多古代名臣的奏议或信件中'愿效犬马之劳'究竟什么意义，自从我看了《子恺画集》以后才恍然大悟……"实在不错！这种透过纸背的描写，没有对于社会的深切愤激之情固然着不得笔，然而没有超越的想象力，也是着不得笔。

然而大家不要误会了，以为想象力是儿童和文学家的专有物，其实不然，不但儿童富有想象力，不但文学家应该富有想象力，即最机械、最精密的建筑工程师，在他的工程设计中，都迫切地需要一种想象力；即最伟大的革命政治家，革命的哲学家，都迫切地需要一种想象力，尤其是在危疑震撼、大难当前的时候，什么事情应当做，什么事情不应当做？什么事情是根本，什么事情是枝叶？什么事情是腹心之患，什么事情是癣疥之疾？只靠着一班书呆子慢慢地商量、从容地讨论是不济事的，就是死板板地抱着马克思的辩证法的公式，依然不够定大难、决大疑，那就靠有种人既深懂得辩证法的精神，又有两只锐利的眼睛能马上看到问题的关键所在，他的脑子闪电似的，马上就决定应付办法，这样才可以扶危定倾。就行动说，则为不世之功，发为文章便是绝世妙文。托洛茨基说得好：

为的要完成①属诸列宁的这种程度的事业，那一个明了的、科学的体系——唯物论的辩证法是必要的，不错，是必要的，然而不够。这里还需要我们所名之曰直觉（Intuition）的那种内心的创造力（Jene geheimes chopferische Kraft）；这种创造力就是马上正确地把握着各种现象，从各种非本质的事物和各种不重要的事物之中，把本质的事物和重要的事物划分出来，能以意想到观念的缺点的部分，彻头彻尾思索他人的，第一是敌人的思想，把这一切综合到一个统一的全体来理解它并且当他在他的脑子里把它做成"公式"的俄顷，就给以打击的能力——这就是行动的直觉。从一方面说，这种直觉和我们名之曰锐利的眼光的那种直觉一样。

（Trotzki: *Uber Lenin*）

托氏所说的行动的直觉，就是我所说的超越的想象力，又可以名之曰"伟大的创造的幻想"（Eine gewaltige schopferische Phantasie）。托氏又这样说过，这种人类的幻想可以有各种不同的种类——机械的技师同小说家同样地需要它。幻想之中最有价值的一种是在于它能以对于人、物与现象，当它们还不为一般人所注目的时候，就在现实中恰如其分地理解它们。一个人的生活经验的总合与理论的武器对于各个个别的微末而活跃的要点之运用和联合并依着一定的而不能公式化的类似的各种法则把它们加工制作，把它们混合，把它们补充完成，由是而使人类生活之一定的领域在它的全部具体性中获得再生，这就是立法者、政府工作人员和领袖，特别是在革命时代这些人们所必不可缺的幻想。不但革命时代立法者、政府工作人员和领袖应当具有这种幻想，即超越的想象力，即一般青年，他如果要做一个有用的人，写一种有

---

① 德译本此字作"Verzichten"，与上下的语气不对，似系"Verrichten"之误，此处译文系照后者的意思。

高语罕

235

用的文字，也必须具有这种想象力。我们不是要求个个青年都做立法者、政府工作人员和领袖，也不是要求个个青年对于他的生活和他的写作都要具有一种超越的想象力，因为这种超越的想象力由于后天教育者半，由于先天遗传者半，有些地方是不可完全用人力强求的。我们是希望个个青年能在辩证法的基础上，充分地运用他天赋的想象力，充分地发展他天赋的想象力，那他的生活一定会有很大的不可言喻的超越的乐趣，而他的写作的技能也一定会有很大的不可言喻的进展。

废名

废名（1901—1967），原名冯文炳，湖北黄梅人，现代作家、诗人、小说家，在文学史上被视为"京派文学"的鼻祖。代表作品《竹林的故事》《桃园》《莫须有先生传》《阿赖耶识论》。

谈用典故

（原载于 1948 年 2 月 16 日《天津民国日报·文艺》第 115 期）

作文用典故本来同用比喻一样，有他的心理学上的根据，任何国的文学皆然。在外国文学里头用典故这件事简直不成问题，只看典故用得好不好，正如同比喻用得好不好。他们的作家，在他们的作品里头，典故不常用，正如同比喻不常用，若用之则是有必要，这时文章的意思格外显豁，感人的效果格外大。中国的事情每不可以常理论，他没有文章而有典故！于是典故确乎应该在排斥之列。我说中国是因为没有文章而有典故，这话一点也不错，只看中国的文章里头没有比喻便可以知道。若用比喻则非有意思不可了，有意思才叫作文章。只看周秦的文章连篇累牍用的是比喻，而后来的文章则只有典故，中国确乎是从周秦以后没有文章了。有典故没有文章，这样的文学不应该排斥吗？那么照意义说起来，我们反对典故，并不是反对典故本身，乃是反对没有意思的典故罢了。因为反对典故的缘故，我曾赞美宋儒的文章，我读朱子《四书集注》，文章都很能达意，在他许多文字里头只有两个典故，即"枉尺直寻"与"胶柱鼓瑟"，实在这也不能算是典故，只是成语罢了。其解释"欲罢不能"云："如行者之赴家，食者之求饱。"这样有力量的文章要什么典故呢？二程子称大程子"盖自孟子之后，一人而已。然学者于道不知所向，则孰知斯人之为功；不知所至，则孰知斯名之称情也哉？"这是多么能达意的文章，何暇用典故？这样的文章，应该算是理想的"古文"。即是韩愈所提倡的古文的古文。那么我平常反对古文也只是反对他没有意思罢了。

我今天的本意是作典故赞的，开头却说了上面一段话无非是表示我很公平，我说话向来没有偏见。那么我来赞典故乃是典故真可赞了。

中国的坏文章，没有文章只有典故。在另一方面，中国的好文章，要有典故才有文章！这真是一件奇事。我所赞美的，便是这种要有典故才有文章的文章了。那么倘若没有典故岂不就没有文章了吗？是不然。是必有文章的，因此也必有典故，正如外国文章里必有风景，必有故事。换一句话说，中国的诗人是以典故写风景，以典故当故事了。中国文学里没有史诗，没有悲剧，也不大有小说，所有的只是外国文学里最后才发达的"散文"。于是中国的散文包括了一切，中国的诗也是散文。最鲜明的征象便是中国的文章里（包括诗）没有故事。没有故事故无须结构，他的起头同他的收尾是一样，他是世界上最自由的文章了。这正同中国的哲学一样，他是不需要方法的，一句话便是哲学。所以在中国文章里，有开门见山的话。其妙处全在典故。下面是庾信《谢滕王赉马启》的全文：

某启：奉教垂赉乌骝马一匹。柳谷未开，翻逢紫燕，陵源犹远，忽见桃花。流电争光，浮云连影。张散画眉之暇，直走章台；王济饮酒之欢，长驱金埒。谨启。

第一句等于题目。接着是无头无尾的文章，同时也是完完全全的文章，不多不少的文章。所用的全是马的典故，而作者的想像随着奔流出来了。柳谷句，张掖之柳谷，有石自开，其文有马；紫燕是马名。接着两句，"流电""浮云"俱系马名，"争光"与"连影"则是想像，写马跑得快。争光犹可及，连影则非真有境界不可，仿佛马在太阳底下跑，自己的影子一个一个的连着了，跟着跑了。那么争光亦不可及，作者的笔下实有马的光彩了。我并不是附会其说，只看作者另外有这样一句文章，"一马之奔，无一毛而不动"，他的句了确不是死文章了。画眉之暇，走马章台；饮酒之欢，长驱金埒，可不作解释。读者试看，这样一篇文章不是行云流水吗？不胜过我们现在一篇短篇

废名

小说吗？他没有结构而驰骋想像，所用典故，全是风景。他写马，而马的世界甚广，可谓杂花生树，群莺乱飞！时间与空间在这里都不成问题，连桃花源也做了马的背景了。在任何国的文学里没有这样的文章的。我们不能说他离开典故没有文章，乃是他有文章自然有典故了。外国的文章靠故事，我们不能说他离开故事没有文章，他是有文章自然有故事了。莎士比亚在他的剧本里写一个公爵给国王流放出去，舞台上自白道：

Now no way can I stray,

Save back to England, all the world's

my way,

这样的文章写得多容易。真是同庾信的文章一样容易！这样写"流放"是伟大的文章，藉故事表现着作者的境界。中国的诗人则是藉典故表现境界了。我这话也决不是附会，有时也有等于藉故事表现境界的，也正是庾信的文章，如皇帝赐给他东西谢皇帝而这样写一个"谢"字："直以物受其生，于天不谢。"这完全是英国莎士比亚的写法了。不过这是偶然的，中国文章本来不以表现情节见长，而诗人伟大的怀抱却是可以以同样尺度去度量的了。我顶喜欢庾信这两句写景的文章："龟言此地之寒，鹤讶今年之雪。"大约没有典故他不会写这样的美景，典故是为诗人天造地设的了。"草无忘忧之意，花无长乐之心"，"非夏日而可畏，异秋天而可悲"，都是以典故为辞藻，于辞藻见性情。是的，中国有一派诗人，辞藻是他的山川日月了。庾信的《象戏赋》有这样两句话，"昭日月之光景，乘风云之性灵"，正是他自己的文章。我最佩服这种文章，因为我自己的文章恰短于此，故我佩服他。我大约同陶渊明杜甫是属于白描一派。人说"文章是自己的好"，我确是懂得别人的好。说至此，我常常觉得我的幸运，我是于今人而见古人的。亡友秋心君是白话文学里头的庾信，只可惜死得太早了，我看他写文章总是乱写，并不加思索，我想庾信写文章也一定如此。他们用典故并不是抄书的，他们写文章比我们快得多。有一回我同秋心两人在东安市场定做皮鞋，一人一双，那时我住在西山，后来鞋子他替我取来了，写信告诉我，"鞋子已拿来，专等足下来穿到足上去"。他写文章有趣，他的有趣便在于快。庾信的《枯树赋》有这两句："秦则大夫受职，汉则将军坐焉。"我想他的将军坐焉同秋心的足下足上是一样写得好玩的，此他的文章所以生动之故。

我今天写这个题目，本来预备了好些"典故"，但写至此已觉得可以成一短文，其余的只好暂不写，否则文章恐怕长了。然而这样又不能说典故之长于万一了。此决非夸大之辞，实乃缩小之论。

废名

再谈用典故

（原载于 1948 年 3 月 1 日《天津民国日报·文艺》第 117 期）

今天我再来谈用典故罢。

上回我说庾信写文章写得非常之快，他用典故并不是翻书的，他是乱写，正同花一样乱开，萤火虫一样乱飞。而且我举出我的朋友秋心为证。我这话当然说得很切实，但反对者如反对我，"你究竟是乱说！人家的事情你怎么能知道呢？"那我只好学庄子诡辩，子非我，安知我不能知道呢？话不要游戏，我还是引杜甫的话，"文章千古事，得失寸心知"，是可以知道的。今天我再来说用典故比庾信稍为慢一点儿的，至少要慢五分钟。且听我慢慢道来。

我第一想起陶渊明。陶渊明作诗是很正经的，决没有乱写的句子，有一回用了一个太阳的典故，不说太阳而说"乌"，却是写得好玩的。这首诗题作"怨诗"，诗确是有点怨，然而因为这一只"乌"的原故，我觉得陶公非常之可爱了，他思索得这一个典故时，他一定自己笑了，觉得好玩，于是诗的空气缓和好些了。诗是这样的，"天道幽且远，鬼神茫昧然。结发念善事，僶俛六九年。弱冠逢世阻，始室丧其偏。炎火屡焚如，螟蜮恣中田。风雨纵横至，收敛不盈廛，夏日长抱饥，寒夜无被眠。造夕思鸡鸣，及晨愿乌迁……""造夕思鸡鸣"当然是真的光景，老年人冬夜睡不着，巴不得鸡鸣，天便亮了，而"及晨愿乌迁"决然是一句文章，意思是说清早的日子也难过，巴不得太阳走快一点，因为写实的"鸡鸣"而来一个典故的"乌迁"对着，其时陶公的想像里必然有一支乌，忘记太阳了。这是很难得的，在悲苦的空气里，也还是有幽默的呼息，也便叫作"哀而不伤"。这样的用典故确是同庾信的用典故不同，乌是从作者的文思里飞出来的，不是自己飞出来的所以要来得慢，可以令我们读者看得出了。虽然慢，这支乌确是活的不是死的，仿佛"犹带昭阳日影来"了。总之陶渊明偶尔用典故不是死典故，我想谁都不能否认我的话。到了后来的李商隐完全弄这个把戏，他比庾信慢一点，比陶渊明又要快一点，介乎二者之间。庾信不自觉，李商隐自觉，庾信是"乘风云之性灵"，李商隐则是诗人的想像了。他写唐明皇杨贵妃"此日六军同驻马，当时七夕笑牵牛"，六军驻马等于陶渊明的造夕思鸡，七夕牵牛则是及晨望乌了，是对出来的，是慢慢地想了一会儿的，是写得好玩的，虽是典故，而确是有牵牛的想像的。不知者每每说李诗纤巧，而陶渊明独不纤巧乎？不知诗人的想像便不能谈诗，谓陶句不纤巧者，是以乌迁为一死典故而已耳。

"于今腐草无萤火，终古垂杨有暮鸦"，这是李商隐写隋宫的，上句是以典故写景，真是写得美丽，下一句则来得非常之快，真写得苍凉。上句貌似庾信，下句是神似。多一个自觉，故说貌似。来得不由己，故曰神似。没有典故便没有腐草没有萤火。没有腐草没有萤火也没有垂杨没有暮鸦，那时世界上也没有诗人。

杜甫的诗有感情有图画，是白描一派，无须乎用典故的。但杜甫有时也拿典故来写想像。他咏明妃诗句，"一去紫台连朔漠，独留青塚向黄昏。"便很见工夫见想像。紫台是汉宫名，"一去紫台连朔漠"意思是由汉宫出发到匈奴那里去，这么大的距离给他一句写了，妙处便在紫台，由紫台连得起朔漠于是"一去紫台连朔漠"，仿佛是对对子，读之觉其自然，事实却很不自然，比李白的"千里江陵一日还"还要快过多少倍了，比我们现在坐飞机还要快。一句还不自然，接着"独留青塚向黄昏"句则文章是天生的，非常之自然。而事实杜甫是"语不惊人死不休"的，他费了很大的气力。妙处在青塚这个故事，相传明妃塚草独青，而这个美丽的故事只当作一个典故用。"向黄昏"是诗人的想像，是文生情，也正是情生文，于是这两句真是活的了，而是从典故的死灰中复燃的。换一句话说，没有典故便没有诗。其余如咏宋玉"江山故宅空文藻，云雨荒台岂梦思"以及写他自己漂泊西南大地之间，"三峡楼台淹日月，五溪衣服共云山"，俱是以典故写想像。五溪衣服句很费力，却能生动。五溪蛮的衣服是染色的，这是典故，我们在避难时也有此情景，同着当地土人遨游山水，尤其是过年过节看了他们男妇老幼穿着新衣服花花绿绿的，我们与之共天上的云眼前的山光水色了，热闹的很，故杜甫曰，"五溪衣服共云山"。有这一句则"三峡楼台淹日月"一点也不空，都是诗人的实景了。"云雨荒台岂梦思"这一句我最佩服，把朝云暮雨的梦真拿来写景，不愧是大诗人了。然而无论怎么说杜甫的典故是来得非常之慢的，较之庾信是小巫见大巫。

作文叙事抒情有时有很难写的地方，每每借助于典故。这样的用典故最见作者思想的高下，高就高，低就低，一点也不能撒谎的。陶渊明《命子诗》有云："厉夜生子，遽而求火，凡百有心，奚特于我，既见其生，实欲其可……"我很喜欢这个厉生子的典故。《庄子》，"厉之人，半夜生其子，遽取火而视之，汲汲然惟恐其似己也"。厉之人大概生得很寒伧，庄子的文章是幽默，陶公用来则真显出陶公的大雅与真情了。人谁不爱其子，谁不望自己的儿子好，但不能像陶公会说话了，因为陶公人品高。陶公在说他穷的时候也用了一个很好的典故。因为家贫没有酒喝他这样写："尘爵耻虚罍，寒华徒自荣。"这个诗题是"九日闲居"，寒华句是说菊花，当然写的好，尘爵句更佳。典故出自《诗经》"瓶之罄矣惟罍之耻"。《诗经》这两句文章也真是有趣，然而不是陶渊明告诉我，我未曾注意了。总而言之家里没有酒罢了，瓶子里是空的。瓶子说："这不能怪我，是他可耻，是他里头没有酒。"瓶子指着一个更大的盛酒的家伙说。所以酒真是没有了，这里也是空的，那里也是空的。陶公连米也没有大的东西盛，故曰："瓶无储粟"，何况酒。他大约是望着空杯子，杯子说:"不怪我是酒瓶子里没有。"故诗曰"尘爵耻虚罍"。不懂得《诗经》,便不知陶诗之佳了。陶渊明真会读书。他说他好读书不求甚解,孰知他是神解。

有时有一种伟大的意思而很难表现。用典故有时又很容易表现。这种例子是偶尔有之,有之于李商隐的诗里头,便是我常称赞的这两句:"我是梦中传彩笔,欲书花叶寄朝云。"这是写牡丹的诗,意思是说在黑夜里这些鲜花绿叶俱在,仿佛是诗人画的,寄给朝云,因为明天早晨太阳一出来便看见了。没有梦中五色笔的典故,这种意境实在无从下笔。朝云二字也来得非常之自然,而且具体。

有时用典故简直不是取典故里的意义,只是取字面。如李商隐《华山题王母祠绝句》云:"莲花峰下锁雕梁,此去瑶池地共长。好为麻姑到东海,劝栽黄竹莫栽桑。"诗写得很快,很美丽,很有悲情,他不喜欢沧海变桑田这一件事于是叫人家不要栽桑树好了。不栽桑栽什么呢?随便栽什么都可以,只要天地长不没! 恰好穆天子有"黄竹"之诗,那么就栽你们的黄竹好了。是叫这个老太太(我假设是老太太,其实照陶渊明"王母怡妙颜"的话未必是老太太)对那个老太太说的话。其实黄竹是个地名,作者乱借字面而已。庾信也常借字面,但感情没有李诗的重。李的感情重而诗美,庾信生平最萧瑟。用典故却不宜感情重,感情重愈生动愈晦涩。

我在上回的文章里说过,外国文学重故事,中国文学没有故事只有典故,一个表现方法是戏剧的,一个只是联想只是点缀。这是根本的区别,简直是东西文化的区别。中国文学里如有故事,则其故事性必不能表现得出,反不如其典故之生动了。因为有故事必有理想,有理想必要表演出来的,非用典故暗示所能行的。李商隐咏常娥有云:"常娥应悔偷灵药,碧海青天夜夜心。"这是作者的理想,跑到天上去是非常之寂寞的,而人间又不可以长生不老,而诗人天上的布景仍是海阔与天空,即咱们的地球,头上有青天,眼下有碧海,正同美人的镜子一样,当中有一个人儿了。中国没有戏剧,这个故事如编剧,

废名

一定很成功，当典故用真可惜了。李诗另有咏月绝句云："过水穿楼触处明，藏人带树远含清……"这是说月亮里头有一女子而且有树，都藏在里头看不见了，而且光照一处明一处，只是藏了自己。这都是适宜于写故事，而作者是用典故，故晦涩了。总之典故好比是一面镜子，他只宜照出你来，你不宜去照他。

郁达夫

郁达夫（1896—1945），现代作家，曾与郭沫若、张资平等人发起成立"创造社"。代表作有《沉沦》《故都的秋》《春风沉醉的晚上》《过去》《迟桂花》《怀鲁迅》等。

写作闲谈

（原载于 1939 年 11 月 19 日新加坡《星洲日报星期刊·文艺》）

一、文体

法国批评家说，文体像人；中国人说，言为心声，不管是如何善于矫揉造作的人，在文章里，自然总会流露一点真性情出来。《铃山堂集》的"清词自媚"，早就流露出挟权误国的将来；咏怀堂的《春灯》《燕子》，便翻破了全卷，也寻不出一根骨子（从真善美来说，美与善，有时可以一致，有时可以分家；唯既真且美的，则非善不成）。所以说，"文者人也""言为心声"的两句话，决不会错。

古人文章里的证据，固已举不胜举，就拿今人的什么前瞻与后顾等文章来看，结果也决逃不出这一铁则。前瞻是投机政客时，后顾一定是汉奸头目无疑；前瞻是夸党能手时，后顾也一定是汉奸牛马走狗了。洋洋大文的前瞻与后顾之类的万言书，实际只教两语，就可以道破。

色厉内荏，想以文章来文过，只欺得一时的少数人而已，欺不得后世的多数人。"杀吾君者，是吾仇也；杀吾仇者，是吾君也。"掩得了吴逆的半生罪恶了么？

二、文章的起头

仿佛记得夏丏尊先生的《文章作法》里，曾经说起头的话，大意是大作

白云山岳皆文章：大师的37堂写作课

家的大作品，开头便好，如托尔斯泰的《战争与和平》的开头，以及岛崎藤村的《春》《破戒》的开头等等（原作中各引有一段译文在）。这话我当时就觉得他说的很对（后来才知道日本五十岚及竹友藻风两人，也说过同样的话），到现在，我也便觉得这话的耐人寻味。

譬如，托尔斯泰的《婀娜小史》的起头，说："幸福的家庭，大致都家家相仿佛似的，而不幸的家庭却一家有一家的特异之处。"（原文记不清了，只凭二十余年前读过的记忆，似乎大意是如此的）

又譬如：斯曲林特白儿希的《地狱》的开头，说"在北车站送她上了火车之后，我真如释了重负"云云。（原文亦记不清了，大意如此）

多么够人回味。

三、结局

浪漫派作品的结局，是以大团圆为主；自然主义派作品的结局大抵都是平淡；唯有古典派作品的悲喜剧，结局悲喜最为分明。实在，天下事决没有这的的巧，或这的的简单和自然，以及这的的悲喜分明。有生必有死，有得必有失，不必佛家，谁也都能看破。所谓悲，所谓喜，也只执着了人生的一面。

以蝼蛄来视人的一生，则蝼蛄微微，以人的人生来视宇宙，则人生尤属渺渺，更何况乎在人生之中仅仅一小小的得失呢？前有塞翁，后有翁子，得失循环，固无一定，所以文章的结局，总是以"曲终人不见"为高一着。

郁达夫

249